Stephan Lessenich

Neben uns die Sintflut

Schriftenreihe Band 10010

Stephan Lessenich

Neben uns die Sintflut

Die Externalisierungsgesellschaft und ihr Preis

bpb:
Bundeszentrale für politische Bildung

Stephan Lessenich, 1965 in Stuttgart geboren, lehrt am Institut für Soziologie der Ludwig-Maximilians-Universität München und ist Vorsitzender der Deutschen Gesellschaft für Soziologie.

Diese Veröffentlichung stellt keine Meinungsäußerung der Bundeszentrale für politische Bildung dar. Für die inhaltlichen Aussagen trägt der Autor die Verantwortung.

Bonn 2016
Lizenzausgabe für die Bundeszentrale für politische Bildung
Adenauerallee 86, 53113 Bonn

Umschlaggestaltung: Naumilkat – Agentur für Kommunikation und Design, Düsseldorf
Umschlagfoto: © Prisma/Christian Heeb

Satz: Greiner & Reichel, Köln
Druck und Bindung: CPI books GmbH, Ulm

ISBN 978-3-7425-0010-6

www.bpb.de

»Es ist ein charakteristisches Merkmal von Imperien, weite Teile des Planeten zu beeinflussen, ohne dass sich die Bevölkerung des Imperiums dieses Einflusses bewusst wäre – oder dass sie auch nur von der Existenz vieler der betroffenen Orte wüsste.«

Rob Nixon, *Slow Violence and the Environmentalism of the Poor* (2011)

Inhalt

Kapitel 1

Neben uns die Sintflut

»Die internationale Arbeitsteilung besteht darin, dass einige Länder sich im Gewinnen und andere im Verlieren spezialisieren.«

Eduardo Galeano,
Die offenen Adern Lateinamerikas (1973)

Chronik eines angekündigten Unglücks oder Rio Doce ist überall

Mariana, am 5. November 2015: In der Bergbaustadt im brasilianischen Bundesstaat Minas Gerais brechen die Dämme zweier Rückhaltebecken, in denen die Abwasser einer Eisenerzmine gesammelt wurden. 60 Millionen Kubikmeter schwermetallhaltigen Schlamms – dem Inhalt von 25 000 olympischen Schwimmbecken entsprechend – ergießen sich über die Anrainergemeinde Bento Rodrigues und in den Flusslauf des Rio Doce. Laut dem Betreiber der Mine, Samarco Mineração S.A., durch ein leichtes Erdbeben freigesetzt, begräbt der aus den Becken flutende Klärschlamm umliegende Bergdörfer und einen Teil ihrer Bewohner unter sich. Den ehedem »Süßen Fluss« lässt er auf drei Vierteln seines 853 Kilometer langen Laufs zu einem giftigen Strom aus Rückständen von Eisen, Blei, Quecksilber, Zink, Arsen und Nickel werden, rund 250 000 Menschen sind damit jäh von der Trinkwasserversorgung abgeschnitten. Nach vierzehn Tagen erreicht die rote Flut die Atlantikküste und ergießt sich, ein verwüstetes Ökosystem hinter sich lassend, ins Meer. Wenige Wochen später spricht die brasilianische Präsidentin Dilma Rousseff auf der Pariser Klimakonferenz von der schlimmsten Umweltkatastrophe in der Geschichte ihres Landes.

So beeindruckend die Bilder von verschlammten Landschaften und verendeten Tieren, vom toten Fluss und seiner sich dreckig rot färbenden Mündung sind, so bedrückend ist der Fall Rio Doce doch gerade nicht in seiner Einzigartigkeit, sondern in seiner perversen Normalität. Denn Rio Doce ist überall. In seinen Ursachen wie in seiner Bearbeitung, in der Absehbarkeit des »Unglücks« wie auch der Reaktionen darauf steht dieser Fall stellvertretend für die herrschenden globalen Verhältnisse. Er steht sinnbildlich nicht nur für eine ökonomisch-ökologische Weltordnung, in der die Chancen und Risiken gesellschaftlicher »Entwicklung« systematisch ungleich verteilt sind. Er verweist zudem in geradezu idealtypischer Weise auf das lokal-, regional- und weltpolitische *business as usual* im Umgang mit den Kosten des industriell-kapitalistischen Gesellschaftsmodells.

Was am Rio Doce passiert ist, war eine ganz normale Katastrophe – und eine mit Ansage. Eine Katastrophe, wie sie sich so oder so ähnlich seit vielen Jahren immer wieder abspielt, in Brasilien und anderswo in den rohstoffreichen Ländern dieser Welt. Als ökonomische Strategie in der globalen Arbeitsteilung setzen diese Länder notgedrungen auf die Ausbeutung ihrer natürlichen Ressourcen – und sie tun dies auf intensive, im Zweifel rücksichtslose Weise. Wobei dieses »sie tun es« sofort qualifiziert gehört, denn nicht selten wird das – je nach Weltmarktpreisen – mehr oder weniger lukrative Geschäft an transnationale Konzerne vergeben. Brasilien ist mit fast 400 Millionen geförderten Tonnen (2011) der weltweit drittgrößte Eisenerzproduzent nach China und Australien. Die zunächst staatliche, 1997 privatisierte Vale S.A., ehemals Companhia Vale do Rio Doce, ist neben den britisch-australischen

Konzernen Rio Tinto Group und BHP Billiton eines der drei größten Bergbauunternehmen der Welt und mit einem Marktanteil von 35 Prozent der weltgrößte Eisenerz-Exporteur. Gemeinsam mit BHP Billiton ist Vale über die Tochterfirma Samarco Eigentümerin der Mine in Mariana.

Der bei den Dammbrüchen abgegangene Schlamm sei nicht giftig und bestehe hauptsächlich aus Wasser und Kieselerde, hatte Samarco zunächst mitgeteilt. Diese Aussage erwies sich bald als ebenso falsch wie der Verweis auf Erdstöße als Unglücksursache. Es liegt nahe, diese vielmehr in den typischen Attributen des Verwaltungshandelns in sogenannten »Drittweltstaaten« zu suchen, also in Korruption, Klientelismus und mangelnden Kontrollen. An der Oberfläche des Geschehens lässt sich denn auch genau dies finden: Die geborstenen Klärschlammbecken wiesen schon seit längerem bekannte Sicherheitsmängel auf, die von der zuständigen Staatsanwaltschaft bereits im Jahr 2013 gerügt worden waren. Die Behörde wies dabei auch auf die akute Gefährdung des Dorfes Bento Rodrigues hin sowie darauf, dass für dessen Bewohner keinerlei Sicherheitsvorkehrungen bestünden. Die vom Bundesstaat Minas Gerais, dem größten Erzabbaugebiet Brasiliens, geforderten Sicherheitsprüfberichte seien, so heißt es, im Fall Samarco nicht von unabhängigen Expertinnen, sondern von Mitarbeitern des Unternehmens selbst erstellt worden.* Fast zeitgleich

* Wie an dieser Stelle in einem Atemzug von »Expertinnen« und »Mitarbeitern« die Rede ist, werde ich auch im Folgenden zur Bezeichnung von Personen oder Personengruppen unbekannten bzw. potentiell unterschiedlichen Geschlechts in losem Wechsel immer mal wieder die weibliche oder die männliche Form verwenden. Damit sollen sowohl das übliche generische Maskulinum (mit einleitender Rettungsklausel, es sei selbstredend immer auch das andere Geschlecht mitgemeint) wie auch umständliche und unschöne Varianten eines standardisiert geschlechtersensiblen Sprachgebrauchs vermieden werden. In letzterem Sinne wer-

mit dem Dammbruch votierte eine Kommission des Senats, der höheren Kammer im brasilianischen Nationalkongress, in dem sich die Bergbau-Lobby stets auf politische Unterstützung verlassen kann, für »mehr Flexibilität« bei den behördlichen Überprüfungen der Minenbetreiber.

Alles also eine Frage unterentwickelter Staatlichkeit, versagender Institutionen, einer »nichtwestlichen« politischen Kultur? Nun ja. Die andere Seite der Chronik eines angekündigten »Unglücks« ist, dass die Belastung der nunmehr geborstenen Talsperren erst kürzlich massiv erhöht worden war. Trotz (oder wegen) des zuletzt eingetretenen Verfalls der Weltmarktpreise hatten die beiden Großkonzerne die Fördermenge der Samarco-Mine gegenüber dem Vorjahr um fast 40 Prozent auf 30,5 Millionen Tonnen gesteigert – eine Marktflutungsstrategie, die in Mariana zu einer starken Zunahme des Minenabraums führte und im Effekt zu einer Überflutung des Umlands. Auch das dritte und größte, einstweilen noch intakte Rückhaltebecken der Eisenerzmine in Mariana weist übrigens gefährliche Risse des Staudamms auf. Und dies sind nur drei von insgesamt 450 Dämmen, die allein in Minas Gerais Abwässer aus Bergbau und Industrie zurückhalten. Etwa ein Dutzend dieser Giftstauseen bedrohen den Rio Paraíba do Sul und damit mittelbar die Trinkwasserversorgung der Metropolregion Rio de Janeiro mit ihren zehn Millionen Einwohnern.

Während die Geschehnisse am Rio Doce also eine Katastrophe für die Natur (und für die in und von dieser lebenden Menschen) ist, war sie doch keine Naturkatastrophe. Ihre Hintergründe sind alles andere als »natürlich«: Sie liegen in der Anlage des Weltwirtschaftssystems begründet, in den durch

den allerdings eingeführte Komposita wie beispielsweise die »Staatsbürgerrechte« als solche beibehalten – obwohl z.B. diese Rechte mittlerweile auch Personen nichtmännlichen Geschlechts offenstehen.

dieses System geprägten Entwicklungsmodellen der rohstoffreichen Länder, in den Weltmarktstrategien der transnationalen Konzerne, im Ressourcenhunger der reichen Industriestaaten, in den Konsumpraktiken und Lebensstilen ihrer Bewohnerinnen. Das, was in Mariana, Minas Gerais, Brasilien stattgefunden hat und dort, jenseits der medial wahrgenommenen Unglücke und Katastrophen, alltäglich stattfindet, ist keine Frage der lokalen Verhältnisse – jedenfalls nicht nur oder im wahrsten Sinne des Wortes nur am Rande. Was sich, aus unserer Sicht, an der »Peripherie« der Welt abspielt, an den Außenposten des globalen Kapitalismus, verweist zurück auf das Zentrum des Geschehens oder, genauer: auf die gesellschaftlichen Verhältnisse in jenen Regionen, die sich für den Nabel der Welt halten und ihre Machtposition im wirtschaftlichen und politischen Weltsystem nutzen, um die Spielregeln vorzugeben, an die andere sich halten müssen und deren Folgen andernorts spürbar werden.

Zu diesen Spielregeln gehört auch und vielleicht sogar vor allen Dingen, dass nach »Vorfällen« wie in Mariana schnellstmöglich zur Tagesordnung übergegangen wird. Nicht nur vor Ort, wo der Widerstand gegen die Erzbergbauindustrie aus naheliegenden Gründen schwer zu organisieren ist: Die Menschen in Minas Gerais sind von ihr abhängig, ob sie wollen oder nicht. Vier von fünf Haushalten in Mariana hängen in ihrer Existenz an der Mine. Sollte sie geschlossen werden, könne man auch gleich den ganzen Ort dichtmachen, so der Bürgermeister Duarte Júnior. Nach der »Katastrophe« gingen dort immer wieder Menschen auf die Straße, um zu protestieren – freilich nicht gegen den Minenbetreiber, sondern dafür, dass die Mine möglichst bald wieder in Betrieb gehen möge. Parallel fanden sich selbstverständlich sogleich »Experten«, die Entwarnung gaben bzw. vor unangebrachter Umwelthysterie warnten. Paulo Rosman, Professor für Küsteningenieurwesen an der Universität von Rio de Janeiro und Autor einer hastig erstellten Folgenabschätzung im Auftrag des brasilianischen Umweltministeriums, erklärte den Rio Doce zwar für »momentan tot«, taxierte die »Wiederherstellungsfrist« der Natur am Ort des Dammbruchs allerdings auf nur ein Jahr und erklärte die Auswirkungen im Mündungsgebiet des Flusses für »vernachlässigbar«. Die Situation dort werde sich innerhalb weniger Monate bereinigen, die in dieser Jahreszeit zu erwartenden heftigen Regenfälle würden den Rio Doce gewissermaßen »waschen« – »ein ganz natürlicher Prozess«.

Solcherart Reinwaschen der unansehnlichen Situation ist wiederum ganz nach dem Geschmack nicht nur der vor Ort operierenden multinationalen Bergbaukonzerne, sondern auch des Publikums in den hochindustrialisierten Gesellschaften Europas und Nordamerikas. Die Menschen in diesen Ländern hängen nämlich ganz dick mit drin im Verursachungszusammenhang der brasilianischen Katastrophe. Sie – und also »wir« – sind Teil der Misere, nicht nur der brasilianischen oder lateinamerikanischen. Wir stehen hinter dem global im großen Stil betriebenen Ressourcenabbau und den damit in den rohstofffördernden Ländern einhergehenden Umweltbelastungen, Arbeitsbedingungen und Lebensverhältnissen.

Nehmen wir das Aluminiumerz Bauxit, das in vielen Ländern des Tropengürtels lagert. Brasilien ist (Stand 2008) nach Australien und China sowie vor Guinea der drittgrößte Bauxitproduzent der Welt. In allen Ländern mit nennenswerten Lagerstätten ist der Abbau im vergangenen Jahrzehnt stark angestiegen: Das Bergbauunternehmen Rio Tinto etwa steigerte die weltweite Förderung zwischen 2006 und 2014 von 16 auf 42 Millionen Tonnen (und die Eisenerzförderung parallel von 133 auf 234 Millionen Tonnen). Bauxitgestein wurde schon im

19. Jahrhundert in Europa entdeckt und abgebaut, die Vorkommen in den südlichen Weltregionen sind jedoch ungleich größer und produktionstechnisch wertvoller. Praktisch der gesamte Bauxitabbau dient der Herstellung von Aluminium – das wiederum in zahlreichen Gütern des alltäglichen und außeralltäglichen Bedarfs rohstoffnutzender Länder verarbeitet wird. Zum Beispiel in fein säuberlich portionierten und leicht verwendbaren Kaffeekapseln.

Zur Produktion des Kaffeekapselstoffes Aluminium bedarf es eines extrem hohen Energieeinsatzes: Um ein Kilogramm aus dem Rohstoff Bauxit zu gewinnen, werden vierzehn Kilowattstunden Strom benötigt, wobei etwa acht Kilogramm Kohlendioxid freigesetzt werden. Nicht nur in diesem Lichte betrachtet, ist der werbetechnisch von einem weltbekannten, charmanten und gutaussehenden Schauspieler unterstützte Siegeszug der Aluminiumpads ungeheuerlich: Allein in Deutschland wurden 2014 zwei Milliarden der vor wenigen Jahren noch gänzlich unbekannten Kaffeekapseln geleert, Tendenz steigend. Branchenschätzungen zufolge verkauft die Schweizer Nestlé-Tochter Nespresso mittlerweile weltweit mindestens acht Milliarden Einheiten jährlich – bei einem Kapselgewicht von einem Gramm ergibt schon dies einen Berg von acht Millionen Kilogramm Aluminiumabfall. Wohlgemerkt: in einem Jahr, allein an Kaffeekapselmüll. Dabei wird Nespresso sogar noch dafür gelobt, sortenreine und daher recyclingfreundlichere Kapseln zu verwenden – die Konkurrenz krönt ihre deutlich schwereren Kunststoffdöschen zusätzlich mit einem Aluminiumdeckel. Der Werbeslogan des Unternehmens – *»Nespresso. What else?«* – hat also auch umweltpolitisch durchaus seine Berechtigung.

Aber seien wir ehrlich – und unironisch. Lassen wir uns nicht den »unvergleichlichen Kaffeegenuss« (»Entdecken Sie unsere 23 Grands Crus«, »schnelle Lieferung« mit der »Nespresso Mobile App«) auf der Zunge zergehen, sondern den bitteren Beigeschmack der bestehenden Produktions- und Konsumverhältnisse. Für die kurze Pause zwischendurch in einem durchschnittlichen deutschen Haushalt werden im brasilianischen Regenwald Bauxitabbaugebiete gerodet. Für unseren Kaffeegenuss am Ende eines köstlichen, aber doch etwas schweren Abendessens werden »irgendwo in Afrika« die Bodenschätze geplündert, natürliche Lebensräume zerstört, die Giftmüllbecken und -halden gefüllt. Für den Kick für den nächsten Augenblick wirtschaftlicher Wertschöpfung wird in den Verwaltungsbüros global agierender Unternehmen rasch noch ein Kaffee gekippt, denn die Räder dürfen ja nicht stillstehen, sondern müssen am Laufen gehalten werden: die Räder der Produktion unseres Wohlstands, unter die dann – was soll man machen? – in weiter Ferne andere geraten.

Wobei hier bislang überhaupt nur die Spitze des Eisbergs des europäisch-nordamerikanischen Kaffeekapselhypes in den Blick genommen worden ist: Es war ja noch nicht einmal die Rede von den Arbeitsbedingungen in den Produktionsstätten des brasilianischen Erzbergbaus; noch nicht davon, dass der Giftmüll nicht nur bei der Rohstoffproduktion im Tropengürtel dieser Welt anfällt, sondern im Zweifel auch per Müllexport aus den wohlhabenderen Weltregionen wieder dorthin zurückkehrt; oder von den sozialen, ökonomischen und ökologischen Umständen des Kaffeeanbaus, seiner Ernte und seines Transports in die kaffeekonsumierenden Zentren der Welt. Und die Wertschöpfungskette Kaffee wiederum, die Produktions- und Konsumwelt der kleinen Kaffeepads, ist ja nur die Spitze eines weiteren, noch viel größeren Eisbergs, eines gigantischen globalen Prozesses der permanenten Umverteilung von Gewinnen und Verlusten. Ganz gleich, ob man nun die

Baumwollproduktion oder den Sojaanbau nimmt, die grassierende SUV- oder Smartphone-Manie: »Rio Doce« ist überall.

Genauer gesagt: Die Flutung riesiger Landstriche mit giftigen Abwässern aus der Ressourcenförderung für den globalen Norden hätte überall stattfinden können – überall im globalen Süden. Es gibt unzählige »Rio Doces« auf dieser Welt, und nicht zufällig fließen diese zumeist in deren südlichen Gefilden. Oder sie fließen dort eben nicht mehr, weil ihnen vom Norden aus gleichsam das Wasser abgegraben wird – wie dem Rio Doce, der sich zwischenzeitlich in eine schwerfällig-gallertartige rote Masse verwandelt hat. Die Geschichte des »Unglücks« am Rio Doce zu erzählen heißt, gleich *zwei* Geschichten erzählen zu müssen: die verschränkten, verkoppelten, sich kreuzenden Geschichten des Unglücks der einen – und des Glücks der anderen.

Ebendiese Doppelgeschichte soll hier in den Blick genommen werden. Es geht um den Einblick in Zusammenhänge, die Einsicht in Abhängigkeiten, in globale Beziehungsstrukturen und Wechselwirkungen. Es geht um die andere Seite der westlichen Moderne, um ihr »dunkles Gesicht«, um ihre Verankerung in den Strukturen und Mechanismen kolonialer Herrschaft über den Rest der Welt. Es geht um Reichtumsproduktion auf Kosten und um Wohlstandsgenuss zu Lasten anderer, um die Auslagerung der Kosten und Lasten des »Fortschritts«. Und es geht noch um eine weitere, *dritte* Geschichte: um die Abwehr des Wissens um ebendiese Doppelgeschichte, um deren Verdrängung aus unserem Bewusstsein, um ihre Tilgung aus den gesellschaftlichen Erzählungen individuellen und kollektiven »Erfolgs«. Wer von unserem Wohlstand hierzulande redet, dürfte von den damit verbundenen, verwobenen, ja ursächlich zusammenhängenden Nöten anderer Menschen andernorts nicht schweigen. Genau das aber ist es, was ununterbrochen geschieht.

Das globale Wohlstandsgefälle oder
Ich wollt', ich wär' ein Hund

Man kann das Leben auf Kosten Dritter auch aus einer anderen, sozialstatistischen Perspektive beleuchten. Was zunächst als der abstraktere Blick erscheinen mag, erweist sich rasch als ebenso plastisch wie die Bilder aus der roten Giftmüllhölle Brasiliens. Pünktlich zum Weltwirtschaftsforum 2015 in Davos hat die internationale Hilfsorganisation Oxfam beeindruckende Daten zur weltweiten sozialen Ungleichheit präsentiert. Der Studie zufolge besitzt im Jahr 2016, den jüngeren Trend zur Verschärfung des globalen Wohlstandsgefälles fortsetzend, das reichste Prozent der Weltbevölkerung so viel wie die restlichen 99 Prozent: Eine kleine Gruppe von Begüterten und der große Rest der anderen verfügen zu gleichen Teilen über den Weltwohlstand. Der im Jahr 2011 geprägte Protestslogan von *Occupy Wall Street* – »wir sind die 99 Prozent« – erhält damit im Weltmaßstab statistische Weihen. Auf den ersten Blick noch eindrucksvoller erscheint Oxfams Befund, wonach die 80 vermögendsten Personen auf dem Globus über dasselbe Maß an materiellen Ressourcen verfügen wie die gesamte ärmere Hälfte der Weltbevölkerung zusammen.

Achtzig zu dreieinhalb Milliarden: So absurd zumal dieses Größenverhältnis anmutet, so sehr drohen entsprechende Zahlen zugleich auch die interessierte Öffentlichkeit in die Irre zu führen – bzw. ihr nach dem Mund zu reden. Legen sie doch die Deutung nahe, dass das Problem der globalen sozialen Ungleichheit maßgeblich an einem extrem kleinen Kreis von Superreichen liege und die Lösung desselben in den Händen einer diese paar Dutzend Multimilliardäre anständig besteuernden Politik (wenn nicht gar, nach dem Vorbild der spendablen Magnaten Bill Gates oder Mark Zuckerberg, in den

Händen der Weltgrößtverdiener selbst). Sicher: Die in den Oxfam-Daten zum Ausdruck kommende Vermögenspolarisierung ist durch und durch skandalös. Und gegen eine international koordinierte Steuerpolitik etwa gegenüber globalen Finanztransaktionen, wie sie jüngst auch der neue Star am Ökonomenhimmel, Thomas Piketty, gefordert hat, ist außer der Unwahrscheinlichkeit ihrer politischen Durchsetzung und administrativen Umsetzung wenig einzuwenden.

Doch der Kern des Problems reicht – man mag sagen: leider – deutlich tiefer. Denn die Sozialdiagnose »Alles haben und noch mehr wollen«, so der sprechende Titel besagter Reichtumsstudie (*Wealth: Having It All and Wanting More*), umschreibt keineswegs nur die Lebensumstände, Interessenlagen und Handlungsziele der »oberen Zehntausend« dieser Welt. Alles zu haben und dennoch mehr zu wollen: das ist nicht nur die lebenspraktische Agenda jener *happy few* am obersten Ende der gesellschaftlichen Reichtumsverteilung, auf die man als deutscher Durchschnittsbürger und Otto Normalverbraucherin mit spitzem Moralfinger und scharfen Umverteilungsforderungen zeigen könnte. Es ist im Kern zugleich auch eine durchaus zutreffende Beschreibung der Lebensweisen, Gefühlslagen und Zukunftswünsche breiter gesellschaftlicher Mehrheiten in den wohlhabenden Ländern der Welt. Alles zu haben und noch mehr zu wollen ist kein Einstellungsprivileg derer »da oben«. Den eigenen Wohlstand zu wahren, indem man ihn anderen vorenthält, ist das unausgesprochene und uneingestandene Lebensmotto der »fortgeschrittenen« Gesellschaften im globalen Norden – und ihre kollektive Lebenslüge ist es, die Herrschaft dieses Verteilungsprinzips und die Mechanismen seiner Sicherstellung vor sich selbst zu verleugnen. Im Weltmaßstab der nationalen Reichtumsverteilung gesehen, stehen nämlich wir Durchschnittsdeutsche »ganz oben« – und sehen über die Verhältnisse »da unten« gerne souverän hinweg.

Das ist durchaus verständlich. Und zwar nicht nur, weil es erhebliche und zuletzt weiter wachsende Ungleichheiten »daheim« gibt, die uns und unserer Wahrnehmung im Wortsinne näherliegen. Sondern auch, weil ein Blick über den Tellerrand der nationalen Wohlstandsverteilung Ungeheuerliches zutage fördern würde. Wer sich die enormen Einkommensunterschiede zwischen den reichsten und den ärmsten Weltregionen auch nur statistisch, in dürren Zahlen, vor Augen führt, kann »eigentlich« nicht so weitermachen wie bisher. Eine solche Weltungleichheitsskala, wie sie von den US-amerikanischen Soziologen Roberto Korzeniewicz und Timothy Moran für das Jahr 2007 berechnet worden ist, zeigt, dass praktisch alle Einkommensgruppen in den europäischen Ländern dem reichsten Fünftel der Weltbevölkerung zuzurechnen sind – in Norwegen zählt selbst das einkommensschwächste Zehntel global noch zu den wohlhabendsten zehn Prozent. Umgekehrt gehören große Teile des südlichen Afrikas und zum Beispiel auch 80 Prozent der fast 100 Millionen Menschen zählenden äthiopischen Bevölkerung zu dem weltweit ärmsten Zehntel.

Um es nochmals zu betonen: Es geht hier nicht darum, soziale Ungleichheiten mehr oder weniger krassen Ausmaßes innerhalb aller Länder dieser Welt zu verharmlosen oder gar in Abrede zu stellen. Es gibt Armut in Deutschland, ebenso wie es in Äthiopien Reiche gibt. Die Gegenüberstellung der Verhältnisse in den insgesamt wohlhabenden Gesellschaften des globalen Nordens – mit im Durchschnitt hohem Lebensstandard, weiten Optionsräumen der Lebensgestaltung und großem Ressourcenverbrauch – und der Lebensbedingungen in den durchschnittlich ungleich ärmeren, damit auch chancen- und emissionsärmeren Gesellschaften des globalen Südens soll nicht die internen Ungleichheiten auf beiden Seiten vergessen machen. Sie soll aber sehr wohl dafür sensibilisieren, dass etwa Pikettys vielgerühmte und hierzulande breit diskutierte Abhandlung über *Das Kapital im 21. Jahrhundert* einer durchaus einseitigen Sichtweise das Wort redet: Piketty zeigt, dass es in den reichsten Ländern der Welt Reiche gibt, die neuerdings noch reicher werden und die – ganz entgegen der in diesen Gesellschaften herrschenden Leistungsideologie – ihre Position und deren Aufrechterhaltung maßgeblich nicht eigener Anstrengung verdanken, sondern der Verwertung ererbten Kapitals. Was die Studie des französischen Ökonomen hingegen nicht thematisiert, ist die Tatsache, dass sich im Weltmaßstab eine ganz ähnliche Struktur etabliert hat.

Betrachtet man nicht nur, wie Piketty, die Dynamiken innergesellschaftlicher Ungleichheit in den Vereinigten Staaten, in Großbritannien und Frankreich, mit Seitenblicken auf Japan und Deutschland, sondern weitet den Blick auf die Strukturmuster globaler, zwischengesellschaftlicher Ungleichheiten, so finden sich auch hier die reichen zehn Prozent, die zu Lasten des Restes immer reicher werden. Zu diesem reichsten Zehntel zählen dann gewissermaßen die fünf genannten Länder *als Ganzes* – und ihre kollektive Position am oberen Ende der Weltreichtumsverteilung ist nicht und schon gar nicht allein dem »Fleiß« ihrer Bürgerinnen oder der »Produktivität« ihrer Wirtschaft geschuldet, sondern maßgeblich auch ihrer strategischen Position in der Weltökonomie und der Verwertung ihres damit gegebenen, historisch ererbten »Kapitals«. Im Weltmaßstab ist die Ungleichheit zwischen den reichen und den armen Ländern größer noch als die Ungleichheit zwischen den Reichsten und den Ärmsten in den ungleichsten Ländern der Welt, also krasser noch als etwa in Brasilien. Entsprechend sticht auch die relative Chancenungleichheit, die sich aus dem

Glück bzw. Unglück ergibt, in Deutschland oder aber in Brasilien geboren zu werden, im Zweifel jene ungleiche Chancenverteilung aus, die von der Lotterie des Lebens für Neugeborene innerhalb der deutschen oder brasilianischen Gesellschaft bereitgehalten wird.

Was also in unseren Breitengraden allzu gerne ausgeblendet wird und was sowohl einem auf den Reichtum von Einzelpersonen fixierten wie einem auf innergesellschaftliche Ungleichheiten konzentrierten Blick entgehen muss, ist der Sachverhalt, dass die damit sichtbar werdenden Verteilungsmuster eingelagert sind in eine umfassendere, globale Ungleichheitskonstellation. Eine Konstellation, die aber offenkundig unsichtbar ist – und auch unsichtbar bleiben soll. Korzeniewicz und Moran machen sich in ihrem Buch *Unveiling Inequality* (zu Deutsch etwa: »Ungleichheit offenlegen«) den statistischen Spaß, eine fiktive Gesellschaft zu konstruieren, der allein die in US-amerikanischen Haushalten gehaltenen Hunde angehören. Die im Jahr 2008 je Haushalt getätigten durchschnittlichen Ausgaben für die Hundehaltung setzen sie als das »Pro-Kopf-Einkommen« dieser gedachten Gesellschaft – und siehe da, »Hundeland« (*dogland*) positioniert sich im Weltmaßstab unter den Ländern mittleren Einkommens, oberhalb von Staaten wie Paraguay oder Ägypten, besser gestellt als vierzig Prozent der Weltbevölkerung. Wohl dem also, der ein Hund ist – zumindest in den Vereinigten Staaten.

Die kleine statistische Spielerei dient den Autoren nur als Illustration des ungeahnten Ausmaßes globaler sozialer Ungleichheiten. Der plötzliche Reichtum der vereinten Kläffer von Amerika verdeutlicht aber nicht minder die Plausibilität der Tatsache, dass wir von diesen extremen Ungleichheiten auch gar keine Ahnung haben *wollen*. Und schon gar nicht davon, dass unser Reichtum, dessen Abbild die relative Einkommensposition der virtuellen Hunderepublik ja ist, nicht nur der Armut in weiten Teilen der restlichen Welt gegenübersteht, sondern mit dieser auch zusammenhängt: dass unser relativer Wohlstand also nur *in Relation* zu den geringen Einkommen, Handlungsoptionen und Lebenschancen der großen Mehrheit der Weltbevölkerung zu verstehen ist. Die Positionen in der globalen Ungleichheitsstruktur stehen in einem funktionalen Zusammenhang miteinander: Es geht den einen »gut« bzw. besser, *weil* es den anderen »schlecht« oder jedenfalls weniger gut geht.

Dass dem so ist, will sich aber offenbar partout nicht herumsprechen. Betrachtet man die öffentlichen Debatten in den wohlhabenden Weltregionen, dann scheinen die Verbindungen zwischen »unserem« wie auch immer ungleich verteilten Reichtum auf der einen und den Arbeits-, Lebens- und Überlebensbedingungen außerhalb der weltwirtschaftlichen und -politischen Zentren auf der anderen Seite immer noch das »Geheimwissen« von marxistischen Gruppen, entwicklungspolitischen Organisationen und Papst Franziskus I. zu sein. Und es gibt auch durchaus – zumindest subjektiv – gute Gründe, dass wir nichts von diesen Zusammenhängen hören wollen: den Zusammenhängen zwischen Reichtum und Armut, Wohlstand und Entbehrung, Sicherheit und Unsicherheit, Chancenvielfalt und Aussichtslosigkeit. Denn wer diese Zusammenhänge erkennt und anerkennt, kommt nicht umhin, an der Berechtigung der damit gesetzten Ungleichheiten zu zweifeln. Oder wenigstens in akute Rechtfertigungsnöte bezüglich seiner eigenen, privilegierten Position zu geraten.

Die Abwehr entsprechender Einsichten ist also ebenso naheliegend wie die Furcht vor den Konsequenzen, die eine Veränderung der globalen Ungleichheitsverhältnisse mit sich bringen würde. Wir Wohlstandsbürger der Weltgesellschaft haben allemal mehr zu verlieren als nur unsere Ketten. Dass wir insgeheim entsprechende Verlustängste haben, spricht für unsere Ahnung von den globalen Bedingungen, auf denen unsere Lebensführung beruht, mit denen sie steht und fällt. Und dass wir diese Ahnung lieber verdrängen, dass wir um unser Leben auf Kosten anderer nicht wissen wollen oder allfällige Anflüge entsprechenden Unbehagens lieber gleich wieder »vergessen«, überrascht den Gesellschaftsanalytiker nicht. Gegen ebenjenes Vergessen aber richtet sich dieses Buch.

Externalisierung oder: Vom »guten Leben« – auf Kosten anderer

Der bis hierher skizzierte, in seiner ganzen Komplexität einstweilen allenfalls angedeutete Zusammenhang des Lebens der einen auf Kosten der anderen soll mit diesem Buch auf den Begriff gebracht werden, genauer gesagt: auf *einen* Begriff, nämlich auf den der Externalisierung. »Externalisieren« bezeichnet den Vorgang, bei dem etwas aus dem Inneren nach außen verlagert wird. Was üblicherweise Organisationen zugeschrieben wird, etwa Unternehmen, die nicht für die von ihnen verursachten Umweltschäden aufkommen und von dieser Abwälzung der Kosten auf unbeteiligte Dritte profitieren, lässt sich auch auf größere Sozialeinheiten übertragen: Die reichen, hochindustrialisierten Gesellschaften dieser Welt lagern die negativen Effekte ihres Handelns auf Länder und Menschen in ärmeren, weniger »entwickelten« Weltregionen aus. Die wohlhabenden Industrienationen nehmen diese negativen Auswirkungen nicht nur systematisch in Kauf. Sie rechnen vielmehr mit ihnen, und diese rechnen sich für sie. Denn die gesamte sozioökonomische Entwicklungsstrategie der europäisch-nordamerikanischen Industriegesellschaft beruht – und beruhte von Anfang an – auf dem Prinzip der Entwicklung zu Lasten anderer. Externalisierung heißt in diesem Sinne: Ausbeutung fremder Ressourcen, Abwälzung von Kosten auf Außenstehende, Aneignung der Gewinne im Innern, Beförderung des eigenen Aufstiegs bei Hinderung (bis hin zur Verhinderung) des Fortschreitens anderer.

Externalisierung ist freilich nicht bloß eine abstrakte »gesellschaftliche« Strategie, keineswegs nur der Effekt einer gleichsam akteurslos vor sich hin prozessierenden Systemlogik. Sicher, Externalisierung bezeichnet jene Logik, nach der das kapitalistische Weltsystem funktioniert. Aber sie wird getragen von real existierenden sozialen Akteuren. Und ihre Träger sind nicht allein Großkonzerne und Staatslenker, nicht nur wirtschaftliche Eliten und die politisch Mächtigen. Sie wird getragen auch von dem stillen Einvernehmen und der aktiven Beteiligung großer gesellschaftlicher Mehrheiten. »Wir«, die Bürgerinnen und Bürger der selbsterklärten »westlichen« Welt, leben in Externalisierungsgesellschaften – bzw. in der großen Externalisierungsgesellschaft des globalen Nordens. Wir leben in der Externalisierungsgesellschaft, wir leben sie – und wir leben gut damit. Wir leben gut, weil andere schlechter leben. Wir leben gut, weil wir *von* anderen leben – von dem, was andere leisten und erleiden, tun und erdulden, tragen und ertragen müssen. Das ist die internationale Arbeitsteilung, die der uruguayische Schriftsteller Eduardo Galeano schon vor nunmehr bald einem halben Jahrhundert kritisch im Blick hatte: Wir haben uns aufs Gewinnen spezialisiert – und die anderen aufs Verlieren festgelegt.

Wir leben in einer Gesellschaft, die sich auf dem Wege der Externalisierung – auf Kosten und zu Lasten anderer – stabilisiert und reproduziert und die sich überhaupt nur auf diese Weise zu stabilisieren und zu reproduzieren vermag. Diese Form sozialer

Organisation, dieser Modus gesellschaftlicher Entwicklung ist keineswegs neu. »Externalisierungsgesellschaft« ist insofern keine Zeitdiagnose im strengen Sinne – wie etwa Ulrich Becks Diagnose der »Risikogesellschaft«, die im Kern die neuen, mit dem Aufstieg industrieller Großtechnologien verbundenen Lebensverhältnisse in der Nachkriegsmoderne charakterisieren sollte. Die Externalisierungsgesellschaft hingegen gibt es nicht erst seit gestern oder vorgestern; sie ist als solche nicht die neueste, aktuelle Gestalt der modernen Zivilisation. »Externalisierung« ist weniger eine zeitdiagnostische als vielmehr eine strukturanalytische Formel, »Externalisierungsgesellschaft« eher Gattungsbegriff als Gegenwartskonzept: Denn die moderne kapitalistische Gesellschaftsformation ist seit jeher und von Anfang an Externalisierungsgesellschaft – auch wenn sie sich dies niemals eingestanden hat. Kapitalistische Gesellschaften sind Externalisierungsgesellschaften, allerdings in historisch wechselnder Gestalt, mit jeweils sich wandelnden Mechanismen und in immer wieder sich verändernden globalen Konstellationen.

Es ist dieser stetige Wandel der Externalisierungsgesellschaft, die lange Geschichte der Konstitution und Reproduktion des westlichen bzw. nördlichen Wohlstandskapitalismus auf Kosten und zu Lasten des globalen Südens, die dem Begriff – heute geprägt und auf die Gegenwart gemünzt – dann gleichwohl doch auch eine zeitdiagnostische Note verleiht. Denn das gesellschaftliche Struktur- und Prozessmuster der Externalisierung hat im Laufe des letzten Vierteljahrhunderts, mit der Implosion des Staatssozialismus und der globalen Verbreitung des kapitalistischen Produktions- und Konsum-, Arbeits- und Lebensmodells, durchaus neue Konturen gewonnen. Im Prinzip gibt es seither kein weltgesellschaftliches »Außen« mehr, in das hinein externalisiert werden könnte. Die Wahrscheinlichkeit, dass die sozialen und ökologischen Kosten des industriellen Wohlstandskapitalismus nicht einfach irgendwo anders anfallen, weit entfernt von den Verursacherinnen und Profiteuren, sondern doch auch wieder auf diese – also auf uns selbst – zurückschlagen, ist damit strukturell gestiegen. Und es gehört nicht viel Phantasie, sondern nur Beobachtung und Analyse dazu, von einer massiven Zunahme solcher Rückkopplungseffekte bereits in der näheren Zukunft auszugehen.

Was schon lange deutlich geworden war, bestätigt sich hier also neuerlich: Das nach dem Sieg des Kapitalismus im globalen Systemwettbewerb ausgerufene »Ende der Geschichte« ist nicht eingetreten. Das Ende des »Realsozialismus« hat schlicht eine neue Phase der historischen Entwicklung des globalen Kapitalismus eingeläutet. Die »eine Welt« wird nun Realität. Sie wird Realität in Gestalt radikalisierter Externalisierung – und in Form von zunehmenden Schwierigkeiten, die externalisierten Kosten auch tatsächlich extern halten zu können, auch wenn wir dies noch nicht wirklich wahrhaben wollen. Der Wohlstandskapitalismus fordert seinen Tribut typischerweise jenseits seiner Grenzen – nun aber scheint es allmählich so, dass das Imperium zurückgeschlagen wird, dass die Externalisierungsfolgen gleichsam nach Hause zurückkehren. Deutschland habe ein unvorhergesehenes »Rendezvous mit der Realität der Globalisierung«, meinte Wolfgang Schäuble im November 2015 angesichts der hiesigen »Flüchtlingskrise« treffend. Zwar hoffen wohl die meisten Deutschen, dass dieses Rendezvous nicht allzu intensiv werden möge. Und der Bundesfinanzminister gehört durchaus zu denjenigen, die noch davon ausgehen, allein die Vorteile der Globalisierung für die deutsche Wirtschaft und Gesellschaft realisieren, die Nachteile aber von ihnen fernhalten zu können. Doch genau diese Vorstellung wird sich als Trugschluss erweisen, als ein klassischer – und im Zweifel tragischer – Fall von *wishful thinking*.

Letztlich ist ohne weiteres nachvollziehbar, dass große gesellschaftliche Mehrheiten in den Externalisierungsgesellschaften Verlustängste haben. Deswegen wollen sie, dass alles so bleiben möge wie bisher – und die anderen dort, wo sie sind. Deswegen wird das Wissen um die Voraussetzungen jener ungeheuren sozialen Privilegierung, die uns nun verlorenzugehen droht, unter den Teppich gekehrt – bzw. vor die Haustüre, also ebenfalls externalisiert, und an die Wissenschaft und Expertenzirkel delegiert, auf dass es dort gut aufgehoben sei, ohne gesellschaftliche Konsequenzen zu zeitigen. Deswegen klammert man sich an die Utopie eines durch wirtschaftliches Wachstum erzeugten, globalen »Fahrstuhleffekts«, im Zuge dessen auch die Armen und Ärmsten dieser Welt bessergestellt werden, ohne dass die relative Privilegierung der Wohlstandsgesellschaften dadurch ernsthaft berührt würde und in Frage gestellt werden müsste. Oder an die Illusion eines »grünen« Kapitalismus, der Wachstum angeblich vom Ressourcenverbrauch entkoppeln könne und die kollektive Lebensweise einer expansiven Moderne mit den stofflichen Belastbarkeitsgrenzen des Planeten Erde zu versöhnen in der Lage sei.

Wie verlockend diese Zukunftsvisionen auch sein mögen: Viel wahrscheinlicher ist, dass es ganz anders kommen wird – und viele Leute in den kapitalistischen Wohlstandszentren spüren das auch. Vielen schwant, dass der globale Kapitalismus auf die Dauer und im Allgemeinen keine Fahrstuhleffekte produziert, sondern eher ein großes Nullsummenspiel ist, in dem die Gewinne der einen die Verluste der anderen sind – und sich seltsamerweise immer dieselben auf der einen oder anderen, der Gewinner- oder aber der Verliererseite wiederfinden. Irgendwie dämmert es so manchem, sei es nun auf großer Fahrt durch die Armutsregionen dieser Welt oder in einem stillen Moment nach der *Tagesschau*, dass es mit dem »guten Leben«

auf Kosten anderer so nicht ewig wird weitergehen können: mit dem märchenhaften Reichtum der Wenigen und den existentiellen Lebensnöten der Vielen; mit einem hemmungslosen Ressourcenverbrauch in einem Teil der Welt und seinen zerstörerischen, im Zweifel tödlichen Konsequenzen auf dem Rest des Globus; mit der alltäglich zur Schau gestellten Sorglosigkeit in den oberen und der permanenten Sorge ums Überleben in den unteren Etagen der Weltsozialhierarchie.

Diesem einstweilen noch unterschwelligen, aber – so die Vermutung – zunehmend um sich greifenden Unbehagen an der Externalisierungsgesellschaft und ihrem Preis will das vorliegende Buch Ausdruck und Auftrieb geben. Um etwaigen Missverständnissen vorzubeugen: Es wird hier keine »Totalanalyse« der Weltverhältnisse behauptet. Mit der Externalisierungsdiagnose kann und soll nicht »alles« erklärt werden – wohl aber ist damit eine zentrale Dimension zum Verständnis historischer wie gegenwärtiger weltgesellschaftlicher Ungleichheitsmuster benannt. Und ebenso sei vorab betont, dass die Rede von der Externalisierungsgesellschaft nicht etwa den nächsten, diesmal als schuldbewusste Selbstbezichtigung inszenierten Akt in der langen Geschichte des akademisch-intellektuellen Eurozentrismus markiert: Hier sitzt nicht neuerlich die »europäische Moderne« am längeren Hebel – weder sozialanalytisch noch verantwortungsethisch oder gar politagitatorisch. Ganz im Gegenteil: Der Verweis auf die soziale Realität der Externalisierungsgesellschaft vollzieht nur das nach, was seit Jahrzehnten, wenn nicht seit Jahrhunderten, im globalen Süden gesagt und gedacht, aufgedeckt und offengelegt, problematisiert und skandalisiert worden ist. Diese vielfältigen und vielstimmigen, multilokalen und transnationalen, wissenschaftlichen wie politischen Gegenbewegungen sind bislang nur nicht oder jedenfalls in unseren Breitengraden nicht breitenwirksam zur

Kenntnis genommen worden. Wenn dieses Buch einen Beitrag dazu leisten könnte, ebendies zu ändern, hätte es seinen Zweck erfüllt.

A rising tide lifts all boats, die Flut hebt alle Boote: Dieses in den frühen 1960er Jahren durch den US-amerikanischen Lieblingspräsidenten John F. Kennedy popularisierte Fortschrittsmotto und Beruhigungsmantra für die wohlstandskapitalistische Gesellschaft ist heute unglaubwürdig geworden. Der Wohlstandskapitalismus hat die innergesellschaftlichen Ungleichheiten zuletzt nicht mehr abmildern können, sondern tendenziell verschärft. Und weltgesellschaftlich gesehen hat er den Globus im 20. Jahrhundert tatsächlich überschwemmt – mit Überfluss hier und Überflutungen dort. Diese Fluten kommen nicht etwa *nach* uns: Die Sintflut ist schon da, gleich *neben* uns. Wer will, kann das unter anderem in Mariana und am Rio Doce sehen. Oder hier nachlesen.

Kapitel 2

Externalisierung: Soziale Ungleichheit, relational gesehen

»Diese Art und Weise macht ... den relativen Wohlstand und, im entgegengesetzten Falle, den relativen Uebelstand aus.«

Johann Jakob Hottinger,
Theophrast's Characterschilderungen (1821)

Kapitalistische Dynamik – und ihr Preis

Die »Externalisierungsgesellschaft« ist kein Phänomen des 21. Jahrhunderts. Externalisierung wird gesellschaftlich bereits so lange betrieben, wie der globale Kapitalismus existiert – und den wiederum gibt es nicht erst seit dem Fall der Berliner Mauer und dem Untergang der Sowjetunion. Dem damals ausgerufenen Zeitalter der Globalisierung und der »einen«, nunmehr eben vollständig kapitalistischen Welt setzten die Sozialwissenschaften sogleich die Erkenntnis entgegen, dass es einen globalisierten Kapitalismus schon in der Zeit vor dem Ersten Weltkrieg gegeben habe. In den Jahrzehnten zwischen 1870 und 1914 sei die Internationalisierung von Handels- und Kapitalströmen sogar ausgeprägter gewesen als im späten 20. Jahrhundert, nach dem Ende des Kalten Kriegs und des »Wettbewerbs der Systeme«.

Doch auch eine solche zeitliche Perspektive greift zu kurz, wenn es um die Geschichte des globalen Kapitalismus geht. Der Kapitalismus als Wirtschaftssystem war von seinen Anfängen an auf Expansion, auf die Erweiterung seines Geltungsbereichs, auf die Überschreitung von Grenzen angelegt. Und dies nicht allein im Sinne der ihm eigenen, *abstrakten* Systemlogik: Dieser zufolge müssen unablässig Profite erwirtschaftet werden, die wiederum profitabel zu reinvestieren sind, um den Kapitalkreislauf in Gang zu halten – das heißt, um das Spiel der Produktion und Reinvestition von Profiten auch in der nächsten Periode aufrechterhalten, also in dann größerem Maßstab fortführen zu können. Diese Logik einer wirtschaftlichen Reproduktion auf beständig erweiterter und zu erweiternder Basis hat zugleich aber eine ganz *konkrete*, materiale und nicht zuletzt auch territoriale Dimension: Kapitalismus muss, um auf Dauer bestehen zu können, in seinem Wirkungsbereich immer weiter ausgreifen, auf stets neue gesellschaftliche Bereiche, Felder und Räume. Wirtschaften nach dem Prinzip des rentablen Kapitaleinsatzes hat einen eingebauten Verallgemeinerungsanspruch, ja Vollkommenheitszwang: Tendenziell die »ganze Welt« wird zu seinem Revier, prinzipiell »alles« gerät ihm zum Objekt der ökonomischen Verwertung, letztlich »alle« werden in den Sog der kapitalistischen Warenwelt gezogen.

Die Marktstrategien weltweit operierender Firmen und – als andere Seite der Medaille – die staatlichen Standortpolitiken, wie sie rund um den Globus betrieben werden und tagtäglich dem Wirtschaftsteil der Zeitung zu entnehmen sind, bilden nur die gegenwärtige, wenngleich neuerlich forcierte Variante dieser systemisch angelegten Expansionstendenz: Industrie-, Handels- und Dienstleistungsunternehmen gleichermaßen wird der heimische Absatzmarkt regelmäßig zu klein; Teile der Wertschöpfungskette werden in aller Herren Länder ausgelagert, sobald und solange dort insbesondere Arbeitskraft billiger als am eigenen oder bisherigen Standort zu haben ist. In den jeweils neu »aufkommenden Märkten« (*emerging markets*) dieser Welt geben sich die globalen Investitionshandlungsreisenden die Klinke in die Hand – bis sie plötzlich anderswo kurzfristig attraktivere Investitionsräume entdecken. Nach Taiwan war Vietnam an der Reihe, derzeit steht Kuba am Start, und selbst Nordkorea dürfte demnächst – Raketentests hin oder her – feststellen, dass es um (weiter gehende) marktöffnende Interventionen als Eintrittskarte zum kapitalistischen Weltsystem nicht herumkommen wird.

Dieses kapitalistische Weltsystem ist als solches nicht neu – in historisch wechselnder Gestalt existiert es bereits seit etwa fünfhundert Jahren. Nicht von Beginn an hat es die gesamte Welt umfasst, nicht einmal den gesamten jeweils bekannten Teil derselben. Aber seit jeher hat es sich als ein globales Wirtschaftssystem insofern konstituiert, als es unterschiedliche Weltregionen mit verschiedenartigen wirtschaftlichen Funktionen zusammenspannte und zueinander in Beziehung setzte: Produktions- mit Vertriebs- und Konsumregionen, Räume der Rohstoffgewinnung mit solchen ihrer Verarbeitung und Veredelung, industrielle mit agrarischen Gebieten, die Zentren des Kapitaleigentums mit jenen des Arbeitskrafteinsatzes. Oder, einfacher und in der eingängigen Terminologie formuliert, mit der Weltsystemanalysen die funktionale und regionale Aufteilung der »einen« Welt des modernen Kapitalismus beschreiben: die »Zentren« mit den »Peripherien«. Der Systemcharakter dieses Arrangements beruht darauf, dass dessen einzelne Elemente in ihrer Gestalt wie in ihrem Wandel wechselseitig aufeinander bezogen sind: Wie sich das kapitalistische Weltsystem an seinen jeweiligen Peripherien darstellt, hängt unmittelbar mit seiner spezifischen Ausprägung in den Zentren zusammen (und umgekehrt), Veränderungen an einer Stelle des Weltsystems ziehen immer auch Veränderungen andernorts nach sich.

Schon Adam Smith, einer der Begründer der klassischen Nationalökonomie, hatte darauf hingewiesen, nach welchem

Prinzip sich der »Wohlstand der Nationen« zuallererst herstellt: nach jenem der strategischen Nutzung relativ günstiger Gegebenheiten nämlich. Warum prosperieren manche Regionen, andere hingegen nicht? Warum schreiten die einen ökonomisch voran, während die anderen zurückbleiben? Smith' Antwort mit den »relativ« günstigen Gegebenheiten bezieht sich nicht allein auf den schlichten Sachverhalt, dass die grundlegenden Bedingungen für Wohlstandsentwicklung an dem einen Ort vergleichsweise besser gewesen sein mögen als an dem anderen: milderes Klima, ausbleibende Naturkatastrophen, ein friedlicheres Gemeinwesen – vor allen Dingen aber fleißigere Arbeiter, risikofreudigere Unternehmer, geistreichere Erfinder. So einfach wird die Sache häufig dargestellt, ist sie aber in aller Regel nicht. Smith' Verweis auf die *Relativität* von gesellschaftlichem Reichtum ist vielmehr im Sinne seiner *Relationalität* zu verstehen: Die der Wohlstandsproduktion zuträgliche Konstellation am einen Ort steht in einer erkennbaren und benennbaren Beziehung zu einer weniger wohlstandsförderlichen Konstellation andernorts, der Aufstieg der einen in einem Zusammenhang damit, dass andere das Nachsehen haben. Oder damit, so wäre an dieser Stelle wohl zu präzisieren, dass ihr Aufstieg überhaupt nur durch das Zurückbleiben der anderen ermöglicht wird.

Smith beschreibt diesen letztlich relationalen Charakter des gesellschaftlichen Wohlstands zunächst allerdings nicht am Beispiel von Nationen, sondern an dem des frühkapitalistischen Zusammenspiels von städtischer und ländlicher Entwicklung. In ihrem wirtschaftlichen Handel mit dem Umland machten sich die Stadtbewohner den Umstand günstiger Austauschbedingungen – die für sie positiven *terms of trade*, wie man heute sagen würde – systematisch zunutze. Zu diesen die Stadtgesellschaft begünstigenden Handelsbedingungen zählte insbesondere das Produktivitätsgefälle zwischen handwerklicher und landwirtschaftlicher Arbeit: Mit demselben Arbeitseinsatz konnten im städtischen Handwerk deutlich wertvollere Güter hergestellt werden als in der bäuerlichen Agrarwirtschaft, beim direkten Austausch ihrer Waren befanden sich die städtischen Produzenten somit strukturell im Vorteil. Schon Smith' Analyse zeigt, wie sich aus einem solchen asymmetrischen Verhältnis von preisgünstigen stadtgesellschaftlichen und kostenträchtigen landgesellschaftlichen »Importen« (bzw. von mehr oder weniger wertvollen »Exporten«) im Lauf der Zeit und aufgrund verschiedener sozialer Mechanismen ungleiche ökonomische Entwicklungspfade ergeben können: Die Städter sind eher in der Lage, sich nach innen zusammen- und nach außen abzuschließen, ihre Produktionstätigkeit untereinander zu koordinieren, zu regulieren und gegen äußere Konkurrenz zu schützen, sich als wirtschaftliche Interessengemeinschaft zu verfassen und den Wettbewerbsdruck auf die Zulieferer in der ländlichen Umgebung auszulagern, etwa indem man möglichst niedrige Preise für den Einkauf produktionsnotwendiger Güter zahlt. Auf die Dauer stabilisieren und potenzieren sich diese Vorteile und lassen eine Konstellation entstehen, die man als ein Gleichgewicht des Ungleichgewichts bezeichnen könnte: Die Dynamik der städtischen Wohlstandssteigerung geht Hand in Hand mit sozioökonomischer Stagnation im ländlichen Raum.

Weltsystemanalysen, wie sie seit den 1970er Jahren im Umlauf sind, deuten nun diesen lokalen Zusammenhang, also die Strukturen ungleichen Tauschs und die sich daraus ergebenden Ungleichheitsverhältnisse zwischen »Zentrum« und »Peripherie«, konsequent global – und verfolgen dieses Ungleichheitsarrangement über lange historische Zeiträume hinweg. Das moderne, kapitalistische Weltsystem entstand demnach aus der wirtschaftlichen wie politischen Krise des europäischen Feudalismus im »langen« 16. Jahrhundert, welches sich von der Erschütterung des norditalienischen Städtesystems im ausgehenden 15. Jahrhundert bis zur Beilegung des Dreißigjährigen Kriegs im Westfälischen Frieden von 1648 spannt. Der damit verbundene Aufstieg Europas zum politischen und ökonomischen Zentrum der damaligen Welt ist nur vor dem Hintergrund einer räumlichen Hierarchisierung zu verstehen, die sich dem ungleichen Austausch mit den – aus Sicht des Zentrums – globalen Peripherien der Zeit verdankt. Und er lässt sich nur nachvollziehen, wenn man einen Faktor berücksichtigt, der Adam Smith – und mit ihm dem gesamten klassischen wie neoklassischen ökonomischen Liberalismus – allenfalls von nachrangiger Bedeutung zu sein schien: nämlich das Aufkommen des modernen Staates und der Einsatz staatlicher Gewalt.

Im frühen 19. Jahrhundert hatte der liberale britische Nationalökonom David Ricardo die von Smith aufgeworfene Eventualität eines aus dem freien Warentausch sich ergebenden strukturellen Entwicklungsungleichgewichts noch mit seiner Theorie der »komparativen Kostenvorteile« in allgemeines Wohlgefallen aufzulösen versucht. Die auf den Weltmärkten miteinander in Konkurrenz tretenden Länder bzw. deren Volkswirtschaften, so Ricardo, könnten durch intelligente Spezialisierung auf ihre jeweils wettbewerbsfähigsten Produktionssektoren und damit durch eine geschickte zwischenstaatliche Arbeitsteilung allesamt die für sie optimale Marktposition erreichen – und so in jedem einzelnen Land für Wohlstand sorgen. Was Ricardos theoretische Modellierung der allseits segensreichen Wirkungen des Freihandels allerdings (neben vielen anderen Dingen) nicht in Rechnung stellte, waren die massiven politischen Machtunterschiede im

Weltstaatensystem: Hier sind keineswegs alle Staaten, wenn man die Marktanalogie denn überhaupt für plausibel hält, gleichberechtigte Marktakteure, die im freien Spiel wirtschaftlicher Strategien »ihrem« nationalen Kapital jeweils optimale Verwertungschancen zu eröffnen vermögen. Von wegen: Damals wie heute gab und gibt es mehr und weniger machtvolle (oder auch gänzlich machtlose) Staaten mit mehr oder weniger (oder auch gar keinem) Zugriff auf die Gestaltung der weltwirtschaftlichen Austauschverhältnisse. Schon damals konnten und auch heute können manche Länder dazu gezwungen werden, ihre Nationalökonomie auf ein bestimmtes Produktions- und Wertschöpfungsmodell bzw. auf eine bestimmte Export/Import-Struktur auszurichten – von Ländern, deren Volkswirtschaften von entsprechenden Positionierungen und Orientierungen anderer profitieren. Von den »Korngesetzen« (*Corn Laws*) im Großbritannien des 19. Jahrhunderts bis zum TTIP-Regelwerk in unseren Tagen war und ist es den mächtigsten staatlichen Akteuren immer möglich, das Welthandelsregime zu ihren Gunsten auszugestalten – und dies selbstverständlich stets unter programmatischer Beschwörung des Prinzips von »freiem« Handel und wirtschaftlichen Austauschbeziehungen »auf Augenhöhe«.

Gegen diese – man muss es so sagen – Ideologie eines globalisierten »gleichen Tauschs« bietet der Weltsystemansatz eine alternative Deutung kapitalistischer Dynamik im globalen Maßstab an. Das moderne Weltsystem folgt seit jeher einer *doppelten*, geoökonomischen wie geopolitischen Expansionslogik. Von der auf permanente Erweiterung angelegten, tendenziell global ausgreifenden Dynamik des Kapitalismus war bereits die Rede – Karl Marx hat sie auf die berühmte Kurzformel G–W–G' gebracht: Im kapitalistischen Wirtschaftsprozess spielt die Ware (W) im Prinzip nur eine Mittlerrolle für den

»eigentlichen« Systemzweck, der darin liegt, aus Geld (G) mehr Geld (G') zu machen. Es geht also darum, das für die Warenproduktion eingesetzte Kapital zu mehren und es sodann für die auf erweiterter Stufe fortgesetzte Warenproduktion einzusetzen (um aus dieser – aus W' gewissermaßen – wiederum erweiterten und neuerlich zu investierenden Kapitalbesitz – G'' – zu beziehen und immer so weiter). Dieser Prozess der Anhäufung von ökonomischem Kapital, in den im Weltmaßstab Zentren und Peripherien arbeitsteilig eingebunden sind, ist jedoch nur die eine Seite der weltsystemischen Entwicklungsdynamik. Die andere, neben der Kapitalakkumulation nicht minder konstitutive Dimension ist die der politischen Machtakkumulation. Denn schon auf lokaler, mehr noch aber auf globaler Ebene sind weder Smith' bzw. Ricardos Modell strategischer Vorteilsnutzung noch Marx' Konzept der Reproduktion von Kapital auf stetig erweiterter Stufe ohne den permanenten Einsatz politischer Macht denkbar.

Ungleiche wirtschaftliche Tauschverhältnisse ergeben sich nämlich nicht von selbst, allein aus der Marktmechanik heraus. Und schon gar nicht erhalten sie sich von selbst. Die Möglichkeit, ungleiche Tauschverhältnisse im Weltmaßstab durchzusetzen und aufrechtzuerhalten, beruhte historisch auf dem Aufstieg des zentralisierten Verwaltungsstaats, dem Ausgriff der europäischen Mächte auf Territorien und Bevölkerungen im Rest der Welt, schließlich auf der Anwendung militärischer Gewalt zur Sicherung der Position der europäischen Staaten – und des Wohlstands ihrer Nationen – im Weltsystem. Dessen Geschichte lässt sich als eine der zyklischen Abfolge verschiedener globaler Hegemone, ihres Aufstiegs und ihres Falls, erzählen: vom genuesischen Stadtstaat im 17. über die »Mittelmächte« der Niederlande im 18. und des Vereinigten Königreichs im 19. Jahrhundert bis hin zu der Kontinentalmacht der Vereinigten Staaten seit dem Ersten Weltkrieg – und womöglich Chinas im 21. Jahrhundert. Globalhistorisch angemessener sind aber wohl komplexere Geschichten von multipolaren Machtverhältnissen (etwa zwischen den verschiedenen Kolonialstaaten im 19. oder den diversen Atommächten im 20. Jahrhundert), vom Aufkommen »semiperipherer« Ökonomien (wie der sogenannten Schwellenländer nach dem Zweiten Weltkrieg oder zuletzt der »BRICS«-Staaten), zudem von beständigen Machtverschiebungen im Weltsystem, die sich keineswegs an die künstlichen Epochengrenzen einzelner Jahrhunderte halten.

So oder so aber ist festzuhalten, dass sich das moderne Weltsystem durch eine Logik der politisch gestützten ökonomischen Expansion auszeichnet, deren »Machthaltigkeit« historisch mal mehr (wie etwa zu Hochzeiten des Imperialismus und der europäischen Kolonialherrschaft) und mal weniger offensichtlichen und handgreiflichen Ausdruck gefunden hat (wie seit Mitte der 1990er Jahre im Regime der Welthandelsorganisation WTO). Es hat auf diese Weise eine einerseits durchaus variable, andererseits aber äußerst festgefügte Geometrie von Zentrum und Peripherie etabliert, die seit Jahrhunderten und bis in die Gegenwart hinein das geopolitische Korsett für jene Phänomene darstellt, die uns hier im Wesentlichen interessieren: für Strukturen relationaler, also miteinander in Beziehung stehender Ungleichheiten, für Prozesse der Reichtumsproduktion und Wohlstandssteigerung mit Hilfe, auf Kosten und zu Lasten Dritter.

Wenn dieses Weltsystem nun aber auf der Basis einer unentwegten und verkoppelten Akkumulation von politischer und ökonomischer Macht operiert, dann stellt sich gleichwohl immer noch die Frage, woher der globale Kapitalismus denn eigentlich seine ungeheure, nie gekannte, scheinbar »unendliche« Dynamik nimmt. Jene Dynamik, die seine Beobachter und Interpretinnen seit jeher so fasziniert, ganz gleich ob Anhänger und Verteidiger oder Kritiker und Verächter. Es gibt wohl kein eindrücklicheres Dokument einer – wiewohl hin und her gerissenen – Feier der expansiven und umwälzenden Kraft des Kapitalismus als das *Kommunistische Manifest*, keine atemlosere und auch ehrfürchtigere Schilderung seines unaufhaltsamen Aufstiegs, seiner immer wieder alte Fesseln sprengenden und neue Grenzen überschreitenden Entwicklung. »Aber immer wuchsen die Märkte, immer stieg der Bedarf«, umschreiben Marx und Engels die kapitalistische Expansion. Da fragt man sich: Wie kann das gehen?

Die Sozialwissenschaften halten auf diese Frage nicht allzu viele gute Antworten bereit. Zumeist behelfen sie sich mit der bloßen Feststellung einer »inneren« Dynamik des Kapitalismus, deren substantieller Mechanismus jedoch unergründet bleibt. In der systemtheoretischen Spielart des Verweises auf den »eigenlogischen« Antrieb kapitalistischen Wirtschaftens führt dies zum Beispiel zu der Analyse, dass sich der Kapitalismus über Zahlungen bzw. über die immer neue, wechselseitig aneinander anschließende gesellschaftliche Kommunikation von Zahlungsbedarf und -notwendigkeit bzw. Zahlungsbereitschaft und -fähigkeit reproduziert. Aus dieser Perspektive wird das Wirtschaftssystem moderner Gesellschaften von einem sogenannten »autopoietischen« Impuls getragen: Der Kapitalismus lebt demnach »von sich selbst«, entwickelt sich »aus sich selbst«, steigert sich »an sich selbst«.

So zutreffend aber die Feststellung einer systemischen Eigenlogik des Kapitalismus sein mag, so irreführend ist doch die Annahme, dass dieser sich – in einer Art ökonomischem Münchhausen-Akt – am eigenen Schopf aus dem Sumpf allfälliger Krisen ziehen und gleichsam selbsttätig auf immer neue

Höhen wirtschaftlicher Entwicklung schwingen könnte. Der Kapitalismus ist kein Perpetuum mobile, das, einmal in Gang gesetzt, ohne weitere Energiezufuhr ewig in Bewegung bleibt. Wie jeder Motor muss auch jener der kapitalistischen Akkumulation immer wieder neu befeuert werden. Die kapitalistische Verwertungsmaschinerie bedarf der beständigen Zuleitung von Werten aller Art: Arbeit, Land und Geld; Hand-, Kopf- und *Care*-Arbeit; Biomasse, Bodenschätze und Brennstoffe. Genau dies hatte der nicht eben für seine materialistische Analyse bekannte Max Weber vor Augen, als er Anfang des 20. Jahrhunderts den kulturellen Motor des modernen Kapitalismus – die aus den Mönchszellen ins Berufsleben hinausgetragene asketisch-rationale Lebensführung des Einzelnen – genau so lange am Werke vermutete, »bis der letzte Zentner fossilen Brennstoffs verglüht ist«.

Der Kapitalismus kann sich eben *nicht* aus sich selbst heraus erhalten. Er lebt von der Existenz eines »Außen«, das er sich einverleiben kann, er zehrt von allen möglichen – materiellen wie immateriellen – Formen des ihm zuzuführenden »Brennstoffs«, ohne den sein angeblich ewiges Feuer ziemlich rasch erlöschen würde. In der Tradition des historischen Materialismus stehende sozialwissenschaftliche Analysen gehen grundsätzlich davon aus, dass der Kapitalismus sich immer wieder – wie es im *Kommunistischen Manifest* heißt – »ein neues Terrain« schaffen muss. Genauer wäre wohl zu sagen: dass ihm immer wieder neues Terrain geschaffen werden muss. Im *Manifest* sind es zunächst im Wortsinne neue Territorien, die der Verwertung zugeführt werden – mit der Entdeckung und Kolonisierung Amerikas, mit der Eroberung des ostindischen und chinesischen Marktes, überhaupt mit dem wachsenden »Austausch mit den Kolonien«. Der beständige Prozess kapitalistischer »Landnahmen« vollzieht sich jedoch auch im übertragenen Sinne: Immer neue Personenkategorien werden als Arbeitskräfte in marktförmige Zusammenhänge wirtschaftlicher Wertschöpfung eingespannt (weltweit z.B. 170 Millionen Kinder, hierzulande demnächst wohl auch wieder die Alten); immer weitere Fähigkeiten und Eigenschaften dieser Arbeitskräfte (ihr Wissen, ihr Gewissen, ihre Gefühle) werden ökonomisch nutzbar gemacht; immer neue Formen des Lebens (menschliches, tierisches und pflanzliches Erbgut etwa) werden zum Gegenstand privatwirtschaftlicher Verfügung; alle möglichen – und scheinbar auch unmöglichen – Wertbestände werden kapitalisiert und auf Finanzmärkten gehandelt.

Dies alles vollzieht sich, wie gesagt, bereits seit mehreren Jahrhunderten. Aber auch die kapitalistische Expansionslogik ist offensichtlich noch ausbaufähig, auch sie selbst scheint historisch einem beständigen Steigerungszwang zu unterliegen – man denke nur, mit Blick auf die zuletzt angesprochene Tendenz zur »Finanzialisierung« des globalen Kapitalismus, an die auch nach der Krise der Jahre 2008/09 immer noch gebräuchlichen, teilweise geradezu ins Absurde gesteigerten derivativen Formen der Kapitalanlage. Der moderne, globalisierte Kapitalismus kennt keine immanenten Grenzen. Er gleicht einem permanenten Winterschlussverkauf der Werte: »Alles muss raus« lautet seine Devise. Alles muss rausgeholt werden: die Schätze aus dem Boden, die Leistung aus der Arbeit, die Zukunft aus dem Geld. Alles muss raus – und zwar dauernd, immer wieder und eben bis zum Letzten. Alles muss raus, um es in den Marktmechanismus einspeisen und der ökonomischen Verwertung zuführen zu können. So gesehen ist der Kapitalismus ein gigantisches Arrangement der *Einverleibung* und der dadurch ermöglichten wirtschaftlichen Wertschöpfung. Einerseits.

Andererseits operiert der moderne, globalisierte Kapitalismus auf der Grundlage eines nicht minder groß angelegten Arrangements der *Auslagerung* – und zwar der immensen Kosten ebenjener wirtschaftlichen Wertschöpfung. Diese Kosten werden zu erheblichen Teilen externalisiert. Denn wo ungeheurer Wohlstand geschaffen wird, da entsteht allenthalben auch das, was man mit dem britischen Schriftsteller und Sozialkritiker John Ruskin »Übelstand« nennen mag. Ruskin hatte den englischen Industriekapitalismus des mittleren 19. Jahrhunderts vor Augen, als er Adam Smith' wissenschaftlicher Vision des »Wohlstands der Nationen« die gesellschaftliche Realität des »Übelstands« weiter Teile der Nation entgegensetzte. Beide Phänomene, das gute Leben hier und das schlechte dort, sah er in einem inneren Zusammenhang zueinander stehen. Und er hatte recht: Kapitalistische Dynamik, von vielen oft und gern so hoch gepriesen, hat im Doppelsinne ihren Preis. Der Preis, den die einen erhalten, ist *»wealth«*. Der Preis aber, den die anderen zu zahlen haben, ist *»illth«*: Es brauche einfach, so begründete Ruskin seine ebenso unorthodoxe wie zungenbrecherische Wortschöpfung, einen entsprechenden Gegenbegriff, um der Wohlstandsgesellschaft den Spiegel ihres Gegenbildes vorzuhalten, ihr die Augen für ihr »Anderes« zu öffnen.

Auch der etwas sperrige Begriff der »Externalisierung« ist gewissermaßen ein Kunstwort, und allzu leicht von der Zunge geht auch er nicht. Aber er fasst doch zutreffend, was im globalen Maßstab dem Wohlstand der Nationen korrespondiert, was dessen dunkle und daher allzu gern ausgeblendete Seite ausmacht: den Übelstand anderer Nationen.

Externalisierung, soziologisch gesehen: Vom Leben über die Verhältnisse anderer

Von »Externalisierung« zu reden heißt, die Sprache der Ökonomen zu sprechen. Was zunächst wohl kein Schaden sein sollte angesichts der anhaltenden Dominanz wirtschaftlicher Argumente und ökonomischer Rationalität im öffentlichen Diskurs über das gesellschaftlich Angemessene und Mögliche, Wirkliche und Vernünftige. Das Prinzip der Externalisierung ist in den Wirtschaftswissenschaften schon lange geläufig; dort wird es unter dem Stichwort der »externen Effekte« bzw. »Externalitäten« verhandelt. Die Grundidee ist einfach: Es geht um Auswirkungen wirtschaftlichen Handelns, die in dem Entscheidungskalkül des Handelnden keine Rolle spielen. Als Handelnde kommen dabei typischerweise Unternehmen in den Blick, ihres Zeichens die wichtigsten »Wirtschaftssubjekte« in einer Marktökonomie. Prinzipiell kann aber jeder Marktakteur mit seinem Handeln externe Effekte bewirken.

Das klassische Beispiel für *negative* externe Effekte von Unternehmenshandeln stammt aus dem Feld der Umweltökonomie. Ein Betrieb, sagen wir eine Großdruckerei, produziert neben einem bestimmten Gut – etwa einem in x-tausendfacher Auflage hergestellten Buch zur »Externalisierungsgesellschaft« – auch Effekte, die in dessen Kosten-Nutzen-Rechnung und damit auch in den Marktpreis des Produkts nicht eingehen. Beispielsweise Umweltschäden: Vielleicht werden Abwässer ungeklärt in den das Betriebsgelände säumenden Fluss geleitet oder Abgase ungefiltert in die Luft geblasen. Die entstehenden Kosten für den Betrieb einer Kläranlage oder für die Behandlung von Atemwegserkrankungen der Anwohnerinnen werden folglich ausgelagert – sie fallen anderswo an und müssen von anderen getragen werden, im Zweifel von der

»Allgemeinheit« bzw. der »öffentlichen Hand«. In jedem Fall werden diese ausgelagerten Kosten für den Produzenten nicht handlungsrelevant: Er muss sie nicht selbst tragen oder in der Preisgestaltung des produzierten Guts berücksichtigen. In unserem Beispiel kann dieses Gut von dem Verlag, der den Druck in Auftrag gibt, gewissermaßen »unter Wert«, sprich unterhalb der »eigentlichen« Produktionskosten, verkauft werden – was wiederum die Buchkonsumentin freuen dürfte, die im Endeffekt für wenig Geld viel »Externalisierungsgesellschaft« in der Hand hält.

Womöglich nutzt dieser fiktive Betrieb auch große Mengen Energie, deren Herstellung ihrerseits Umweltschäden hervorruft, die nicht »eingepreist« wurden und daher von dem Druckereiunternehmen auch nicht als Kostenfaktor in Rechnung gestellt werden müssen – ebenso wenig wie etwa die Umweltkosten der Herstellung von Papier und Druckerschwärze oder des Transports dieser Stoffe zum produzierenden Betrieb sowie des Produkts zum Vertriebsunternehmen. Und so weiter und so fort – ohne dies hier weiter auszuführen, dürfte klar geworden sein: Es geht im Kern um wirtschaftliches Handeln, das von den anfallenden Kosten dieses Handelns ganz oder teilweise in dem Sinne *abzusehen*, sie gleichsam *auszublenden* vermag, dass diese nicht in das wirtschaftliche Handlungskalkül eingehen müssen, sondern auf unbeteiligte Dritte abgewälzt werden können, also von anderen Marktteilnehmern zu tragen sind.

Ob eine solche Konstellation nun als Markt- oder als Staatsversagen zu gelten hat, darüber ist sich die Wirtschaftswissenschaft uneinig. Die einen würden wohl einen unvollkommenen Markt diagnostizieren und die Lösung des Problems in mehr Transparenz hinsichtlich der »wirklichen« Preise von Gütern und Dienstleistungen sehen; andere hingegen würden eher eine fehlende oder unzureichende staatliche Rahmenregulierung konstatieren, deren effektive Durchsetzung den jeweiligen Verursacher zu einer Kalkulation mit den »realen« Produktionskosten zwingen könnte. So oder so aber wird deutlich, dass die negativen externen Effekte wirtschaftlichen Handelns an irgendeiner Stelle bzw. von irgendeinem Akteur »internalisiert« werden müssen: Sie verschwinden nicht einfach, sie lösen sich nicht auf und lassen sich nicht wegdefinieren, sondern sie müssen irgendwo aufgefangen und von irgendwem getragen werden. Genau genommen wäre die wirksame Internalisierung von Externalitäten gleichbedeutend mit der Geltung des Verursacherprinzips: Wer für die Entstehung der externen Effekte verantwortlich ist, hat sie demnach auch in seine Handlungskalküle (ökonomisch: in seine Nutzenfunktion) einzubeziehen. Andernfalls trifft der unweigerliche Internalisierungszwang eben andere, wobei die vermutlich gängigste Variante die mittelbare Kostenübernahme durch öffentliche Institutionen und damit durch die Steuerzahlerinnen sein dürfte.

So erhellend die wirtschaftswissenschaftliche – und damit strikt ökonomische bzw. marktökonomische – Sichtweise auch ist, um das Strukturmuster von Prozessen der Externalisierung (und der dadurch notwendig werdenden Internalisierung) zu verstehen, so sehr greift eine solche Perspektive doch auch zu kurz. Zu kurz in ihrer letztlich mikroökonomischen Fixierung auf individuelles Entscheidungshandeln. Zu kurz aber auch – bei makroökonomischen Anwendungen des Konzepts – in ihrer Konzentration auf ein Marktmodell gesellschaftlicher Prozesse, das immer schon vorausgesetzt wird und als jeweils mehr oder weniger realisiert gilt: als ob die soziale Welt nach Marktprinzipien funktionierte oder sich nach diesen richten müsste. Für unsere Zwecke muss dieser Ansatz einerseits erweitert, andererseits überschritten werden. Denn wenn es um Strukturen und Prozesse der Externalisierung (und Internalisierung) im gesellschaftlichen Weltmaßstab geht, dann ist eine mikroökonomische Fundierung der Analyse nur bedingt sinnvoll. Und dann führt zugleich die übliche Berufung auf Marktmetaphern, die Fixierung des analytischen Blicks auf Marktakteure, Marktmechanismen und Marktbeziehungen nicht wirklich weit. Vielmehr bedarf es ausdrücklich und systematisch einer historischen Tiefenperspektive.

Wie bereits angedeutet, ist die Externalisierungsgesellschaft die historische Begleiterscheinung eines kapitalistischen Weltsystems, das sich seit Jahrhunderten in wechselnder Gestalt reproduziert. Schon dessen nach wie vor aktuelle Kolonialvergangenheit zeigt aber, wie dieses Weltsystem seit jeher mit der Auslagerung von Armut und Gewalt aus seinen Zentren in die Peripherien operiert – von der frühen »Zivilisierung« indigener Bevölkerungen auf dem amerikanischen Doppelkontinent bis hin zum heutigen, uns angeblich so fernen »mexikanischen« Drogenkrieg, dessen Opfer freilich für die gesellschaftliche Grundversorgung mit Rauschmitteln in Europa und Nordamerika sterben. Dieser globalen Externalisierungsgeschichte, dem globalhistorischen Zusammenhang von »Unterentwicklung« auf der einen und – so der US-amerikanische Soziologe C. Wright Mills schon vor über einem halben Jahrhundert treffend – »Überentwicklung« auf der anderen Seite, kommt man mit ökonomischen Modellen und wie auch immer raffinierter Marktanalytik allein nicht bei.

Zum Verständnis der modernen Externalisierungsgesellschaft, ihrer Strukturmerkmale und ihrer Prozessdynamiken ist vielmehr eine *konsequente Soziologisierung* der Analyse angezeigt. Nun ist die Soziologie, ihrer fachspezifisch »natürlichen« Nähe zum sozialen Leben und gesellschaftlichen Geschehen zum Trotz, nicht gerade als volkstümliche und vor allen Dingen nicht als allgemein zugängliche und verständliche Wissenschaft bekannt – ein Vorurteil, das womöglich durch eine Formulierung wie die von der »konsequenten Soziologisierung der Analyse« soeben neuerlich bestärkt wurde. Dennoch gilt: Ein soziologischer Blick auf jene Phänomene, für die der Begriff der Externalisierungsgesellschaft hier stehen soll, verweist nicht nur auf die uns »irgendwie« allen bekannten Strukturen und Mechanismen der Auslagerung und Ausblendung sozialer Kosten. Er lässt vor allem deutlich werden, dass Externalisierung etwas mit sozialer Praxis zu tun hat: mit dem »ganz normalen« Alltagshandeln »durchschnittlicher« Menschen. Externalisierung ist eine Frage sozialen – und eben nicht allein wirtschaftlichen – Handelns und als solche ein Phänomen, das uns alle angeht. Und zwar deswegen, weil es dabei um die sozialen Kosten geht, die wir selbst Tag für Tag produzieren. Weil Externalisierung und die Externalisierungsgesellschaft ohne unser eigenes Zutun gar nicht denkbar wären.

Was meint »Soziologisierung« nun aber genau? In unserem Zusammenhang heißt dies zuallererst, das *relationale Moment* kapitalistischer Dynamik und sozialer Ungleichheit zu betonen. Wir leben in einer Beziehungswelt, im Kleinen wie im Großen. Wir stehen in vielfältigen Beziehungen zu anderen, mal engeren, mal entfernteren. Wie wir leben und was wir sind, bestimmt sich aus diesen sozialen Beziehungen und ist ohne sie überhaupt nicht denkbar. Was wir tun, hat immer auch Auswirkungen auf andere – ebenso wie das, was wir *nicht* tun; mal sind dies direktere Wirkungen, mal nur mittelbare, mal kaum nachvollziehbare. Kurzum: Die soziale Welt ist eine Welt der Beziehungen und der wechselseitigen Bezogenheit. Diesen elementaren Sachverhalt zur Kenntnis zu nehmen und ihn bei der Beobachtung von Gesellschaft ernst zu nehmen ist Ausdruck einer soziologischen Perspektive.

Was sieht man nun aus diesem Blickwinkel? Man sieht Interdependenzen und Interaktionen: dass sich soziale Strukturen nur *im Zusammenhang* ihrer jeweiligen Elemente erschließen – und dass soziale Entwicklungen sich erst *im Zusammenspiel* verschiedener Teilprozesse ergeben. Man sieht dann beispielsweise, dass Macht relational ist, also kein einseitiges Verhältnis darstellt – der eine hat Macht, der andere nicht –, sondern dass unterschiedliche Machtpositionen miteinander zusammenhängen: Die eine Person vermag Macht über eine andere auszuüben, insofern und solange diese andere Person die Macht ihres Gegenübers »annimmt«, die spezifische Machtbeziehung also als solche akzeptiert, sei es aus freien Stücken, notgedrungen oder auch gezwungenermaßen.

In ähnlicher Weise lässt sich mit der soziologischen Brille erkennen, dass nicht nur soziale Strukturen, sondern auch gesellschaftliche Prozesse immer zwei Seiten haben. Kapitalistische Dynamik etwa entsteht aus dem Zusammenwirken von Prozessen der Reichtums- wie der Armutsproduktion: Das eine geht mit dem anderen einher. Steigender Wohlstand und zunehmendes Elend sind zwar gegenläufige Entwicklungen – aber beide gehören eben zur Realität des kapitalistischen Weltsystems. Betrachtet man die Welt soziologisch, sieht man soziale Strukturen als Beziehungsgeflechte und soziale Entwicklungen als Beziehungsdynamiken – und kann das eine nicht mehr ohne das andere verstehen. Soziologisch denken heißt somit, das andere nicht mehr wegdenken zu können, immer *beides* und die innere Beziehung *zwischen* beidem bedenken zu müssen: zwischen der Macht der einen und der Machtlosigkeit der anderen, dem Nutzen hier und dem Schaden dort, den Chancen an dieser und den Risiken an jener Stelle, unserem eigenen Leben und dem Leben der anderen.

All dies klingt noch hinlänglich abstrakt, um es getrost wieder in die Schublade der Soziologiestereotype stecken zu können – und dort zu belassen. Mit diesem Buch sollen jedoch die gängigen Stereotype gerade widerlegt werden. Es will zeigen, was sich, soziologisch gesehen, zusammenbringen lässt – weil es zusammengehört. Es will illustrieren, in welcher Beziehung unterschiedliche Lebenswelten zueinander stehen, unsere eigene soziale Welt zu den Sozialwelten anderer und anderswo. Es sucht beides – »uns« und »die anderen« – zueinander *ins Verhältnis* zu setzen. Das wiederum klingt stark nach Paartherapie, und ein gewisser sozialtherapeutischer Impetus lässt sich dem vorliegenden Buch wohl auch nicht absprechen. Ebenso wenig wie ein immer mal wieder durchbrechender moralisierender Tenor, der sich freilich im Lichte der sozialen Tatsachen – da werden Sie mir im Laufe der Lektüre vielleicht sogar recht geben (müssen) – kaum vermeiden lässt. Aber im Vordergrund und Mittelpunkt soll die Analyse stehen: eine Gegenwartssoziologie der Externalisierungsgesellschaft. Und die möglichst bildhafte Illustration der externalisierungsgesellschaftlichen Verhältnisse bedarf, um nicht nur dick aufzutragen, sondern auch mit feinem Strich malen zu können, eines begrifflichen Rahmens. Diesen gilt es hier zunächst zu zimmern – Sie werden sich also in Sachen lebendiger Soziologie noch ein klein wenig gedulden müssen.

Strukturen, Mechanismen und Praktiken der Externalisierung

Externalisierung ist gleichermaßen eine Struktur, ein Mechanismus und eine Praxis. Letzteres ist von besonderer Bedeutung, und zwar nicht nur analytisch, werden soziale Strukturen und Mechanismen doch erst im praktischen Handeln der Menschen lebendig und wirksam. Externalisierung als soziale

Praxis zu verstehen ist auch deswegen so bedeutsam, weil sie nur als solche nicht abstrakt, fremd oder »abseitig« erscheint. Die Kategorie der sozialen Praxis bringt uns selbst als Akteure – unser eigenes Externalisierungshandeln – ans Licht, ohne aber wiederum auszublenden, dass diese Praxis in Strukturen stattfindet, die uns nicht ohne weiteres zugänglich oder gar verfügbar sind, und sich über Mechanismen vollzieht, die wir in aller Regel nicht unmittelbar beeinflussen können.

In dem Wissen um jene Strukturen und Mechanismen, die Externalisierung ermöglichen, gewinnt die Feststellung, dass wir in unserer Alltagspraxis permanent am Externalisieren sind, dass es also nicht zuletzt wir *selbst* sind, die die Externalisierungsgesellschaft am Laufen halten, einen mehr als nur moralisch appellativen Charakter. Sie erhält eine analytische Qualität: Wir sind nicht deshalb aktive Externalisierer, weil wir alle böse, eigennützig oder fremd- bzw. ferngesteuert wären (oder vielleicht auch das, aber darüber müssen dann andere Bücher schreiben: Theologen, Ökonomen, Neurowissenschaftler). Vielmehr externalisieren wir, weil wir *es können*: weil gesellschaftliche Strukturen uns dazu in die Lage versetzen, weil soziale Mechanismen es uns erlauben, weil die allgemeine Praxis um uns herum uns darin bestätigt. In gewisser Weise externalisieren wir aber auch, weil wir *nicht anders können*: weil gesellschaftliche Strukturen uns dazu nötigen, weil soziale Mechanismen uns dazu treiben, weil die verallgemeinerten Praktiken unserer sozialen Umwelt uns dazu veranlassen. Wir alle externalisieren, weil wir in einer Externalisierungsgesellschaft leben. In einer Gesellschaft, in der Gelegenheit Diebe macht, in der unhintergehbare Zwänge herrschen – und in der die Mitgefangenen auch mitgehangen sind. Eine solche Deutung will uns und unser Handeln weder verurteilen noch entschuldigen. Vielmehr will sie besser verstehen, warum wir externalisieren und was wir eigentlich tun, wenn wir externalisieren, um auf dieser Grundlage über mögliche Alternativen nachdenken zu können. Und zwar erfolgversprechender, als wenn unser Verhalten schlicht für unmoralisch oder pathologisch, interessen- oder triebgesteuert erklärt würde.

Strukturen, Mechanismen, Praktiken – das sind die hier zu verwendenden Kategorien soziologischer Erklärung. Die zentralen Begriffe einer Soziologie der Externalisierungsgesellschaft lauten dementsprechend Macht, Ausbeutung und Habitus. Externalisierung lässt sich erstens nur auf der Grundlage struktureller *Machtasymmetrien* in der Weltgesellschaft verstehen. Externalisierung ist in diesem Kontext zweitens als mehrdimensionaler, globalisierter *Ausbeutungsmechanismus* zu begreifen. Und drittens operiert sie alltagspraktisch in Form eines spezifischen *Externalisierungshabitus*, der den machtstrukturierten Ausbeutungsbeziehungen geschuldet ist und diese beständig reproduziert. Nur in der Zusammenschau dieser drei Dimensionen kommen wir der Externalisierungsgesellschaft näher – und unserem eigenen Beitrag zu ihrem Fortbestand.

In der *Strukturdimension* bricht das Konzept der Externalisierung mit jenem herkömmlichen Verständnis sozialer Ungleichheit im Sinne von Einkommens- und Vermögenshierarchien im nationalgesellschaftlichen Rahmen, das nicht nur in unseren Köpfen, sondern auch in sozialwissenschaftlichen Analysen noch tief verwurzelt und fest verankert ist. Zwar ist die soziologische Ungleichheitsforschung in den vergangenen Jahrzehnten um zahlreiche Kategorien »horizontaler« Ungleichheit (Geschlecht, Ethnizität, Alter u.a.) sowie deren Überlappung bzw. wechselseitige Verstärkung erweitert und damit in einer der sozialen Welt angemessenen Weise verkompliziert worden. Nach wie vor dominiert aber die »vertikale« Perspektive auf das »Oben« und »Unten« in der nationalgesellschaftlichen Verteilungsstruktur – und dies nicht ohne Grund, denn zweifellos sind die entsprechenden Ungleichheiten nach wie vor massiv (und haben sich in der jüngsten Vergangenheit sogar tendenziell noch weiter verschärft). Beide Male, im Fall der »vertikalen« wie der »horizontalen« Perspektive, schränkt jedoch der gängige Blick auf einzelgesellschaftliche Verteilungsrelationen das soziologische Sichtfeld in unzulässiger Weise ein. Die seit mindestens zwei Jahrzehnten kursierenden Kritiken des »methodologischen Nationalismus« in der Ungleichheitsforschung – also der Konzentration ihres Interesses auf nationalstaatliche Binnenverhältnisse, auf die Ungleichheiten »vor Ort« – haben bis heute nichts von ihrer Berechtigung eingebüßt.

Das Konzept der Externalisierungsgesellschaft möchte dagegen konsequent das Blickfeld erweitern. Zur maßgeblichen Bezugsgröße werden hier die weltgesellschaftlichen Ungleichheitsverhältnisse. Auch im Weltmaßstab gibt es eine Hierarchie des »Oben« und »Unten«, die grob mit der globalen Polarität von »Norden« und »Süden« zusammenfällt – zwischen denen sich übrigens ein Ausmaß an Ungleichheit entwickelt hat, wie es in keiner einzigen Nationalgesellschaft der Welt zu finden ist. Vor allem aber herrschen auch auf weltgesellschaftlicher Ebene »horizontale« Ungleichheiten, stellt sich das globale »Oben« und »Unten« bei genauerem Hinsehen als ein komplexer, weltweiter Strukturzusammenhang voneinander abhängiger Positionen dar: Jede im Weltungleichheitssystem eingenommene Position ist im Verhältnis zu und im Zusammenhang mit anderen, korrespondierenden Positionen im selbigen zu sehen. Und nur *als solche*, als solchermaßen kontextualisierte und relationierte Positionierung, ist eine konkrete Ungleichheitslage überhaupt zu verstehen.

Auch die deutschsprachige Ungleichheitsforschung hat sich,

maßgeblich vorangetrieben durch den Soziologen Reinhard Kreckel, in diesem Sinne die Kategorien von »Zentrum« und »Peripherie« zu eigen gemacht – wenngleich sie sich dort bislang nicht wirklich durchgesetzt haben. Mit dem analytischen Raster von Zentrum und Peripherie wird aus der globalen Ungleichheitsstruktur des »Oben« und »Unten« ein asymmetrisches Kräftefeld, werden die *Positionen* in der Weltsozialstruktur als ungleiche und in ihrer Ungleichheit miteinander in Beziehung stehende *Konstellationen* sichtbar: Die Lebens- und Entwicklungs-, Arbeits- und Produktions-, Mobilitäts- und Konsumbedingungen an einem »Ort« der Weltsozialstruktur hängen mit dem gesamten Bündel von Lebens-, Entwicklungs- und so weiter -bedingungen »andernorts« zusammen.

Entscheidend für eine Analyse globaler sozialer Ungleichheiten – und damit für eine Soziologie der Externalisierungsgesellschaft – ist insofern die Frage nach der strukturellen Verflochtenheit von Lebensverhältnissen. Das heißt vor allen Dingen eines: Die mehr oder weniger ungleichen »Binnenverhältnisse« der reichen Gesellschaften in Europa oder Nordamerika lassen sich gar nicht ohne Bezug auf ihre »äußeren« Bedingungen, also auf die »Binnenverhältnisse« in Ländern ärmerer Weltregionen, verstehen. Mehr noch: Es gibt in einem strengen Sinne gar keine gesellschaftlichen »Binnenverhältnisse« und somit auch keine gesellschaftlichen »Außenverhältnisse« mehr (wenn es sie denn überhaupt jemals gegeben haben sollte). Was es allein gibt, sind asymmetrische Weltinnenverhältnisse: eine globale Lebenswelt, die durch miteinander in Beziehung stehende Ungleichheiten strukturiert ist, und lokale Sozialräume, deren Ungleichheitsstrukturen weltgesellschaftlich eingebettet sind.

Aus einer solchen Perspektive ist die »Spitze des Eisbergs« – die Lebenswelt der reichen Gesellschaften – eben genau dies:

der für uns sichtbare Teil einer ansonsten weitgehend unsichtbaren Weltsozialstruktur. Dass die Spitze über Wasser liegt, weil sich darunter die ungleich größere Basis befindet, ist uns physikalisch kein Rätsel – sozialanalytisch und gesellschaftspolitisch scheint der Hinweis auf diesen Strukturzusammenhang allerdings nach wie vor skandalös zu sein. Lenins Imperialismustheorie, geschrieben vor nunmehr einhundert Jahren, hatte klar vor Augen, dass das relativ privilegierte Leben der Lohnarbeiterschaft in den kapitalistischen Metropolen maßgeblich den geradezu märchenhaften Profiten geschuldet war, die durch die außereuropäische Kolonialherrschaft erwirtschaftet und in die europäischen Herrenländer zurückgeschleust wurden. Aber wer liest heute noch Lenin? Wer überhaupt noch von »Kolonialisierung« spricht, der hat zumeist nicht mehr globale Herrschafts- und Ungleichheitsverhältnisse im Sinn, sondern meint stattdessen mit Habermas die Ökonomisierung der Lebenswelt in den hochindustrialisierten »Zentren« des Weltgeschehens. Dabei ist die »gute alte« Kolonialisierung von damals keineswegs von gestern, denn ihre Folgen sind immer noch zu spüren, sie prägen maßgeblich auch die Externalisierungsgesellschaft von heute.

Womit wir bei der zweiten Dimension der Externalisierung wären, ihrer *Prozessdimension*. Zentraler Stichwortgeber ist hier der amerikanische Soziologe und Historiker Charles Tilly, der in seinem Werk immer wieder auf das interaktive Moment sozialer Ungleichheitsproduktion hingewiesen hat. Tilly definiert Ungleichheit allgemein als eine Beziehung zwischen Personen bzw. Personengruppen, deren Interaktion für die eine Seite größere Vorteile schafft als für die andere. Dabei kann in sachlicher Hinsicht prinzipiell alles Mögliche zum Gegenstand der Interaktion werden: Es kann um materielle oder immaterielle Güter gehen, um Arbeit oder Vergnügen,

Geld oder Liebe. Entscheidend für die soziologische Analyse ist vielmehr die Tatsache, dass Ungleichheit aus dem aufeinander bezogenen Handeln von Menschen entsteht – und dass aus diesen Sozialbeziehungen im Lauf der Zeit eine eigene, ungleichheitsverstärkende Dynamik resultiert.

Die für Ungleichheitsbeziehungen charakteristische Asymmetrie kommt durch die unterschiedlichen sozialen Positionen ins Spiel, welche die miteinander in Interaktion tretenden Akteure einnehmen: Der eine verfügt von vornherein über mehr, vor allem über machtvollere Ressourcen als die andere. Darüber hinaus aber verstärkt sich diese ursprüngliche Asymmetrie im Zuge fortgesetzter Interaktion, insofern die Vorteile derselben systematisch auf einer – und zwar stets der machtvolleren – Seite der Beziehung kumulieren. Gestützt wird diese sich mit der Zeit herstellende und vertiefende Ungleichheitsstruktur schließlich durch soziale Kategorisierungen, die jeweils von Seiten des mächtigeren Akteurs ins Spiel gebracht und – gerade aufgrund des gegebenen bzw. erworbenen Machtvorsprungs – als solche durchgesetzt werden können. Typischerweise sind es binäre Zuschreibungen, die mit den beiden Positionen der sozialen Beziehung verknüpft werden und die stetige Reproduktion der ungleichen Vorteilsstruktur zu rechtfertigen scheinen: kategoriale Unterscheidungen beispielsweise zwischen Zivilisierten und Wilden, Weißen und Schwarzen, Fleißigen und Faulen. Von den spanischen Konquistadoren im Süden über die europäischen Siedler im Norden des amerikanischen Kontinents bis hin zu den Euro-Emissären in Griechenland sind entsprechende soziale Konstruktionen, die die Grenzlinien zwischen Vorteils- und Nachteilsnehmern einer sozialen Beziehung ziehen, wohlbekannt.

So wie die Unterscheidung zwischen Männern und Frauen – bzw. die daran anknüpfenden Grenzziehungen, Machtasymmetrien und Ungleichheitsdynamiken geschlechtsspezifischer Arbeitsteilung. Nicht zufällig kann die feministische Kritik an der gesellschaftlichen Trennung und Entgegensetzung von Produktion und Reproduktion bzw. von »produktiven« und »reproduktiven« Tätigkeiten als zentrale Quelle eines soziologischen Externalisierungskonzepts gelten. Und der in den hochindustriellen Kapitalismen der Nachkriegszeit praktizierte Modus der Vergesellschaftung von Arbeit als Lohnarbeit nach dem »männlichen Ernährermodell« stellte eine geradezu prototypische Externalisierungskonstellation dar: Die Lebbarkeit des sogenannten »Normalarbeitsverhältnisses« – dauerhafte Vollzeiterwerbstätigkeit typischerweise im »produzierenden« Gewerbe – für einen Großteil der Männer beruhte auf der gesellschaftlichen Konstruktion von »Reproduktionsarbeit« – also von Erziehungs-, Pflege- und Haushaltstätigkeiten – als Unterstützungsleistung, die von Frauen jenseits des Arbeitsmarktes unentgeltlich zu erbringen war. Dass Vati werktags dem Betrieb gehören konnte (und am Samstag der öffentlich zelebrierten Autowäsche), lag an seiner eherechtlich kodifizierten Beziehung zu Mutti, die von Montag bis Sonntag den Kindern und der Küche gehörte (und damit irgendwie auch dem Vati). Re-produktive Tätigkeiten wurden dem weiblichen Geschlecht zugewiesen, von den allein als produktiv anerkannten »männlichen« Arbeiten abgespalten, im privaten Haushalt unsichtbar gemacht, durch Nicht-Entlohnung gesellschaftlich abgewertet und seitens der Betriebe wie der Erwerbstätigen gleichsam kostenlos angeeignet. Wie gesagt: Eine geradezu klassische Externalisierungsbeziehung, die über einen ebenso klassischen sozialen Mechanismus funktioniert, nämlich jenen der Ausbeutung.

Den ansonsten zu Unrecht in der sozialwissenschaftlichen Versenkung verschwundenen Begriff der »Ausbeutung« hat

Charles Tilly im Zeichen seiner relationalen Deutung von Prozessen der Ungleichheitsproduktion dankenswerterweise rehabilitiert. Fast so verschrien wie Lenins Imperialismustheorie, wurde Marx' Ausbeutungstheorie spätestens mit dem Ende des Staatssozialismus und der allgemeinen Ächtung marxistischen Gedankenguts zu den erledigten Fällen gezählt. Tilly löst das Ausbeutungskonzept jedoch aus seiner ursprünglichen Verankerung in der Arbeitswerttheorie und erklärt es zu einem primären Mechanismus der Herstellung sozialer Ungleichheit: Ausbeutung findet demnach immer dann statt, wenn Menschen über eine Ressource verfügen bzw. über diese in einer Weise verfügen können, die sie dazu befähigt, andere Menschen zur Produktion eines Mehrwerts zu bringen, von dessen Genuss die Produzierenden selbst wiederum ganz oder teilweise ausgeschlossen bleiben. Dieser Mehrwert muss nicht in Arbeit bzw. Arbeitszeit bestehen, die dem Lohnarbeiter nicht entlohnt, sondern als Gewinn vom Unternehmer angeeignet wird – also als Ausbeutung im Marx'schen Sinne. Er kann sich auch in anderen Formen der einseitigen, entschädigungslosen Vorteilsnahme innerhalb einer sozialen Beziehung niederschlagen: als Ausbeutung von Bodenschätzen anderer Länder, des Wissens anderer Kulturen, von Zwangslagen anderer Menschen.

Als einen komplementären Ungleichheitsmechanismus zur Ausbeutung führt Tilly zudem jenen des »Chancenhortens« (*opportunity hoarding*) ein. Dieser besteht darin, die Verfügung über eine Ressource, welche die Möglichkeit zur Ausbeutung bzw. einseitigen Mehrwertaneignung eröffnet, auf die Mitglieder einer bestimmten Gruppe zu beschränken. Das entspricht dem, was Max Weber als Mechanismus »sozialer Schließung« bezeichnet hat: Dieser greift stets dann, wenn sich eine wie auch immer umgrenzte und sich selbst von anderen abgrenzende –

ihnen gegenüber schließende – Gruppe in der Lage sieht, eine bestimmte Ressource oder aber die Chance auf Erwerb bzw. Aneignung einer bestimmten Ressource allein den Gruppenmitgliedern vorzubehalten. Soziale Schließung ist also jener Mechanismus, der es Gruppenmitgliedern ermöglicht, Nicht-Gruppenmitglieder von Ausbeutungschancen auszuschließen und Ausbeutungsprofite für sich zu monopolisieren.

Ausbeutung und soziale Schließung stellen gemeinsam den *modus operandi* der Externalisierungsgesellschaft dar. Die vom Arbeitswert losgelöste Verwendung des Ausbeutungsbegriffs erlaubt es, nicht nur die Beziehung von Lohnarbeit und Kapital, sondern auch quer dazu liegende, »horizontale« Beziehungen der Ressourcenaneignung und des Chancenausschlusses als soziale Ausbeutungsverhältnisse zu begreifen. Etwa das geschlechtersegregierte Verhältnis von Produktions- und Reproduktionsarbeit – oder aber das Verhältnis zwischen Arbeitern in unterschiedlichen Weltregionen. Zu Zeiten des europäischen Imperialismus beispielsweise war die hiesige Arbeiterschaft faktisch Nutznießerin der Ausbeutungspraxis des Kapitals in den außereuropäischen Kolonien. Ihr organisationspolitisches Erstarken in der zweiten Hälfte des 19. Jahrhunderts sorgte dafür, dass sie die eigenen Arbeitsbedingungen tendenziell verbessern konnte – auf Kosten nicht nur der ungeschützten Randsegmente des Arbeitsmarktes, sondern vor allen Dingen auch der Lohn- und Zwangsarbeit in den Peripherien der Weltökonomie, wohin die soziale Realität »nackter Ausbeutung« verdrängt wurde.

Schon zu jener Zeit also lautete das doppelte Handlungsprinzip des Externalisierens: Man tut es, weil man es kann – und weil man nicht anders kann. Man verlagert die Kosten des eigenen Handelns auf andere, weil man dazu in der Lage ist – bzw. weil man gesellschaftlich dazu in die Lage versetzt wird.

Man lässt Dritte für das eigene Wohlergehen zahlen, weil man sich in einer gesellschaftlichen Position befindet, die ebendies erlaubt. Das Beispiel des Externalisierungshandelns der innergesellschaftlich ja alles andere als »herrschenden Klasse« der europäischen Lohnarbeiterschaft im Zeitalter des Imperialismus verweist aber zugleich auf das komplementäre Phänomen: Man externalisiert bisweilen auch, weil man muss. Man steckt in Herrschaftsstrukturen, die eine Kostenverlagerung auf andere herausfordern, ja geradezu erzwingen. Und man ist in Konkurrenzmechanismen verstrickt, die Externalisierungseffekte zum Normalfall bzw. Externalisierung zur Handlungsnorm werden lassen.

Das führt uns schließlich zur dritten, womöglich entscheidenden Dimension der Externalisierungsgesellschaft, der *Praxisdimension*. Und zu der von dem französischen Soziologen Pierre Bourdieu entwickelten Konzeption des »Habitus«. Der Habitus ist für Bourdieu ein System von Einstellungen und Handlungsorientierungen, das in typischer Weise mit der Stellung eines Menschen oder einer Gruppe von Menschen in einer gegebenen Struktur ungleicher sozialer Positionen zusammenhängt – und das soziale Handeln dieses Menschen bzw. dieser Gruppe in typischer Weise beeinflusst. Einerseits Grundlage bewusster Handlungsentwürfe und praktischer Handlungsvollzüge, ist der Habitus andererseits aber dem Bewusstsein der Handelnden entzogen. Umgekehrt gilt: Mag ihr habituelles Handeln auch vorbewusst sein, so hat es doch immer unmittelbar wirksame soziale Effekte.

Wer sich zum Beispiel in einer benachteiligten Position in der Ungleichheitsstruktur befindet, wird danach trachten, diese Position zugunsten einer besseren zu verlassen, und einen entsprechenden Aufsteigerhabitus an den Tag legen. Es sei denn, die unterprivilegierte Lage erscheint so festgefügt, ihre

Überwindung so aussichtslos, die soziale Position der bessergestellten Gruppen so unerreichbar und unantastbar, dass sich ein fatalistischer Habitus einstellt und das Handeln sich nur noch darum dreht, wenigstens das zum Überleben Nötigste zu erlangen. Auf der anderen Seite werden die gesellschaftlich Bessergestellten darauf bedacht sein, ihre relativ privilegierte Position zu halten, so dass sie einerseits habituell auf Abgrenzung von den weniger Begüterten zielen und andererseits nach »oben« schielen werden – bzw. dahin, wo es sich nach allgemeinem gesellschaftlichem Dafürhalten (noch) besser lebt oder gar am besten leben lässt. Dort wiederum, in den objektiv wie subjektiv bevorzugten Regionen der Sozialstruktur, wird sich unter den *happy few* wahlweise ein Habitus der Selbstverständlichkeit oder aber einer der Überlegenheit, womöglich auch der Abgrenzung und Überheblichkeit entwickeln, der sich in entsprechendem Alltagshandeln ausdrücken wird: vom selbstbewussten, »natürlichen« Umgang mit der eigenen Privilegierung bis zu deren arroganten Zurschaustellung oder offensiven Rechtfertigung.

Für eine Soziologie der Externalisierungsgesellschaft besteht nun der entscheidende analytische Schritt darin, Bourdieus im oben beschriebenen Sinne »binnengesellschaftlich« gedachtes Konzept des Habitus auf die soziale Realität weltgesellschaftlicher Ungleichheitsstrukturen zu übertragen. In diesem Kontext nehmen nämlich die Gesellschaften des globalen Nordens als ganze, ungeachtet ihrer vielfältigen sozialstrukturellen Binnendifferenzierungen, die besonders privilegierten Positionen ein. Und auf diese Positionen bezogen lässt sich von einem Externalisierungshabitus sprechen, von einer von Individuen wie von Kollektiven – Statusgruppen und Sozialmilieus, Nationalgemeinschaften und letztlich ganzen Weltregionen – habituell vollzogenen Praxis der *Auslagerung* der Kosten ihrer Lebensweise auf Dritte und der gleichzeitigen *Ausblendung* ebendieses Strukturzusammenhangs aus ihrer alltäglichen Lebensführung. Und genau dies ist eine der zentralen Annahmen dieses Buches: Das, was hier als Externalisierungsgesellschaft bezeichnet wird, lebt ganz konkret von einem bestimmten Habitus, den die Mitglieder der Externalisierungsgesellschaft wie selbstverständlich an den Tag legen und der ihre Lebensführung ganz alltagspraktisch bestimmt. Dieser Externalisierungshabitus ist an eine spezifische individuelle bzw. kollektive Position in der weltgesellschaftlichen Ungleichheitsstruktur gebunden. Man muss ihn sich, im Wortsinne, dank der eigenen Positionierung im sozialen Raum des globalen Kapitalismus »leisten« können: Er ist ebenso vorbewusster wie handlungspraktischer und beziehungsstrukturierender Ausdruck einer relativen Privilegierung im kapitalistischen Weltsystem.

Damit wäre das analytische Werkzeug zur soziologischen Durchleuchtung der Externalisierungsgesellschaft zusammengetragen: Externalisierung ist eine Frage von Macht, Ausbeutung und Habitus. In der Externalisierungsgesellschaft besteht Macht in der Chance, die Kosten der eigenen Lebensführung auf andere abzuwälzen – und diese Chance ist strukturell ungleich verteilt. Sie ist dies, weil es bestimmten sozialen Kollektiven gelungen ist, sich Möglichkeiten zur Externalisierung anzueignen und sie zugleich anderen vorzuenthalten. Diese anderen werden von den machtvollen Positionen aus ausgebeutet, insofern sie vorrangig die Kosten der Externalisierung zu tragen haben, von den Profiten derselben aber dauerhaft ausgeschlossen bleiben. Sozial wirksam und gesellschaftlich stabilisiert werden Machtungleichheit und Ausbeutungsdynamik in der Externalisierungsgesellschaft durch einen spezifischen Habitus derjenigen, die aus machtvollen Positionen heraus ausbeuterisch handeln: Externalisierung wird für sie zu einer sozialen Praxis, die sie als möglich, üblich und legitim wahrnehmen und daher wie selbstverständlich vollziehen.

In gewisser Weise passen sich somit – dies ein weiterer von Tilly identifizierter Ungleichheitsmechanismus – die Praktiken den Strukturen an, die Handelnden ihren Handlungsbedingungen. Für die Externalisierungsgesellschaft ergibt sich daraus eine selbstverstärkende Dynamik: Die globalen Machtstrukturen ermöglichen einen Habitus der Auslagerung, Verschiebung und Verdrängung der sozialen Kosten des Wohlstands der Zentren in die Peripherien, und dieser Habitus trägt wiederum maßgeblich dazu bei, die gesellschaftliche Ausbeutungsbeziehung zu Lasten Letzterer dauerhaft zu zementieren. Was seit Joseph Schumpeters ökonomischer Theorie kapitalistischer Entwicklungsdynamik als »schöpferische Zerstörung« firmiert, nämlich die Idee der Verdrängung und Vernichtung »alter« zugunsten »neuer« Strukturen, wird vor diesem Hintergrund als eine ebenso schlichte wie wirksame externalisierungsgesellschaftliche Legitimationserzählung erkennbar. Denn beide Bewegungen, Schöpfung und Zerstörung, fallen im Zweifel zeitlich, räumlich und sozial auseinander. Schöpferisch – wohlstandsermöglichend – ist die Externalisierungsgesellschaft für die einen; zerstörerisch – wohlstandsverhindernd – hingegen für die anderen.

Externalisierung, psychoanalytisch gesehen: Der Schleier des Nicht-wissen-Wollens

Eines der beliebtesten Versatzstücke des üblicherweise »neoliberal« genannten, vielleicht aber treffender als »wohlstandsautoritär« zu bezeichnenden gesellschaftlichen Diskurses lautet, wir hätten »über unsere Verhältnisse« gelebt. In der Regel wird dieser scheinbare Selbstvorwurf von sogenannten Wirtschaftsweisen und vermeintlich verantwortungsbewussten Finanzpolitikern jeweils an andere adressiert, nämlich an ein gesellschaftliches Publikum, dem bedeutet wird, seine materiellen Ansprüche seien mit der Zeit über die Maßen gewachsen und gefährdeten die fortgesetzte ökonomische Prosperität des Gemeinwesens. Der reflexhaft folgende Schluss aus dieser Diagnose lautet dann stets, dessen Mitglieder dazu aufzufordern, »den Gürtel enger zu schnallen« – dies die gängige Umschreibung für die politische Forderung nach Lohnverzicht der Arbeitnehmerinnen und Transferverzicht der Sozialleistungsbezieher, also nach einem zumindest vorübergehenden Kürzertreten der anderen. Zum eingespielten Diskursrepertoire gehört dann die abschließende Pointe, dass es die enger geschnallten Gürtel seien, die eine Zukunft wieder allgemein dickerer Bäuche möglich werden ließen: Die durch gesellschaftliche Anspruchssenkung beförderten wirtschaftlichen Wachstumskräfte führten längerfristig dazu, dass der Wohlstand wieder zunehme und damit wieder mehr zum Verteilen »an alle« da sei.

So gebetsmühlenartig diese Geschichte seit nunmehr drei, vier Jahrzehnten öffentlich erzählt wird: Sie wird durch ständige Wiederholung nicht wahrer. Wir leben nicht über *unsere* Verhältnisse. Und mit dieser Infragestellung des »Wir«-Bezugs der Aussage ist nicht nur der nationalgesellschaftliche Sachverhalt gemeint, dass hier typischerweise die sozial Bessergestellten alle anderen auffordern, sich am Riemen zu reißen und kürzerzutreten. Aus weltgesellschaftlicher Perspektive tritt das Fragwürdige der von den politisch-ökonomischen Eliten formulierten »Wir«-Perspektive noch deutlicher hervor. Denn wir leben keineswegs über *unsere* Verhältnisse. Wir leben über die Verhältnisse *anderer.*

Genau genommen gilt zunächst: Wir leben über *den* Verhältnissen anderer – es geht breiten gesellschaftlichen Mehrheiten hierzulande, in absoluten Werten gemessen, ungleich besser als breiten gesellschaftlichen Mehrheiten im Weltmaßstab. Aber das ist nur das eine. Die absoluten Maße sind nur sichtbarer Ausdruck eines weiteren, grundsätzlicheren Zusammenhangs. Denn wir leben vor allen Dingen auch über *die* Verhältnisse anderer. Genau dies beschreibt die soziale Realität der Externalisierungsgesellschaft: Sie lebt über die Verhältnisse anderer, über ihr Verhältnis zu anderen. Die Lebensverhältnisse der Externalisierungsgesellschaft kommen nur vermittelt über die Lebensverhältnisse anderer zustande, ihre privilegierte Position verdankt sie der weniger bevorzugten Stellung anderer in anderen Teilen der Welt – und ihre Privilegien lassen sich auch nur aufgrund dieses Ungleichheitsverhältnisses aufrechterhalten. Den Leuten in der Externalisierungsgesellschaft geht es gut, weil *andere* den Gürtel enger schnallen, weil *anderswo* Verzicht geübt wird – und zwar dauerhaft und ständig, auf dass die Externalisierungsgesellschaft nicht nur heute, sondern auch morgen und in Zukunft prosperiere.

Aber seien wir ehrlich: Dass dem so ist, kann schwerlich als privilegiertes Wissen der Soziologie durchgehen. Dass der Wohlstand der westlichen Industriegesellschaften weit, teilweise sogar unverschämt weit über jenem großer Teile der restlichen Welt liegt, weiß sprichwörtlich jedes Kind. Nicht umsonst bezeichnet die Deutsche Presse-Agentur Deutschland als »Spendernation«: Wir haben es ja, und die Not um uns herum ist uns bekannt. Im Jahr 2015 gaben die Deutschen mit sieben Milliarden Euro denn auch mehr als je zuvor, der »World Giving Index« desselben Jahres führt Deutschland auf Platz 20, nach der absoluten Anzahl der Spendenden mit 35 Millionen Personen sogar auf Platz 9 unter 145 Nationen. Spendenmarktanalysen wie die von *betterplace lab* zeigen, dass ältere Menschen hierzulande nach wie vor die wichtigsten Spender sind, jüngere Menschen aber zuletzt »stark aufgeholt« haben und häufiger und mehr spenden als früher. Alles gut also? Oder die Welt jedenfalls, auch dank deutscher Hilfe, auf dem Weg, ein besserer Ort zu werden?

Eher das Gegenteil ist der Fall, und auch die Spendernation Deutschland selbst dürfte es besser wissen. Jedenfalls *könnte* sie es besser wissen. Sie könnte wissen, dass es ihr nicht nur schlicht besser geht als all den Spendenempfängernationen dieser Welt, sondern dass ihr eigener Wohlstand mit den Übelständen in diesen Nationen zusammenhängt. Aber wer *will* das schon wissen? Wer will schon wissen, dass die uns so gut stehenden Spendierhosen am anderen Ende der Welt in Kinderarbeit genäht wurden? Wer will schon wissen, warum es ihm gutgeht, solange es ihm gutgeht? Die Externalisierungsgesellschaft lebt seit jeher von der Arbeit und den Ressourcen anderer, von der Abwälzung sozialer und ökologischer Schäden auf Dritte. Sie lebt in den demokratisierten Gesellschaften des »Westens« insbesondere seit dem Zweiten Weltkrieg zudem von einem breit getragenen, »stillschweigenden Sozialvertrag«, den Craig Calhoun, amerikanischer Soziologe und Direktor der London School of Economics, auf folgenden Nenner bringt: »Die Bürger tolerieren Ungleichheit und die Externalisierung langfristiger Kosten, solange das Wachstum brummt.« Wachstum ist der Stabilitätsanker der Externalisierungsgesellschaft: Es soll immer weiter nach oben gehen, und solange es das tut, wird nicht danach gefragt, wie das denn wohl sein kann – da kommt dann der Strom aus der Steckdose, der Lohn aus den Tarifverhandlungen und die jährliche Wachstumsrate aus unternehmerischer Innovationstätigkeit. Und am Ende des Jahres erklären wahlweise die Bundeskanzlerin oder der Bundespräsident oder gleich beide per Fernsehansprache, dass es auch im neuen Jahr so weitergehen wird – wenn alle sich noch ein wenig mehr anstrengen.

Wie aber kann das sein? Wie kann die Externalisierungsgesellschaft in ihrem Selbstverständnis und in ihrer Selbstdarstellung so wirkungsvoll von der Logik der Externalisierung absehen? Wie kann das Andere der Externalisierungsgesellschaft aus dem Blick geraten und unterhalb der Wahrnehmungsschwelle bleiben? Zwei Deutungsmöglichkeiten bieten sich an. Die eine schließt lose an die Denkfigur eines »Schleiers des Nichtwissens« an, die im Zentrum der gerechtigkeitstheoretischen Überlegungen des US-amerikanischen Philosophen John Rawls steht: In diesem Gedankenexperiment könnten die Leute nicht um ihre eigene Position als strukturelle Nutznießer im weltgesellschaftlichen Verteilungsspiel wissen – und akzeptierten in diesem Unwissen den nationalgesellschaftlichen Sozialvertrag, wonach Wirtschaftswachstum auch noch den am wenigsten Begünstigten den größtmöglichen Vorteil bringe. Plausibler als die Annahme des verbreiteten oder gar allgemeinen Nicht-wissen-Könnens erscheint allerdings eine andere, nämlich die des verallgemeinerten Nicht-wissen-*Wollens*: Dass die Externalisierungsgesellschaft funktioniert, beruht demnach wesentlich auch auf individuellem und kollektivem Vergessen. Und zwar nicht allein der Vergangenheit: wie es kam, dass wir so gut leben. Sondern vor allen Dingen auch der Gegenwart: wie es kommt, dass es so bleibt.

Die Behauptung, dass die Externalisierungsgesellschaft sich in den Schleier des Nicht-wissen-Wollens gehüllt hat, um als solche – ungeachtet aller Not und allen Elends um sie herum – bestehen zu können, verweist darauf, dass die soziologische Analyse dieser Gesellschaftsform um eine psychoanalytische Deutung ergänzt werden muss. Die Externalisierungsgesellschaft ist – wie gesehen – mit einem spezifischen Habitus verbunden, der das externalisierende Handeln individuell wie kollektiv als angezeigt, selbstverständlich und legitim erscheinen lässt. Diese letztlich vorbewusste Handlungsstrukturierung aber ist nicht zu verstehen ohne die individuellen und kollektiven psychischen Strukturen, mit denen sie innerlich verbunden und an die sie funktional gebunden ist. Auslagerung und Abwälzung, Verdrängung und Abspaltung, Entlastung und Umlenkung sind nicht nur soziale, sondern auch psychische Praktiken (in) der Externalisierungsgesellschaft. Als solche gilt es sie im Folgenden zu skizzieren, ehe mit dem dann gut sortierten analytischen Werkzeugkasten an die Entzauberung der Externalisierungsgesellschaft gegangen werden kann.

Externalisierung ist ein etablierter Begriff nicht nur in der Ökonomik, sondern auch in der Psychologie. Gleichwohl ist er dort deutlich weniger gebräuchlich als der Gegenbegriff der Internalisierung, womit die verinnerlichende Aneignung gesellschaftlicher Regeln, Normen und Werte (aber auch der Moralauffassungen bedeutsamer Dritter) durch das Subjekt gemeint ist. Als internalisierende Formen psychischer Problemverarbeitung gelten in diesem Zusammenhang solche, bei denen die Probleme auf die eigene Person projiziert werden. Man kehrt in sich bzw. gleichsam »vor der eigenen Haustüre« und sucht nach Begründungen und Lösungen bei sich selbst, was unter Umständen zu sozialem Rückzug und Isolation führen kann. Externalisierung steht dann für den entgegengesetzten Problemverarbeitungsmechanismus: Das belastende Moment oder Motiv wird gewissermaßen nach außen verlagert und einem konkreten oder abstrakten Gegenüber zugeschrieben, um das innere Gleichgewicht aufrechtzuerhalten. Psychopathologisch gesprochen kann externalisierendes Verhalten dazu führen, dass durch Abspaltung unangenehmer oder unerträglicher Selbstanteile ursprünglich innere Konflikte auf die Außenwelt gelenkt werden – ein Abwehrverhalten, das es derart in Anspruch genommenen Außenstehenden häufig schwermacht, sich ihrerseits zur Wehr zu setzen und von der Psychodynamik der betreffenden Person abzugrenzen.

So weit die psychologischen Lehrbuchdefinitionen. Liest man diese nun nicht allein im Sinne der Beschreibung möglicher individualpsychischer Mechanismen, Motivationen und Störungen, sondern im Kontext des gesellschaftlichen Phänomens, das uns hier interessiert, so kommt man der Realität sozialer Externalisierungspraktiken noch einmal ganz anders auf die Spur. Es beginnt sich dann nämlich ein Psychogramm der Externalisierungsgesellschaft abzuzeichnen: Deren Problemverarbeitung operiert in materieller Hinsicht, aber eben auch auf der Ebene des gesellschaftlichen Seelenhaushalts im Modus der Auslagerung, nach dem Prinzip von Abspaltung und Umlenkung. Einerseits werden soziale Kosten und ökologische Lasten der eigenen kollektiven Lebensweise ins (vermeintliche) gesellschaftliche »Außen« verschoben, wo sie von anderen zu tragen sind. In einem damit verkoppelten, die Externalisierungsbewegung verdoppelnden Bewältigungsakt wird andererseits die psychische Belastung eines allgemeinen Wissens um die – oder zumindest einer Ahnung von den – Bürden, die anderen Menschen und Weltregionen auferlegt werden, vom kollektiven Gefühlsleben abgetrennt und ins Jenseits der gesellschaftlichen Wahrnehmung verschoben. Dieser Mechanismus hat stabilisierende Wirkung nach »innen«, ihm kommt eine gleichsam psychofunktionale Bedeutung für die Aufrechterhaltung des wohlstandskapitalistischen Sozialvertrags zu. Für diejenigen, die von der somit doppelten bzw. verdoppelten Auslagerungspraxis betroffen sind, bedeutet dies jedoch, dass sie nicht allein in Form unwürdiger Arbeitsbedingungen und massiver Umweltzerstörungen mit den Effekten der Externalisierungsgesellschaft konfrontiert sind. Sie müssen darüber hinaus mit symbolischen Ausgrenzungsprozessen und Abwertungserfahrungen umgehen. Der geschilderte psychische Entlastungsmechanismus geht nämlich mit Praktiken der Lastenabwälzung und der Schuldumkehr einher, indem die Verantwortung für die Schädigungen auf die Geschädigten selbst projiziert wird: Dann werden Entschädigungsforderungen der emissionsarmen, aber klimawandelbelasteten Länder zu »durchsichtigen« finanziellen Erpressungsstrategien umgedeutet, und jungen männlichen Kriegsflüchtlingen wird angeraten, sie sollten sich mal lieber »nützlich machen« und im Heimatland für Frieden und Demokratie kämpfen, statt hierzulande Unterschlupf zu suchen. Auch mit Blick auf die psychische Verarbeitung des eigenen Externalisierungshandelns gilt also: Was ausgelagert und abgespalten wird, ist nicht einfach »weg«. Es ist nicht schlicht verschwunden oder erledigt, sondern taucht an anderer Stelle wieder auf, wo es von anderen verarbeitet werden muss.

Die oben erwähnte soziale Praxis des Spendens ist ein sinnfälliges Beispiel für diesen Zusammenhang. Dass der Akt des Spendens in der Not nicht zuletzt auch der Selbstberuhigung angesichts des eigenen Wohlergehens dient, liegt auf der Hand und ist wohlbekannt. Dies gilt auch für weniger spontane und situative Praktiken sogenannten problembewussten Handelns, etwa für die ganze Palette »umweltfreundlicher« Verhaltensweisen – unter dem Stichwort »grünes Gewissen« wird darauf zurückzukommen sein. Doch geht es beim Spenden oft nicht bloß um einen subjektiven Entlastungseffekt. Es ist ihm zumeist auch ein Moment der Selbstadelung zu eigen: Die eigentlich »normale« Praxis einer Unterstützung Notleidender, ohne dass man dabei die eigene Lebensführung wirklich einschränken müsste, wird zu einer bemerkenswerten Tat veredelt. Dies wird besonders deutlich in der kollektiven Selbstüberhöhung eines der reichsten Länder der Welt zur »Spendernation« – tue Gutes und rede darüber, so scheint das Motto zu lauten. Oder genauer: Sage nichts dazu, dass das Spenden materiell nicht weh tut, aber wohl etwas dazu, dass es von der sozialen Ader so vieler zeugt. Wobei es heute so leicht wie nie ist, mit dieser Ader am Puls der Zeit zu sein, denn – so weiß die Netzorganisation *betterplace lab* in ihrer Spendenmarktanalyse 2014 »besonders hervorzuheben« – die Kennzahlen zum Online-Spenden haben sich »überwiegend positiv« entwickelt, Zahlungen per Paypal und Kreditkarte ersetzen zunehmend »die gute alte Lastschrift«. Wir lernen: Spenden kostet fast nichts – nicht einmal mehr Zeit. Und doch ist es so wertvoll.

Spenden für die »Dritte Welt« – eine dem amerikanisch-sowjetischen Systemkonflikt der Nachkriegszeit entsprungene Konstruktion, die sich bis heute hartnäckig hält – ist aber nicht nur das. Es ist in gewisser Weise auch eine, allerdings wohlwollende, mentale und emotionale Herrschaftspraxis. Spenden demonstriert Hilfsbereitschaft und Großzügigkeit – und transportiert neben Überweisungen und Hilfsgütern auch eine implizite Handlungsaufforderung an die begünstigten »Dritten«, nämlich die der Dankbarkeit. Oder psychoanalytisch vielleicht noch wichtiger: Der Akt des wohltätigen Gebens eröffnet dem seine Tat heroisch überhöhenden Spender die Möglichkeit, die Reaktion des Empfängers als einen Ausweis tendenzieller Undankbarkeit wahrzunehmen. Man kennt das auf Individualebene, wenn ein Geschenk in den Augen des Schenkenden vom Beschenkten nicht in angemessener Weise honoriert wird: keine überschwängliche Freude, keine leuchtenden Augen, nicht einmal ein anständiges Dankeschön. Die Projektion der eigenen Position in die Reaktion der Gegenseite stellt sich ganz ähnlich auch auf kollektiver Ebene ein: Da fehlt »denen« in der öffentlichen Wahrnehmung dann jeder Respekt vor der eigenen Hilfeleistung, da hat – ganz aktuell – der vermeintlich »undankbare Flüchtling« Hochkonjunktur als negativ konnotierte Sozialfigur.

Doch die externalisierenden – verlagernden und übertragenden – psychischen Bewältigungsleistungen des eigenen Externalisierungshandelns gehen noch weiter. Wir kennen sie zur Genüge aus Jahrzehnten öffentlicher Diskurse über die Effekte staatlicher Entwicklungshilfe. Zu den Standardargumenten in diesem Kontext gehört beispielsweise die Überzeugung, wonach die finanzielle Hilfe der Geberländer in den Empfängerländern systematisch »versickert«. Als Grund für diese diagnostizierte Problematik wird regelmäßig ein ganzes Bündel an Zuschreibungen angeführt, die es ermöglichen, die anderen als nicht nur anders, sondern als wahlweise unfähig, bösartig oder verbrecherisch zu verstehen: Da herrschen dann »da unten« bekanntlich »korrupte Eliten«, die sich auf Kosten der Ärmsten bereichern, ein »unausrottbarer Verwaltungsschlendrian«, der auch beim besten Geberwillen nicht zu durchbrechen ist, und überhaupt eine »Mentalität«, der einfach nicht beizukommen und angesichts deren jede Hilfe vergebene Liebesmüh ist. Auf diese Weise wird die Verantwortung dafür, dass alles so bleibt, wie es ist, auf das Gegenüber verschoben: Da kann man machen, was man will – denen ist einfach nicht zu helfen.

Dies ist denn auch ein Muster für all jene Narrative der »Unterentwicklung«, die seit jeher im Westen kursieren – und mit denen wir unsere eigenen Vorstellungen davon, wie Gesellschaften auszusehen und Institutionen zu funktionieren haben, auf jene Länder übertragen, die angeblich noch nicht so weit sind wie wir. Ein jüngeres Beispiel dafür ist die wissenschaftliche und politische Debatte um sogenannte gescheiterte

Staaten oder *failed states*. Damit ist dann nicht etwa der Freistaat Sachsen gemeint, dem es nach dem Ende des Staatssozialismus nicht gelungen ist, ein in politischer Neutralität operierendes Polizei- und Justizwesen zu etablieren, und der offensichtlich auch nicht in der Lage ist, Leib, Leben und Menschenwürde aller auf seinem Territorium sich aufhaltender Menschen, auch der Nicht-Staatsbürger unter ihnen, zu schützen. Gemeint sind selbstverständlich Staaten (oder aus dieser Sicht dann eben Nicht-Staaten) wie Syrien, Afghanistan oder Eritrea, mit deren hausgemachten Problemen, Unzulänglichkeiten und Unfähigkeiten wir uns nun herumzuschlagen hätten. Auch dazu später mehr. Hier geht es einstweilen nur um die Feststellung, dass zur Sozialpsychologie der Externalisierungsgesellschaft nicht zuletzt auch das Gefühl der Überlegenheit gehört, dass die anderen es eben nicht besser können – und jedenfalls nicht so gut wie wir. Irgendwie geht es derartigen Deutungen zufolge also doch mit rechten Dingen zu, wenn die einen immer weiter vorankommen, während die anderen auf der Stelle treten und dauerhaft zurückbleiben. Sollen sie doch erst einmal so werden wie wir – und dann sehen wir weiter.

Abspaltung und Übertragung, Verdrängung und Sublimierung, Abwehr und Projektion: All diese Mechanismen bilden den psychosozialen Nährboden für das Leben in der Externalisierungsgesellschaft – und für deren Überleben. Sie sind zudem eng verkoppelt mit der Psychostruktur des modernen Kapitalismus und seiner scheinbar immerwährenden Expansionslogik. Die nicht enden wollende – und irgendwie auch nicht enden sollende – Akkumulationsdynamik des modernen Kapitalismus trifft das tiefliegende Verlangen der Menschen nach einer ewigen Zukunft. In seiner Prozesshaftigkeit des endlosen »Weiter so!« bindet der Kapitalismus die psychischen Energien der Leute an sich, er fesselt sie in ihrer Angst vor dem

Ende an seine zwanghafte Programmatik der Grenzenlosigkeit: auf dass es immer weitergehen möge mit dem Leben, wie wir es leben. Dass dieses existentielle Begehren nicht zu erfüllen ist – kollektiv genauso wenig wie individuell –, wird dabei ebenso verdrängt und aus dem individuellen und kollektiven Bewusstsein ausquartiert wie das Wissen darum, dass es die Lebenschancen anderer sind, auf deren Kosten die eigene Lebensversicherung geht. Und zwar nicht die Lebenschancen zukünftiger Generationen, unserer Kinder und Kindeskinder, wie ein einseitiger, auf die Zukunft der westlichen Wohlstandswelt bezogener Nachhaltigkeitsdiskurs dies gerne behauptet. Sondern die Lebenschancen vieler Milliarden Menschen, die heute schon leben und die Externalisierungsgesellschaft von einem konstruierten »Außen« her am Leben erhalten.

Nicht *nach* uns wird an den Folgen unserer Lebensweise laboriert werden, sondern hier und heute wird es bereits getan – *neben* uns. Und es ist nicht so, dass das verdrängte Wissen darum uns nicht zugänglich wäre. Ganz im Gegenteil. Im September 2014 gab der scheidende NATO-Generalsekretär Anders Fogh Rasmussen, den Krieg in der Ukraine und den Vormarsch des »Islamischen Staats« im Irak vor Augen, bei einer Zusammenkunft der Staats- und Regierungschefs des Verteidigungsbündnisses dem Bewusstsein, was die reichen Demokratien zu verlieren haben, beredten Ausdruck: »Umringt von einem Kranz der Krisen, stellt sich unsere Allianz, unsere transnationale Gemeinschaft, als eine Insel der Sicherheit, der Stabilität und des Wohlstands dar.« Eine Insel der Sicherheit, der Stabilität und des Wohlstands, umgeben von einem Meer wirtschaftlicher Konkurrenten, umtost von der Brandung terroristischer Milizen und gewaltsamer Konflikte, bedroht von einer – so muss man das Bild wohl lesen – Flut wanderungsbereiter Armutspopulationen: Ein solches Panorama dürfte ziemlich genau den Gefühlshaushalt krisenverunsicherter Bevölkerungsmehrheiten in den Kernländern des nordatlantischen Raums treffen. Bei den »Inselbewohnerinnen«, die um die Zukunft eines Lebens in Sicherheit, Stabilität und Wohlstand fürchten, genießen Vorstellungen und Vorstöße zur Bewahrung des Status quo folgerichtig hohe Popularität. »Im Süden sehen wir Gewalt, Unsicherheit, Instabilität«: Möge es auch weiterhin so bleiben, so kann man den ehemaligen NATO-Generalsekretär wohl verstehen. Und damit dürfte er der Externalisierungsgesellschaft aus der Seele gesprochen haben: Mögen Gewalt, Unsicherheit und Instabilität da bleiben, wo der Pfeffer wächst, an den »ex-zentrischen« Orten der globalen Peripherie – dank verstärkter transatlantischer Waffenlieferungen, eines verschärften Kontrollregimes an den Außengrenzen der Europäischen Union und der Erfindung immer neuer »sicherer Herkunftsländer« unter ihren »gescheiterten« Anrainerstaaten.

Wie es aber nun mit allem Verdrängten so ist: Irgendwie kehrt es als Unterdrücktes wieder, irgendwann schlägt es als Verworfenes auch auf den größten Verdrängungskünstler zurück. Der kollektive Psychotrick der Externalisierungsgesellschaft – »aus den Augen, aus dem Sinn« – funktioniert eben nicht ewig. Und vieles deutet darauf hin, dass genau dies das Charakteristikum der globalhistorischen Phase ist, in der wir uns derzeit befinden und in die das moderne Weltsystem gegenwärtig einmündet: Es ist die Zeit des weltgesellschaftlichen Bumerang-Effekts. Die Externalisierungsgesellschaft fordert ihren Preis – und zwar nicht mehr nur bei anderen, sondern nunmehr auch von uns selbst. In gewisser Weise kommt die Externalisierungsgesellschaft damit zu sich selbst – indem sie mit ihren eigenen Folgewirkungen konfrontiert wird. Unter veränderten, nicht zuletzt auch informations- und mobilitätstechnologisch radikalisierten Bedingungen der Globalisierung werden die »Opfer« der Externalisierungsgesellschaft – große Bevölkerungsmehrheiten in den Ländern des globalen Südens – zu »Tätern«, zu Handelnden, zu Akteuren der Gegenbewegung. Und dies sogar im wahrsten Sinne des Wortes: Zumindest einige von ihnen setzen sich in Bewegung, ziehen von den Peripherien in die Zentren und fordern dort den Preis der Externalisierungsgesellschaft zurück.

Was weiter oben theoretisch hergeleitet wurde, wird hier nun plastisch: Es gibt keine gesellschaftlichen »Außenverhältnisse« mehr, auch wenn man sie auf den Inseln der Sicherheit, der Stabilität und des Wohlstands immer wieder von neuem zu konstruieren sucht. Nur so nämlich, nur vor diesem Hintergrund lassen sich die protektionistischen, repressiven, rassistischen Reaktionsweisen verstehen, die Deutschlands Konfrontation mit den Folgen der eigenen Externalisierungspraxis gegenwärtig hervorruft, von der parteiübergreifend herbeigeführten Entleerung des Asylrechts bis zu den fast schon täglich brennenden Flüchtlingsheimen: als im Wortsinne reaktionäre – rückwärtsgewandte – Versuche, die Zeichen der Zeit zu leugnen und die Realitäten der Weltgesellschaft auch weiterhin zu ignorieren. Die vielen kleinen – ebenso wie die wenigen großen – Profiteure der Externalisierung spüren, dass nun, »wenn nichts passiert«, was die gesellschaftlichen Verhältnisse zu konservieren vermag, alsbald Schluss sein könnte mit dem guten Leben. Oder jedenfalls mit einem Leben über den Verhältnissen der anderen – und über die Verhältnisse anderer.

Kapitel 3

Leben und sterben lassen: Externalisierung als ungleicher Tausch

»Irgendwo werden Leiber zerbrochen,
damit ich wohnen kann in meiner Scheiße.«

Heiner Müller,
Die Hamletmaschine (1977/79)

Der umgekehrte kategorische Imperativ

Europa gilt als die Geburtsstätte der Aufklärung, als Hort aufklärerischen Denkens – und ebendieses kulturelle Erbe ist bis heute wesentlicher Bestandteil europäischen Selbstverständnisses. Von der Herrschaft der Vernunft bis zur Geltung des Rechts, vom Schutz persönlicher Autonomie bis zur Ausbildung einer kritischen Öffentlichkeit: Wenn die Sozialwissenschaft nach Gemeinsamkeiten der im Einzelnen doch sehr verschiedenartigen europäischen Gesellschaften fragt, dann betont sie regelmäßig den historisch gewachsenen, über nationale Grenzen hinweg geteilten und in weitgehend strukturähnlichen Institutionen geronnenen Wertekatalog. Wenn »Europa«, wie es derzeit der Fall ist, von Krisen geschüttelt wird und die Akteure in Brüssel und den Hauptstädten der Mitgliedsstaaten händeringend nach dem einenden Band ihrer politischen Union suchen, dann berufen sie sich – jedenfalls im westlichen Teil des Kontinents – ebenso gerne auf die europäische Wertegemeinschaft: auf geteilte Überzeugungen davon, was »gut« und »richtig« ist, nach welchen Regeln das gesellschaftliche Leben gestaltet sein solle, wie Einzelwohl und Gemeinwohl miteinander in Einklang zu bringen seien.

Es war dem Aufklärungsphilosophen Immanuel Kant überlassen, die bis heute geltenden Grundprinzipien des europäischen Wertekanons auf einige wenige, auch für den nichtphilosophischen Alltagsbedarf griffige – oder wohl eher im Nachhinein griffig gemachte – Formeln zu bringen. Der vielzitierte »Ausgang des Menschen aus seiner selbstverschuldeten Unmündigkeit« ist eine dieser Formeln, die zugleich den sachlichen Gehalt der aufgeklärten Moderne auf den Punkt bringt und als individuelle Handlungsaufforderung daherkommt: Denn unter den Bedingungen moderner Gesellschaften ist das Unvermögen, sich seines eigenen Verstandes zu bedienen, für Kant keine Frage mehr der Behinderung durch rechtliche Schranken oder persönliche Abhängigkeiten, sondern eine Sache des Willens, eine Frage der (fehlenden) Entschlossenheit und des (verlorenen) Mutes. Ein ganz ähnlicher Status kommt der zweiten von Kant geprägten Selbstverständigungsformel des Aufklärungszeitalters zu, die weithin als »kategorischer Imperativ« bekannt geworden ist: »Handle nur nach derjenigen Maxime, durch die Du zugleich wollen kannst, dass sie allgemeines Gesetz werde.« Es sei ein Gebot der Sittlichkeit und damit auch ein Garant friedlichen Zusammenlebens, sich stets in einer Weise zu verhalten, die man sich vernünftigerweise auch als verallgemeinerte Handlungsweise aller anderen wünschen könne. Falls das eigene Handeln einer solchen Prüfung nicht standhalte, unterlaufe es die Standards einer aufgeklärten Moral.

Über die Ambivalenzen der aufgeklärten Moderne ist seither viel gesagt und geschrieben worden. Die klassische Kritiklinie, unter dem Titel »Dialektik der Aufklärung« und vor dem historischen Hintergrund des Siegeszugs des Nationalsozialismus formuliert von den Sozialphilosophen Max Horkheimer und Theodor W. Adorno, hat sich allerdings auf die immanenten

Widersprüche der Aufklärungsidee und die Perversion derselben im fortgeschrittenen Industriekapitalismus konzentriert. Zur Mitte des 20. Jahrhunderts, so die beiden Hauptvertreter der frühen Kritischen Theorie der »Frankfurter Schule«, sei in den Zentren der westlichen Welt endgültig das Eigeninteresse an die Stelle der Vernunftmoral getreten, Aufklärung zur Mythologie verkommen und in kulturindustriellen Massenbetrug umgeschlagen. Die moderne, bürgerlich-kapitalistische Gesellschaft produziere aus sich selbst heraus das genaue Gegenteil des aufklärerischen Impulses: Herrschaft und Unterdrückung, Gewalt und Vernichtung. Eine weiter gehende, weltgesellschaftliche Deutung der westlichen Aufklärungsgeschichte, ihrer Voraussetzungen und Konsequenzen, blieb im Schatten dieser negativen Selbstbespiegelung hingegen lange Zeit aus. Und bis heute ist eine solche Deutung weder im gesellschaftlichen Selbstverständnis noch in den wissenschaftlichen Reflexionstheorien der europäischen Moderne fest verankert.

Betrachtet man aber, so wie in diesem Buch, die Geschichte und die Gegenwart der europäischen Wohlstandsgesellschaften als eine Frage der Externalisierung, dann gerät eine zweite, nicht weniger grundsätzliche Dialektik der Aufklärung in den Blick – eine Widerspruchsstruktur, welche die üblicherweise angestellte »interne Kostenrechnung« des gesellschaftlichen Fortschritts in den Schatten stellt. Denn die Externalisierungsgesellschaft läuft in ihrer Funktionsweise dem Aufklärungsideal geradezu diametral zuwider, sie operiert gewissermaßen nach dem umgekehrten kategorischen Imperativ: In ihr wird gerade *nicht* nach Maximen gehandelt, die auch als »allgemeines Gesetz« herhalten könnten bzw. von denen man vernünftigerweise wollte, dass sie allgemein handlungsleitend würden. Im Gegenteil: Externalisierung bedeutet einen grundlegenden Verstoß gegen die Idee einer verallgemeinerbaren Gesetzmäßigkeit. In Externalisierungsgesellschaften wird das soziale Handeln strukturell in eine Richtung gelenkt, die gerade *nicht* verallgemeinerungsfähig ist. Das Leben in den Gesellschaften des globalen Nordens beruht genau darauf, dass nicht alle auf ebendiese Weise leben können – und dass die negativen Effekte dieses Lebens den Gesellschaften des globalen Südens auferlegt werden. Externalisierung ist gerade *keine* gesellschaftliche Lebensweise, von der ihre Protagonisten wollen könnten, dass sie zum allgemeinen Gesetz werde. Denn das Externalisierungsleben steht und fällt mit seiner Exklusivität.

Damit aber steht die soziale Realität der Externalisierungsgesellschaft in eklatantem Gegensatz zu jenen normativen Vorstellungen, auf denen sozialwissenschaftliche Modernisierungstheorien ebenso wie entwicklungspolitische Modernisierungsstrategien seit Jahrzehnten gründen – und die nach wie vor auch unseren Alltagsdiskurs prägen. Dass die »unterentwickelten« Länder mit unserer Hilfe »aufholen« und auf den Entwicklungspfad des demokratischen Wohlstandskapitalismus einschwenken könnten, dass eine – wie auch immer langwierige und beschwerliche – Angleichung der globalen Lebensverhältnisse nicht nur wünschbar, sondern mit der Etablierung wachstumsförderlicher institutioneller Arrangements in den *low-income countries* auch machbar sei, dass das ökologische Gleichgewicht des Planeten durch die Entwicklung intelligenter, energieeffizienter Technologien und deren weltweite Verbreitung doch noch zu bewahren bzw. wiederherzustellen sei: All dies sind gängige modernisierungspolitische Glaubenssätze, die wir alle nur allzu gerne hören und uns zu eigen machen. Allein: Sie sind allesamt unglaubwürdig. Denn die Externalisierungsgesellschaft duldet nicht Ihresgleichen neben sich, oder genauer: Sie kann es nicht dulden. Sie braucht die Konstruktion eines »Außen«, das zugleich ihr »Anderes« ist. Stabile Aufholprozesse, substantielle Angleichungstendenzen und symmetrische Gleichgewichtskonstellationen haben in ihrer halbierten Welt keinen Platz: Sie kämen, fänden sie wirklich statt und stellten sie sich tatsächlich ein, dem Ende der Externalisierungsgesellschaft gleich, denn sie verlöre damit ihre Geschäftsgrundlage. Entsprechende Modernisierungsphantasien sind also – je nachdem, von wem sie hierzulande ausgehen – wahlweise *wishful thinking*, *cheap talk* oder *piss-take*: hilfloses Wunschdenken, wohlfeiles Lippenbekenntnis oder, mit Verlaub, gezielte Verarschung.

Machen wir uns nichts vor: In der Externalisierungsgesellschaft gilt die »goldene Regel«, zu welcher Kants kategorischer Imperativ popularisiert wurde, in pervertierter Form. Was du nicht willst, das man dir tu, das füg halt einem anderen zu – so lautet ihr eherner Grundsatz. Damit verwehrt sie anderen genau das, was ihre Mitglieder als mündige Bürgerinnen grundsätzlich für sich selbst in Anspruch nehmen: als nicht bevormundete, sondern freie und selbstbestimmte Subjekte zu leben. Dies festzustellen bedeutet nun nicht, die Moralkeule zu schwingen und den Leuten ihren Kant beibringen zu wollen. Eine soziologische Beobachtung der Externalisierungsgesellschaft optiert nicht für Moralisierung, sondern für Systemkritik. Sie blickt kritisch auf ein gesellschaftliches System, das Externalisierungshandeln strukturell ermöglicht, ja mehr noch: dieses förmlich herausfordert – und umgekehrt das alltagspraktische Handeln nach einem verallgemeinerungsfähigen Gesetz systematisch behindert, in der Regel sogar erfolgreich verhindert.

Genau dieser Zusammenhang soll in den folgenden Abschnitten anhand der Stoffströme der Externalisierungsgesellschaft illustriert werden, ehe es im nachfolgenden Kapitel um deren Mobilitätsregime gehen wird. Zunächst also gilt das Interesse den materiellen Kreisläufen von Produktion und Konsum, Abfall und Emission. Im Mittelpunkt stehen die industriellen Wertschöpfungsketten und die sozialökologischen Destruktionspotentiale von Produkten, von denen wir alltäglich Gebrauch machen, ohne uns über die Bedingungen und Konsequenzen ihrer Produktionsweise Rechenschaft abzulegen. Die möglichen Beispiele hierfür sind Legion, sie alle sind – so zynisch dies klingen mag – irgendwie gleich geartet und daher auch gleich gut zur Illustration von Externalisierungsstrukturen und -praktiken geeignet. In jedem dieser insofern »beliebigen« Beispiele spiegelt sich der Preis unserer Lebensweise – ein Preis, den wir nicht selbst bezahlen, sondern der anderswo entrichtet werden muss.

Der Sojafluch oder Was kümmert uns die Bohne

Bleiben wir aber doch noch für einen Moment in Deutschland und Europa. Wie seine europäischen Nachbarn ist Deutschland spätestens seit dem Zweiten Weltkrieg keine Agrargesellschaft mehr – und irgendwie auch stolz darauf. »Agrargesellschaft«: Das klingt nach Tradition und Vormoderne, nach Provinzialität und Rückständigkeit, nach Kuhmist und Bauerntrampel. Für uns lang vergangene Zeiten. Der Anteil der in der Landwirtschaft Erwerbstätigen ist in den letzten Jahrzehnten kontinuierlich gesunken – in Deutschland von rund einem Viertel aller Beschäftigten noch zu Beginn der 1950er Jahre auf nur mehr 1,6 Prozent im Jahr 2012. Der Agrarsektor ist heute beschäftigungspolitisch von bloß noch marginaler Bedeutung – die Nahrungsmittelversorgung der tendenziell wachsenden Bevölkerung zugleich aber unvergleichlich besser geworden. Wie kann das gehen? Nur durch rasante Produktivitätssteigerungen, wie sie etwa in der Verdreifachung des Hektarertrags im Weizenanbau von 27,3 Dezitonnen in den frühen 1950er Jahren auf 73,3 Dezitonnen im Jahr 2012 ihren Ausdruck finden? Allein durch technischen Fortschritt, den der Deutsche Bauernverband auf den Nenner »Präzisionslandwirtschaft, computergesteuerte Fütterung, integrierte Nahrungsmittelketten und Melkroboter« – als »Stichworte für die moderne Landwirtschaft von heute« – bringt (wobei er bezeichnenderweise andere charakteristische Stichworte wie z.B. Massentierhaltung und Pestizideinsatz vergisst)?

Wohl eher nicht. Auf eine Weise ist Deutschland, und mit ihm jedes beliebige andere Land in Europa, immer noch eine Agrargesellschaft – nur eben eine ausgelagerte, externalisierende. Zwar ist die landwirtschaftliche Nutzfläche hierzulande seit den 1950er Jahren um beinahe ein Sechstel oder ca. 3 Millionen Hektar zurückgegangen, mit auch nach der Wiedervereinigung weiter fallender Tendenz (von 17,3 Millionen Hektar im Jahr 1995 auf 16,7 Millionen im Jahr 2015). Dafür hält Deutschland sich jedoch – wie alle vermeintlichen »Dienstleistungsgesellschaften« der OECD-Welt – im Gegenzug massenhaft Anbauflächen in anderen Weltregionen. Mit dem Import von Agrarprodukten aller Art »exportiert« Deutschland also gleichsam seinen landwirtschaftlichen Flächenbedarf in »echte« Agrargesellschaften – wo diese Flächen für den Anbau von Exportprodukten genutzt werden (und somit für den Eigenbedarf nicht mehr zur Verfügung stehen). Mit der Auslagerung von Nutzflächen werden zugleich auch alle ökonomischen, ökologischen und sozialen Konsequenzen einer mehr oder weniger »modernen Landwirtschaft« ins Ausland verlagert: die Effekte von Monokultur und Agrobusiness, Gentechnik und Agrarchemie. So etwa im Falle des Sojaanbaus in Lateinamerika.

Dem »Living Planet Report 2014« des World Wildlife Fund (WWF) zufolge hat Deutschland in den 2000er Jahren durch Agrarhandel kontinuierlich über 5 Millionen Hektar Land außerhalb des Territoriums der Europäischen Union in Anspruch genommen, die EU insgesamt über 25 Millionen, in der Spitze sogar mehr als 35 Millionen Hektar. Einen guten Teil davon nimmt der virtuelle Flächenhandel durch Sojaimporte aus Südamerika ein: Für Deutschland entsprachen die im Durchschnitt der Jahre 2008 bis 2010 importierten gut 5,3 Millionen Tonnen Soja und Sojaäquivalente einem ausgelagerten Flächenbedarf von 2,2 Millionen Hektar – ein Gebiet in etwa der Größe Hessens. Die weiteren 1,1 Millionen Tonnen Sojaeinfuhren aus dem Rest der Welt machten rechnerisch zusätzliche 0,4 Millionen Hektar aus, so dass alternativ auch das Saarland und die drei Stadtstaaten Berlin, Hamburg und Bremen als heimische Sojanutzflächen hätten geräumt werden müssen. Was aber bekanntlich nicht passiert ist.

Die Geschichte des Sojaanbaus ließe sich auch mit Blick auf Brasilien oder Paraguay, die beiden weiteren großen Produktionsstätten auf dem südamerikanischen Kontinent, erzählen – und zwar als eine mit unseren eigenen Konsumgewohnheiten, unserem Lebensstil und unserem vermeintlichen Abschied von der Agrargesellschaft verkoppelte Externalisierungsgeschichte. Aber kein anderes Land hat die massenhafte Zucht der von Kritikern auch »Killerbohne« genannten Pflanze wirtschaftsstrukturell so verändert wie Argentinien, nirgendwo wird das gesamtgesellschaftliche Sojasyndrom so greifbar wie dort. Mittlerweile sind in Argentinien mehr als 20 Millionen Hektar Ackerland – fast zwei Drittel der fruchtbaren Flächen des Landes, ein Gebiet von der Größe Großbritanniens oder Rumäniens – mit Sojapflanzen bedeckt. Argentinien ist nach den USA und Brasilien der weltweit drittgrößte

Produzent und Exporteur der Hülsenfrüchte; bei verarbeiteten Produkten – Sojamehl, Sojaöl oder Sojadiesel – ist das Land sogar Weltmarktführer. Angetrieben durch den global wachsenden Fleischkonsum und die Vervierfachung der Weltmarktpreise in den vergangenen fünfzehn Jahren, hat die Bohne zunehmend die Fleischwirtschaft selbst verdrängt und die argentinische Pampa zu einer riesigen Sojafabrik werden lassen. Nur noch drei Prozent der Exporterlöse des Landes stammten zuletzt aus der die Handelsbilanz einst bestimmenden Fleischproduktion – diese werden nun zu einem Viertel vom Sojahandel getragen. Mit 23,2 Milliarden US-Dollar (2013) ist er die wichtigste Devisenquelle Argentiniens, zehn Prozent aller Steuereinnahmen werden hier abgeschöpft.

Rund drei Viertel der jährlich mehr als 200 Millionen Tonnen an weltweit geernteten Sojabohnen gehen als eiweißhaltiges Mastfutter in die Massentierhaltung in Europa, Nordamerika und China. Aber auch in fast allen gängigen Lebensmitteln sind Sojabestandteile enthalten, zudem in vielen technischen Produkten wie Farben und Lacken. In Argentinien wird auf den meisten für die Bohnenproduktion freigerodeten Flächen (allein im vergangenen Jahrzehnt wurde die Gesamtackerfläche um nicht weniger als 9 Millionen Hektar ausgedehnt) ausschließlich Soja angebaut, mit zwei Ernten im Jahr. Eine solch intensive Bewirtschaftung bedeutet massiven Chemikalieneinsatz – beziehungsweise die Kombination von Giftkeule und Gentechnologie. Als erster südamerikanischer Staat erlaubte Argentinien im Jahr 1996 unter dem damaligen Präsidenten Carlos Menem den Anbau gentechnisch veränderter Sojapflanzen, was den Beginn des ultimativen Booms markierte: Die Genbohne verdrängte rasch den konventionellen Sojaanbau, seit 2010 ist dieser vollständig eingestellt.

Die Abhängigkeit der Sojabauern von der Agrochemieindustrie ist seither ebenfalls vollkommen. Wurden im Jahr 1990 noch 34 Millionen Liter Herbizide, Pestizide und Fungizide in argentinischen Landen versprüht, so waren es 2015 bereits 317 Millionen. Beliebtestes Mittel ist das Breitbandherbizid Glyphosat, das seit 1974 von Monsanto, einem der weltgrößten Saatgutproduzenten mit Sitz in St. Louis, Missouri, als Wirkstoff des kostengünstigen Produkts »Roundup« vertrieben wird und vornehmlich dazu dient, die Felder vor der Aussaat von Unkräutern zu befreien. 1995 kreierte der US-Konzern allerdings jene Sojabohne, die gegen das Pflanzengift aus dem eigenen Hause resistent ist, was es den Sojabauern seither ermöglicht, Glyphosat während des gesamten Wachstumszyklus der Pflanze einzusetzen. Für Monsanto wiederum kommt es dem perfekten Geschäftsmodell gleich, Saatgut (»Roundup Ready«) und Herbizid aus einer Hand liefern zu können.

Am anderen Ende der Produktionskette sind die Landwirte von den Launen der Weltmärkte abhängig – der Weltmarktpreis für Sojabohnen und -produkte unterliegt starken Schwankungen und ist nach dem Boom der 2000er Jahre zuletzt deutlich gefallen. Schrumpfende Agrarrenditen aber ziehen weitere Konzentrationsprozesse nach sich, kleine und mittlere Betriebe werden tendenziell vom Markt verdrängt – in einem Sektor, in dem ohnehin schon hochgradig asymmetrische Besitzverhältnisse vorherrschen: Über die Hälfte der argentinischen Felder wird von nur drei Prozent der Produzenten kontrolliert, zwei Drittel aller Flächen werden von ihren Besitzerinnen zur Bewirtschaftung verpachtet. Sojaproduktion in Argentinien heißt Anbau im großen Stil – sowohl was den Gesamtumfang der Branche als auch was die vorherrschenden Betriebsgrößen angeht. Für konventionelle Landwirtschaft und traditionelle bäuerliche Strukturen ist in der Pampa kein Platz mehr, das Feld wird von Konzernen, Agrarpools und Investmentfonds bestellt. Nicht immer gehen Besitzerwechsel dabei mit rechten Dingen zu – im Zweifel helfen willfährige Richter, bestochene Katasterbeamte und bewaffnete »Sicherheitsdienste« bei der Abwicklung des Kaufgeschäftes nach. Und die ehemaligen Kleinbauern fliehen in die Städte – in Argentinien, der Fläche nach das achtgrößte Land der Erde, leben mittlerweile 38 der 40 Millionen Einwohnerinnen in urbanen Räumen. Allein in der Metropolregion Buenos Aires nahm die Bevölkerung in den 2000er Jahren um mehr als eine Million Menschen zu; was hier vor allem wächst, sind die slumartigen Armutsviertel an den Peripherien rund um das westliches Großstadtflair atmende Zentrum des 13-Millionen-Ballungsraums.

Der Sojasegen der einen – der Kapitaleigner im Sektor wie der Konsumenten in den Abnehmerländern – wird aber endgültig zum Sojafluch der anderen durch die gesundheitlichen Folgen des Pestizideinsatzes. Glyphosat steht im Verdacht, krebserregend zu sein. Während dies für uns erst zum Thema geworden ist, seit man Rückstände des Wirkstoffes auch hierzulande in der Muttermilch und – *horribile dictu* – im Bier nachweisen konnte, sind die Menschen in Argentinien seit Jahrzehnten mit der auf sie zurückschlagenden chemischen Keule konfrontiert. Andere im Sojaanbau zum Einsatz kommende Giftspritzen enthalten 2,4-Dichlorphenoxyessigsäure, kurz 2,4-D – aus dem Vietnamkrieg bekannt als Bestandteil des Entlaubungsmittels »Agent Orange«. In Ituzaingó, einem Sojaanbaugebiet am Rande der Millionenstadt Córdoba, organisierten sich angesichts der Häufung von Fehlgeburten, Missbildungen und Krebsfällen vor Ort im Jahr 2001 die »Madres de Ituzaingó«, um systematisch die Erkrankungen in den Familien der Nachbarschaft zu dokumentieren. Im Jahr 2011 gewannen sie einen Prozess wegen der gesundheitsgefährdenden Folgen des Chemikalieneinsatzes – freilich nicht gegen die »ganz oben«, sondern gegen einen lokalen Sojafarmer und den Piloten eines Sprühflugzeuges.

Was sagt uns das alles? Zumindest so viel: Für die Fleischversorgung der reichen Gesellschaften und die Produktion von Biotreibstoffen hat sich in Ituzaingó, in weiten Teilen Argentiniens und im gesamten »Sojagürtel« Südamerikas eine monokulturelle, hochgradig von der extensiven Pestizidnutzung abhängige landwirtschaftliche Produktionsweise etabliert. Sie führt dort zu dauerhaften ökologischen Schäden, zur Zerstörung ländlicher Lebensformen, zur Gefährdung der öffentlichen Gesundheit, zu massiver Landflucht und struktureller wirtschaftlicher Abhängigkeit – sowie zu jenen Strukturen eines kriminellen und im Zweifel gewalttätigen Agrokapitalismus, der verlässlich unseren Ressourcenhunger bedient, uns zugleich aber als Ausweis von grassierender »Korruption« und allfälligen »Modernisierungsdefiziten« im globalen Süden gilt. Dabei sind Bestechung und Bedrohung, Erpressung und Nötigung – und ja, auch wenn wir es nicht gerne hören: Mord und Totschlag – die unvermeidlichen Begleiterscheinungen eines sozioökonomischen »Entwicklungsmodells«, das den Produktionsinteressen und Konsumbedürfnissen im globalen Norden zu Diensten ist.

Die Aussaat genveränderter Sojapflanzen ist übrigens in vielen EU-Ländern verboten – der Import genmanipulierter Bohnen hingegen nicht. Was wir bei uns vor Ort zwar nicht produzieren, wohl aber konsumieren wollen, das lassen wir halt anderswo herstellen: »Gensoja sättigt hier – und verwüstet dort.« Im Zuge des hiesigen Glyphosat-»Skandals«, der eben erst zu einem solchen wurde, als der Giftstoff im Volkskörper der Externalisierungsgesellschaft selbst nachweisbar war, ist das deutsche Konsumententum denn auch zu Recht darauf hingewiesen worden, dass – »so bitter es ist« – der westliche

Wohlstand »zu einem nicht unerheblichen Teil auf diesen Chemikalien gewachsen« sei. Eine bittere Wahrheit, in der Tat – vor allem aber für die Menschen außerhalb unserer westlichen Wohlstandswelt.

Jenseits von Soja:
Aus dem Tagebuch der Externalisierungsgesellschaft

Wie gesagt: Der Fall der »Sojarepublik« Argentinien ist zwar sprechend, aber letztlich ist er doch auch willkürlich ausgewählt. An den Peripherien des kapitalistischen Weltsystems bietet sich, wohin man auch schaut, immer wieder ein strukturähnliches Bild. Aus der spezifischen Positionierung der vielen Argentiniens dieser Welt als Rohstofflieferanten der hochindustrialisierten, rohstoffarmen oder bevölkerungsreichen Länder in den Zentren des globalen Kapitalismus entsteht ein Syndrom aus wirtschaftlicher Abhängigkeit, ökologischen Verwüstungen und sozialen Verwerfungen, das sich mit jeder Runde weltwirtschaftlicher Krisen und Konjunkturen weiter verschärft und verfestigt. In jeder dieser Runden werden von Wirtschaftsgazetten und Politikberatern jeweils neue »Gewinner« unter den Ländern des globalen Südens ausgerufen: mal die »asiatischen Tigerstaaten«, mal die »fünf Löwen« – »aufstrebende Länder Afrikas«, die nun wirtschaftlich »auf dem Sprung« seien. Doch nach dem nächstbesten Rohstoffpreisverfall oder der nächsten Finanzkrise können die vermeintlichen Aufsteigertypen plötzlich keine großen Sprünge mehr machen, sondern verschwinden wieder da, wo sie hergekommen waren: in der Versenkung sogenannter »unattraktiver Investitionsbedingungen« und allfälligen »politischen Missmanagements«. Derzeit macht das zwischenzeitlich allseits hochgelobte Brasilien durch, was so viele – so die gern verwendete Metaphorik der Externalisierungsgesellschaft – ehemalige »Kornkammern«, »Goldgruben« und »grüne Lungen« dieser Welt zuvor schon erlebt haben: eben noch »Boomland«, gleich darauf schon wieder abgebrannt. Und die Karawane zieht weiter.

Vielleicht nach Indonesien? Obwohl – da war sie ja auch schon. Nur dass die Sojabohne hier Ölpalme heißt. Aus ihrem Fruchtfleisch wird das billige Palmöl gewonnen: Für den gleichen Ertrag benötigt es hier nur ein Sechstel der Anbaufläche von Soja, weshalb Palmöl noch vor Sojaöl das meistproduzierte Pflanzenöl der Welt ist. In unseren Breitengraden vor allen Dingen für die Herstellung von Lebensmitteln (Margarine und Kochfette), aber auch von Kosmetika und Kraftstoffen verwendet, wird es in den Regenwaldregionen der Erde angebaut. Indonesien ist gemeinsam mit Malaysia weltgrößter Palmölproduzent: Vier Fünftel des Weltbedarfs werden von den beiden Ländern gedeckt, die ihre Anbauflächen in den vergangenen zwei Jahrzehnten dafür verzehnfacht haben. Die dazu notwendigen Brandrodungen – in Indonesien sind ihnen zwischen 1990 und 2010 26 Millionen Hektar Wald zum Opfer gefallen – produzieren Unmengen an Kohlendioxid, sowohl durch dessen Freisetzung aus den gerodeten Böden wie auch durch die Waldbrände selbst: Dem gigantischen Waldverlust stehen mehr als 13 Gigatonnen CO_2-Emissionen gegenüber. Was dies für die betroffenen Regionen bedeutet, ist im Grunde bekannt: unwiderrufliche Zerstörung von Lebensraum und Artenvielfalt, soziale Entwurzelung der einheimischen Bevölkerung, verbreitete gesundheitliche Schäden (allen voran chronische Atemwegserkrankungen). Und wie immer natürlich: Kinderarbeit, Zwangsumsiedelungen, Menschenrechtsverletzungen. Die übliche lokale politische Ökonomie des Raubbaus eben, im Namen des hiesigen Ressourcenbedarfs, auf Rechnung von Mensch und Umwelt andernorts.

Und so könnte es hier nun – soll man sagen: munter? – weitergehen. Zum Beispiel Baumwollproduktion, zum Beispiel in Indien: 6,75 Millionen Tonnen waren es im Jahr 2014, etwa ein Viertel der in den letzten drei Jahrzehnten insgesamt um 20 Prozent gestiegenen Weltproduktion. Auch in diesem Fall besteht selbige heute beinahe vollständig aus genetisch modifizierter Baumwolle, auch hier sind Monsanto, »Roundup« und Glyphosat mit im Spiel – mehr als ein Zehntel der weltweit eingesetzten Agrochemikalien werden im Baumwollanbau verwendet. Für diesen und für die Weiterverarbeitung in der Wertschöpfungskette Textil werden Unmengen an Wasser – Grund-, Oberflächen- und Regenwasser – verbraucht, in Indien 21,6 Millionen Liter für jede Tonne Baumwolle. Wir erinnern uns: Weltweit prominentestes Opfer dieses Wasserbedarfs ist der Aralsee, der binnen eines halben Jahrhunderts praktisch vollständig ausgetrocknet ist. In Indien ist es allerdings eher die Wasserverschmutzung, die den Betroffenen zu schaffen macht – neben den Arbeitsbedingungen in der lokalen Bekleidungsindustrie, die immer mal wieder auch in den hiesigen Medien zum Thema werden, wenn eine riesige Nähfabrik abbrennt und viele hundert Menschen Opfer der Flammen werden. Vorher versorgen sie aber noch den Weltmarkt und allen voran die europäischen Länder mit billigen Textilien: Mehr als drei Millionen Tonnen Textilimporte aus Asien hatte die Europäische Union im Jahr 2012 zu verzeichnen, andere Zulieferregionen – jenseits der osteuropäischen Nicht-EU-Staaten – verblassen dagegen (aus Nordamerika etwa kamen 34 000 Tonnen). Blass werden kann man übrigens auch angesichts der in der indischen Bekleidungsindustrie gezahlten Arbeitslöhne, allerdings nicht vor Neid: Der branchenübliche Durchschnittslohn lag 2011 bei 23 Prozent des für Indien geltenden Existenzminimums. Das sind zwar nur drei Prozentpunkte mehr als zehn Jahre zuvor, kann aber im Vergleich zu Bangladesch, wo sich der entsprechende Wert stabil bei 14 Prozent des dortigen Durchschnittslohns hält (und das Unfall- bzw. Todesrisiko der Beschäftigten nochmals deutlich erhöht ist), schon beinahe als großzügig gelten.

Weitere Beispiele gefällig? Werfen wir doch einen kurzen Blick auf den meistgebrauchten Rohstoff der Erde: Sand. Ein Stoff, den es sprichwörtlich wie Sand am Meer gibt? Jedenfalls ist er überall – in allem, was wir alltäglich so brauchen. Oder zumindest benutzen. Mit Sand wird nicht nur gebaut. Klar, er wird zur Herstellung von Fensterscheiben und selbstverständlich von Beton und Zement verwendet. In Form von Mineralsanden steckt er aber unter vielen anderen Produkten auch in Zahnpasta und Hautcremes, in Kreditkarten und Mobiltelefonen. Im Zuge des Baubooms in allen hochindustrialisierten Gesellschaften ist freilich auch der »ganz normale« Sand zu einem knappen Gut geworden – und die Sandgewinnung zunehmend rücksichtsloser: Meeresküsten und Flussufer erodieren, Grundwasserspiegel sinken, Biodiversität geht zurück, Lebensräume werden unbewohnbar. Der Stadtstaat Singapur – Platz 8 der, gemessen am BIP pro Kopf, reichsten Länder (ca. 55 000 US-Dollar im Jahr 2013) und zugleich eines der wichtigsten Finanzzentren der Welt – ist mit weit über 500 Millionen Tonnen seit 1989 der weltgrößte Importeur von Sand. Wichtigster Lieferant Singapurs ist das benachbarte Indonesien (3510 US-Dollar BIP pro Kopf im Jahr 2013, Platz 116). Der wachsende Stadtstaat betreibt an seinen Küsten intensive Landgewinnung, die Bauwut tobt, der illegale Sandhandel blüht, die »Sand-Mafia« profitiert, die Arbeitsbedingungen im Sandabbau sind schlecht, der Chemikalieneinsatz hoch – *busi-*

ness as usual eben. Mit dem Siegeszug der nicht nur wasser- und chemie-, sondern auch sandintensiven Fracking-Technologie zur Erschließung unkonventioneller Erdgasvorkommen beispielsweise in den USA ist der weltweite Sandbedarf zuletzt nochmals spürbar angestiegen – und zwar als Nachfrage nach Hochqualitätssanden, die sich nicht an jeder Ecke finden. 30 Millionen Tonnen Sand wurden 2013 in den Vereinigten Staaten für Fracking verbraucht, für 2015 wurde der Bedarf auf 50 Millionen Tonnen geschätzt. Marktführer und »Fracking-Profiteur« (*Börse Online*) U.S. Silica konnte 2014 ein Umsatzplus von 58 Prozent verbuchen, »die ansonsten langweilige Sandindustrie« ist damit ins Visier der Anleger gerückt. Mittlerweile ist Fracking aber auch in den USA, so weiß der Branchendienst *Börse Online* zu berichten, in die Diskussion geraten: »Nicht unbedingt, weil man Schäden für Mensch und Umwelt befürchtet, sondern weil die in den Anfangsjahren abgegebenen Prognosen zu optimistisch waren. Man wird die Produktionsziele nicht so schnell erreichen wie erhofft. Wachstum gibt es trotzdem, und das ist ein gutes Zeichen für die Sandindustrie.« Nicht unbedingt aber für die sandproduzierenden Länder.

Was ebenso im Falle der Garnelenproduktion gilt: Auch ihr Wachstum erfreut eher die garnelenproduzierende Industrie als die Menschen in den Zuchtnationen. Die Deutschen lieben Garnelen – seit einiger Zeit sind sie wortwörtlich in aller Munde. Der Verbrauch hierzulande stieg im vergangenen Jahrzehnt fast um das Dreifache auf 1,2 Kilogramm pro Kopf jährlich, die Einfuhrpreise sind in diesem Zeitraum beinahe um die Hälfte gesunken; das nennt man dann wohl real existierende Marktwirtschaft. Die Einfuhrpreise sind deswegen relevant, weil 84 Prozent der in Deutschland verspeisten Garnelen nicht aus deutschen Gewässern stammen – zuletzt waren das 56 000 Tonnen im Jahr (in den USA wird etwa das Zehnfache verzehrt). Lange Zeit kannte man bei uns nur Nordseekrabben. Heute werden Garnelen wie Schweine oder Hühner in Massenhaltung gezüchtet. »Aquafarming« nennt sich die Branche, gerne ist auch von »Aquakultur« die Rede – klingt mehr nach Essgenuss und weniger nach Agroindustrie oder gar Tierleiden. Wie auch immer: Kein anderer Lebensmittelsektor wächst so rasant wie die Garnelenmast in künstlich angelegten Teichen. Dafür werden im großen Stil Mangrovenwälder abgeholzt – seit 1980 ging deren Bestand weltweit um ein Fünftel zurück. Wir ahnen: Das Ganze spielt sich, bevor die kleinen Tierchen bei uns auf die abendliche Tiefkühlpizza und in den mittäglichen Fitnesssalat kommen, irgendwo in entfernten Weltregionen ab. Häufig zum Beispiel in Thailand, weltweit größte Garnelenexportnation. Auch hier ist, wie überall in der industriellen Nutztierzucht, massenweise Chemikalien- und Medikamenteneinsatz im Spiel – die Monokulturen sind äußerst krankheitsanfällig, der Antibiotikagebrauch daher gleichsam Pflicht. Thailändische Garnelenbauern züchten von Anfang bis Ende selbst oder vertreiben auch Junggarnelen an Zuchtbetriebe in China. In den Zuchtfarmen sind zum großen Teil »Gastarbeiter« aus den noch ärmeren Nachbarländern wie Kambodscha, Laos oder Myanmar beschäftigt – genau genommen ist die thailändische Shrimp-Industrie ein lebendiges Beispiel für die Existenz von Zwangsarbeit und Lohnsklaverei in der globalisierten Moderne.

Was sagen Sie? Aufhören? Das ist nicht zu ertragen? Weil beispielsweise ein Shrimps-Artikel in der Presse jüngst mit »Kinderhände in Eiswasser« betitelt war? Und ausführte, dass diese Kinderhände 16 Stunden am Tag in eiskaltem Wasser Garnelen pulen müssen, »wer sich wehrt, wird misshandelt«? Stimmt, Sie haben recht – das ist wirklich nicht zu ertragen. Beenden wir also den Schnelldurchgang durch den Stoffkreislauf der Externalisierungsgesellschaft. Obwohl dazu natürlich mindestens noch die Frage gehören würde, wo denn die ganzen stofflichen Überreste der Konsumgüternutzung im globalen Norden bleiben. Allzu häufig nicht im globalen Norden nämlich. Allein im Jahr 2011 exportierten beispielsweise die USA 300 000 Tonnen Elektronikschrott nach Asien, weit über 100 000 Tonnen schafften sie über die für Personen in Richtung USA abgezäunte, streng bewachte und kaum zu überwindende Grenze nach Mexiko. Vor allem auch Afrikas Metropolregionen sind allseits beliebte Standorte für den transatlantischen Müllexport. Seltene Erden rein, Überreste des Überflusses raus – so lautet eine der Import-Export-Devisen der Externalisierungsgesellschaft.

Aber wie gesagt: Nichts für sensible Wohlstandsbürgergemüter. Wechseln wir also wieder vom Register plakativ plastischen Erzählens zurück zu dem sachlich nüchternen Erklärens. Und damit zu den analytisch gehaltvollen Deutungsangeboten, welche die internationale Soziologie – leider zumeist unter Ausschluss einer breiteren Öffentlichkeit – zur Klärung der Frage weltweit asymmetrischer Naturaneignung beizutragen hat: Wie kommt es, dass manche Weltregionen ihre natürliche Umwelt, und damit die Lebensgrundlagen der dort lebenden Menschen, systematisch zerstören müssen, damit in anderen Weltregionen ungehindert und unbegrenzt konsumiert werden kann? Worauf beruht die Fähigkeit des modernen Kapitalismus, immer wieder von neuem – in den Worten des US-amerikanischen Soziologen und Umwelthistorikers Jason Moore – »billige Natur« zu schaffen? Und warum ist es so, dass diese *cheap natures* typischerweise im globalen Süden liegen, aber vom globalen Norden angeeignet und ausgebeutet werden?

Die Schmutzigen werden die Sauberen sein: Das globale ökologische Paradoxon

Die Dynamiken »ungleichen ökologischen Tauschs« (*uneven ecological exchange*) zwischen reichen und armen Gesellschaften sind von zwei anderen US-amerikanischen Soziologen, Andrew Jorgenson und James Rice, ausführlich untersucht worden. Ausgangspunkt ihrer empirischen Studien war das zunächst paradox anmutende Phänomen, dass Ressourcenverbrauch und Umweltschäden im globalen Maßstab räumlich, zeitlich und sozial auseinanderfallen: Während die »entwickelten« Länder des globalen Nordens typischerweise einen großen ökologischen Fußabdruck aufweisen, also durch ihren Konsum einen hohen Bedarf an biologisch nutzbaren Flächen – Acker- und Weideland, Waldgebiete und Fischgründe – haben, sind die innerhalb ihrer Grenzen anfallenden Umweltbelastungen erstaunlicherweise relativ gering. In den »unterentwickelten« Ländern des globalen Südens stellt sich dies hingegen genau umgekehrt dar: Ein zumeist deutlich niedrigeres Konsumniveau und damit verbunden auch ein geringerer Flächenverbrauch geht hier in der Regel mit massiven Schädigungen der natürlichen Umwelt einher.

Was auf den ersten Blick rätselhaft erscheint, löst sich bei näherem Hinsehen rasch auf – allerdings nur aus der Perspektive des globalen Nordens in Wohlgefallen. Auf den einfachsten Nenner gebracht, erklärt sich das von Jorgenson und Rice so genannte »Fußabdruck/Umweltzerstörungs-Paradoxon« (*ecological footprint / environmental degradation paradox*) damit, dass die reichen Industriegesellschaften in der Lage sind, die Voraussetzungen und Folgen ihres überbordenden Konsums systematisch in andere Weltregionen, nämlich an die Gesellschaften der ärmeren, rohstoffexportierenden Länder, auszulagern.

Auf diese Weise säubern sie konsequent ihre eigene Umwelt- und Sozialbilanz – und überlassen das schmutzige Geschäft anderen. Bis auf die ökonomischen Profite natürlich, die daraus zu ziehen sind.

Jorgenson und Rice sprechen explizit von einer internationalen Dynamik der umweltbezogenen Externalisierung (*environmental externalization*), die in den historisch gewachsenen Strukturen des Weltwirtschafts- und Welthandelssystems verankert ist. Welthandelsströme sind demnach immer auch Ströme der Verschiebung und Verlagerung, des Exports und Imports von Umweltlasten. Zwar weisen die einkommensstärksten Länder der Welt den größten ökologischen Fußabdruck auf: Er liegt dort seit den späten 1960er Jahren rechnerisch konstant über 5 »globalen Hektar« (gha) pro Person – und damit durchgängig weit, zuletzt um das Dreifache, über der verfügbaren Biokapazität der Erde. Diese hat sich in den vergangenen fünf Jahrzehnten von mehr als 3 auf heute nur noch 1,7 gha pro Person verringert. Während sich der Fußabdruck der ärmsten Länder in dieser Zeit praktisch nicht verändert hat und nach wie vor bei knapp über einem Globalhektar liegt, ist er in den sogenannten *middle-income countries* der Welt – Ländern wie Brasilien und Südafrika, Mexiko und Malaysia – seit der Jahrtausendwende stetig angestiegen und liegt nunmehr leicht über der Biokapazitätsgrenze. In der Gesamtschau lässt sich also sagen, dass die reichen Industrienationen seit Generationen weit über die Verhältnisse des Planeten leben – und viel weiter noch über den Verhältnissen von Milliarden Menschen im Süden, die durch ihre ressourcenarme Lebensweise faktisch die Biokapazität der Erde schonen. Im Jahr 2010 war der Ressourcenverbrauch in den arabischen Ölförderländern mit Abstand am größten, auf sie folgte dann nahezu die gesamte OECD-Welt, mit Deutschland auf Platz 25 der Rangliste (ca. 4,5 gha pro Person). Die knapp 70 Länder ab Platz 85 derselben liegen in ihrem Naturkonsum unterhalb der planetarischen Belastungsgrenzen – was zum Beispiel auch für eine Riesennation wie Indien gilt (Platz 135, ca. 1 gha pro Person).

Und dennoch ist es so, dass sich die Bürger der konsumfreudigen Gesellschaften an der Spitze der globalen Ressourcenbedarfsskala durchweg einer deutlich weniger belasteten Umwelt erfreuen können als die in ihrem Konsum – notgedrungen – ungleich zurückhaltenderen Bürger der ärmeren Länder. Saubere Flüsse bei denen, die auf großem Fuß leben – stinkende Kloaken dort, wo die Leute keine großen Sprünge machen können: Der ungleiche ökologische Tausch im globalen Maßstab macht's möglich. Das relativ gute Abschneiden der fortgeschrittenen Industriegesellschaften in Sachen lokal auftretender Umweltschäden ist folglich keineswegs allein (wie sie dies gerne für sich reklamieren) das Ergebnis einer besonders hohen umweltpolitischen Problemlösungsfähigkeit. Und insofern ist auch das für uns selbstverständliche Ausbleiben der mit hohen Umweltbelastungen verbundenen Folgeprobleme, etwa einer erhöhten Kindersterblichkeit oder überforderter öffentlicher Infrastrukturen, nicht einfach unserer vielbeschworenen Vorreiterschaft im Umweltschutz geschuldet. Nein: Der blaue Himmel über den Konsumzentren dieser Welt verdankt sich zu nicht unwesentlichen Teilen der Externalisierung der ökologischen Kosten in die Peripherien derselben. Die reichen Länder zapfen die Ressourcen der armen an – sie importieren die dort angebauten und geförderten Rohstoffe, nicht aber die mit deren Produktion entstehenden Lasten für Natur und Lebenswelt. Sie übervorteilen die armen Länder, indem sie systematisch nicht nur ökonomischen, sondern auch ökologischen und sozialen Nutzen ziehen aus jenen Strukturen ungleichen

Tauschs, der mit dem internationalen Produktions- und Handelssystem verbunden ist.

Mehr noch: Während die ärmeren Gesellschaften mit irreversiblen Umweltschäden und sozialen Verwerfungen leben müssen, die wahlweise dem Soja-, Palmöl- oder Tabakanbau, der Baumwoll-, Sand- oder Garnelenproduktion geschuldet sind, werden ihnen zugleich systematisch Konsumchancen vorenthalten. Letztlich profitieren die reichen Gesellschaften also auch noch von dem geringeren ökologischen Fußabdruck, den das von ihnen dominierte System ungleichen Tauschs den armen Nationen beschert. Die »produzierenden« Unternehmen in diesem System sind in der Regel in den reichen Gesellschaften des globalen Nordens beheimatet – aber sie lagern die umweltschädlichsten Teile ihrer Produktion in Form von Rohstoffextraktion in die ärmeren, vom Rohstoffexport abhängigen Länder aus. Die dort hergestellten Güter werden an »entwickelte« Länder mit hoher Kapitalintensität geliefert und in diesen konsumiert – ebenso wie die Profite dorthin wandern, wo die internationalen Bergbau- oder Agrarkonzerne zumeist ansässig sind, was die strukturellen Asymmetrien gegenüber den »unterentwickelten« Gesellschaften weiter vertieft und verstetigt. Die dann ihrerseits den Müll der prosperierenden Zentren importieren, der ihnen wiederum neue Umwelt-, Gesundheits-, und Sozialprobleme verschafft. Ein wahrhaftiger Teufelskreis.

Als Bürger der »glücklicheren« Seite dieser ungleichen Tauschbeziehung könnte man freilich sagen: ein geniales System – das, gäbe es dieses nicht schon, dringend erfunden werden müsste. Da arbeiten weit über eine Million Menschen in den ost- und südostasiatischen Fabriken etwa des Elektronikgiganten Foxconn für unser digital vernetztes Leben – unter Bedingungen, die Karl Polanyis klassische Beschreibung der frühen industriekapitalistischen Produktionsweise als »Teufelsmühle« keineswegs wie einen Bericht aus der Vergangenheit erscheinen lassen. Da breiten sich in westafrikanischen Land- und Metropolregionen die Ölförderungswüsten und Riesenmüllkippen aus, auf denen die vielen kleinen Annehmlichkeiten unseres Alltagslebens ihren Ausgang nehmen und ihr Ende finden – vom »schwarzen Gold«, um dessen Profite es Mord und Zerstörung gibt, bis zum Computerschrott, dessen Weiterverwertbarkeit Kinder unter Einsatz ihrer Gesundheit prüfen. Und da betreiben die reichen Nationen weltweit einen gigantischen Landraub, der die lokale Subsistenzwirtschaft ruiniert und die hemmungslose Förderung auch noch der letzten »Bodenschätze« ermöglicht, während die land- und auch ansonsten besitzlosen Klassen in die Städte des Südens strömen, um wenigstens notdürftig ihr Überleben zu sichern.

So sieht es also aus: Die das Weltwirtschaftssystem stützenden politischen und ökonomischen Machtverhältnisse ermöglichen die Einrichtung und Aufrechterhaltung struktureller Ausbeutungsbeziehungen zu Lasten des globalen Südens, die von den Bevölkerungen im globalen Norden zwar nicht gewünscht, wohl aber hingenommen werden und deren angenehme Nebeneffekte sie seit langem schon in ihre alltägliche Lebenspraxis »eingepreist« haben. Und das ganze Spiel wird uns erst und allenfalls dann zum Problem, wenn es – etwa mit Blick auf die Praktiken des flächen- und rohstoffsichernden *land grabbing* auf dem afrikanischen Kontinent – im großen Stil nicht mehr nur von den üblichen Verdächtigen im Westen, also von uns selbst, betrieben wird, sondern plötzlich auch von anderen, neuerdings namentlich »den Chinesen«. Da allerdings hört der Spaß dann auf.

Die Welt im Kapitalozän: Die ökologische Verschuldung des globalen Nordens

China – ein neuer globaler Player, der nun nach der Weltmacht greift? Mag sein. In den letzten vier-, fünfhundert Jahren allerdings haben andere Mächte den großen Kuchen des globalen Externalisierungsgeschäfts unter sich aufgeteilt. Jedenfalls war das, was neuerdings mit dem Begriff des »Anthropozäns« belegt wird, für lange Zeit – und bis vor kurzem – von den Menschen im globalen Norden bestimmt. Mit der Rede vom Anthropozän soll ein neues Erdzeitalter bezeichnet werden, das gegenwärtig das bald 12 000 Jahre währende Holozän ablöse. Im Anthropozän – so die der Namensgebung zugrunde liegende Überlegung – sei die menschliche Gattung endgültig zu einer Kraft unwiderruflich gestaltprägender geologischer Veränderungen geworden. Einstweilen noch herrscht wissenschaftliche Uneinigkeit nicht nur darüber, ob sich ein solch grundlegender Weltepochenwandel tatsächlich behaupten lässt; auch in der Frage, wann die neue globale Ära denn gegebenenfalls eingesetzt habe, gibt es dem französischen Historiker Christophe Bonneuil zufolge unterschiedliche Positionen: »Mit der Eroberung Amerikas und dem Ethnozid der Ureinwohner? Mit dem Aufstieg des Industriekapitalismus, der auf fossilen Energieträgern beruht? Oder mit der Atombombe und der ›großen Beschleunigung‹ nach 1945?«

Wie auch immer man sich in der geowissenschaftlichen Grundsatz- wie auch der historischen Periodisierungsfrage entscheiden mag: Im 21. Jahrhundert ist der strukturverändernde Eingriff des Menschen in den Weltenlauf zu einer vernünftigerweise nicht mehr zu bestreitenden sozialen Tatsache geworden. Und einiges spricht dafür, dass das Zeitalter der menschgemachten Erdtransformation mit dem Zeitalter der Herrschaft der Kapitalakkumulation zusammenfällt. Der kapitale Wandel, den wir heute erleben, ist ein kapitalgetriebener Wandel. Die Logik von Kapitaleinsatz und Kapitalrendite, von Investition und *returns on investment*, von Wachstum und Expansion, von Wirtschaften auf beständig erweiterter Grundlage: sie steht nicht nur stellvertretend für jene jüngste Erdzeitepoche, die so weitreichende, tiefgreifende und unaufhaltsame Entwicklungen wie den globalen Klimawandel hervorgebracht hat – sie liegt vielmehr an deren Wurzel.

Das Anthropozän war im Kern ein »Okzidentozän«, ein vom »Westen« geprägtes Erdzeitalter. »Vier Fünftel der Treibhausgase, die von 1750 bis 1900 in die Atmosphäre gelangten«, so Bonneuil, »wurden in Nordamerika und Westeuropa produziert.« Und ihre Emission ist jener Form der kapitalistischen Globalisierung geschuldet, die sich in ebendieser Zeit durchsetzte: dem industriellen Fossilismus oder fossilen Industrialismus, sprich, dem auf der Verbrennung von Braun- und Steinkohle, Erdöl und Erdgas beruhenden Modell industrieller Produktion und gesellschaftlichen Konsums. Der bereits erwähnte Jason Moore schlägt vor diesem Hintergrund vor, treffender vom »Kapitalozän« zu sprechen – also von jenem Zeitalter, in dem kapitalistische Dynamik Natur und Gesellschaft bzw. die gesellschaftlichen Naturverhältnisse grundlegend verändert hat. Die Geschichte dieser Epoche ist durch wechselnde wirtschaftliche Hegemonien gekennzeichnet, wobei sich der jeweilige kapitalistische Hegemon nicht zufällig auch als die jeweils treibende Kraft des Treibhauseffekts erwies: Im 19. Jahrhundert kontrollierte das Vereinigte Königreich nicht nur die halbe Welt, sondern produzierte auch die Hälfte des weltweit emittierten Kohlendioxids. Ein Viertel des kumulierten globalen CO_2-Ausstoßes seit 1850 geht auf das Konto der Vereinigten Staaten. Und auch das europäische – und nicht zuletzt deutsche – »Wirtschaftswunder« nach dem Zweiten Weltkrieg ging mit einem massiv erhöhten Energieverbrauch einher: Nie war der ökologische Fußabdruck Deutschlands so groß wie zum Ende des Nachkriegsbooms, unmittelbar vor Einsetzen der Ölpreiskrise im Jahr 1973.

Überdies konnten alle historisch »führenden« Nationen im kapitalistischen Weltsystem – seien es nun das britische Empire, später die USA, nach dem Krieg auch Japan und die EU, und selbst China arbeitet derzeit schon daran – ab einer gewissen Stufe ihrer ökonomischen Entwicklung und unterstützt durch ihre wachsende geopolitische Macht den wirtschaftlichen Erfolg mit der ökologischen Entlastung ihres Territoriums verbinden. Zwar beruhte die ökonomische Wachstumsdynamik im globalen Norden zunächst noch auf der übermäßigen Inanspruchnahme der »heimischen« Ökosysteme, wovon z.B. im heutigen China die typischen Industrialisierungsfolgen wie Wasser- und Luftverschmutzung beredtes Zeugnis ablegen. Der weitergehende wirtschaftliche Aufschwung der früh industrialisierten Nationen hingegen ging gerade mit der ökologischen Entlastung ihrer lokalen natürlichen Umwelten einher: Nach dem schweren Chemieunfall im norditalienischen Seveso 1976 beispielsweise führten die politischen Legitimationsprobleme industrieller Risikoproduktion im Verein mit den ökologischen Externalisierungsmöglichkeiten der reichen Länder dazu, dass »Seveso« mit der Zeit eben nicht mehr »überall« war, sondern für gewöhnlich irgendwo außerhalb Europas lag. Ungleicher ökonomischer und ökologischer Tausch sind also im globalen Kapitalismus seit jeher auf das engste miteinander verschränkt. Der finanziellen Verschuldung der Länder des globalen Südens bei jenen des globalen Nordens entspricht die »ökologische Verschuldung« der westlichen Industrieländer gegenüber den Peripherien der kapitalistischen Welt – eine Verschuldung, die allerdings von den reichen Nationen nie wieder beglichen und ihnen umgekehrt auch von niemandem »erlassen« werden kann.

Was diese ökologische Hypothek für die Bevölkerungen des globalen Südens besonders belastend macht – und jene des globalen Nordens zusätzlich entlastet –, ist die Tatsache, dass sie häufig auf lange Zeit unsichtbar bleibt. Man mag »Katastrophen« wie der eingangs dieses Buches geschilderten Giftwasserflut am Rio Doce zu Recht nichts Gutes abgewinnen – ihr einziger »Vorteil« allerdings liegt wohl darin, dass sie in ihrer Ereignishaftigkeit womöglich, jedenfalls für einen kurzen aufmerksamkeitsökonomischen Augenblick, medialen Widerhall finden. Vor allem eröffnen sie die Möglichkeit, über eindrucksvolle Bilder wenigstens für einen Moment in das kollektive Bewusstsein der fernab vom Geschehen liegenden Wohlstandswelten des globalen Nordens zu dringen: geborstene Dämme, rote Schlammmassen, tote Fische. Aber schon das berühmte Giftgas-»Unglück« von 1984 im indischen Bhopal, an dessen unmittelbaren Folgen binnen Stunden mehrere tausend Menschen starben, produzierte weniger eindrückliche Bilder, und dies nicht nur, weil es damals noch keine sozialen Medien gab: Man sah zerborstene Produktionsstätten, nicht aber das unsichtbare Gift. Und erst recht gilt dies für die längerfristigen, mittelbaren Folgen des damaligen Geschehens, sprich für die nach Schätzungen mindestens 15 000 in den Folgejahren den Wirkungen des Giftgases zum Opfer gefallenen Menschen und für die langfristigen Gesundheitsschäden, an denen die Bevölkerung der fast zwei Millionen Einwohner zählenden Hauptstadt des Bundesstaates Madhya Pradesh zu laborieren hat. Noch heute ist jede vierte Geburt in der Stadt eine Totgeburt – ein Blutzoll, den keine Entschädigung wiedergutmachen kann, ganz abgesehen davon, dass das verantwortliche US-amerikanische Chemieunternehmen Union Carbide bzw. dessen Rechtsnachfolgerin Dow Chemical entsprechende Zahlungen schon lange eingestellt haben. Dreißig Jahre nach dem Geschehen rief die Menschenrechtsorganisation Amnesty International die westliche Öffentlichkeit dazu auf, »Briefe gegen das Vergessen« an den indischen Premierminister Modi zu schicken.

Sie werden wohl nie gelesen werden. So wie Abertausende andere »Katastrophen«, in Indien und andernorts an den Peripherien des Wohlstandskapitalismus, nicht gesehen werden – allein schon deswegen, weil sie nicht mit berstenden Dämmen und explodierenden Industrieanlagen beginnen, sondern mit den ganz normalen Formen der Produktion und Arbeitsorganisation in den Ländern des globalen Südens für einen vom globalen Norden dominierten »Weltmarkt«. Ihre zerstörerische Kraft für Land und Leute, Mensch und Umwelt, Geborene und Ungeborene wirkt schleichend und äußert sich nur verzögert. »Langsame Gewalt« (*slow violence*) nennt Rob Nixon, Literaturwissenschaftler und Umweltforscher an der amerikanischen Princeton University, diese besondere, dem Globalisierungszeitalter eigene Spielart des physischen Übergriffs der kapitalistischen Zentren auf die Lebensbedingungen an ihren Peripherien. Der beschleunigte »Turbokapitalismus«, von dem seit zwei Jahrzehnten allseits die Rede ist, kann sich demnach auch ganz schön verlangsamt zeigen – wenn man nur an der richtigen Stelle schaut bzw. ausreichend Zeit hätte, um lange genug hinzusehen.

Vor diesem Hintergrund erscheint dann doch auch das häufig zur Relativierung des globalen sozialen Ungleichheitsgefälles angeführte »Easterlin-Paradox« in einem anderen Licht. Der US-Ökonom Richard Easterlin hatte Anfang der 1970er Jahre aus der Analyse internationaler Umfrageergebnisse geschlussfolgert, dass es ab einer bestimmten Reichtumsschwelle keinen Zusammenhang zwischen Einkommen und »Glück« mehr gebe, also zwischen materiellem Wohlstand und subjektiver Lebenszufriedenheit. Es war dies eine verwissenschaftlichte Version der Alltagsweisheit, wonach Geld nicht glücklich mache: Oberhalb der gesicherten Grundbedürfnisse führe mehr Reichtum jedenfalls nicht unbedingt zu mehr Wohlbefinden; bei den wirklich Reichen könne sich der Zusammenhang sogar ins Gegenteil wenden. Weltgesellschaftlich gesehen konnte dies im Umkehrschluss zu der beruhigenden Deutung führen, dass man durchaus auch in Armut glücklich sein kann – und bis heute wird genau dieses Argument gerne zur Relativierung der sozialen Bedeutsamkeit globaler Ungleichheiten vorgebracht.

Forschungen der amerikanischen Soziologen Kyle Knight und Eugene Rosa zeichnen allerdings ein anderes Bild. Vor allen Dingen eines, das die subjektive Lebenszufriedenheit der Bevölkerung eines Landes in Beziehung setzt zu ihrem ökologischen Fußabdruck. Die Ergebnisse ihrer Analysen verweisen zwar darauf, dass es in der Tat eine gleichermaßen hohe Lebenszufriedenheit in reichen wie in armen Ländern geben kann: So lagen in der zweiten Hälfte der 2000er Jahre Norwegen und Costa Rica in Sachen (durchschnittlicher) Zufriedenheit gleichauf – trotz eines achtfach höheren Pro-Kopf-Einkommens in dem nordeuropäischen Land. Und dasselbe lässt sich mit Blick auf den ökologischen Fußabdruck konstatieren: Die Lebenszufriedenheit in Costa Rica und in den USA nimmt sich nichts – obwohl die US-Amerikaner von ihrer Umweltbilanz her auf fünfmal größerem Fuß leben als ihre mittelamerikanischen Nachbarn. Kann man also arm, umweltschonend und glücklich zugleich sein? Vermutlich schon. Aber Knights und Rosas Daten zeigen auch: Die Regel ist das keineswegs. Costa Rica, Platz 68 im weltweiten Wohlstandsranking, ist vielmehr ein statistischer Ausreißer. Keines der 118 hinter ihm rangierenden Länder weist ähnliche Zufriedenheitswerte auf und keines in der unteren Hälfte der Welteinkommensverteilung auch nur annähernd ein »Glücksniveau«, wie es für westliche Industrienationen durchweg üblich ist. Und dasselbe gilt für die Umweltdimension: Die Länder mit niedrigem ökologischem Fußabdruck weisen allesamt Zufriedenheitsniveaus weit unterhalb denen der OECD-Staaten auf. Wohlhabend, umweltbelastend und dabei zufrieden zu sein ist demnach eine im Weltmaßstab weitaus häufigere Kombination als das spätkolonialistische Zerrbild des edlen Wilden, den seine gezwungenermaßen vorbildliche Umweltbilanz glücklich macht.

Die imperiale Lebensweise: Gibt es ein richtiges Leben im falschen?

Halten wir also an dieser Stelle fest: Die Geschichte des globalen Kapitalismus ist eine Geschichte der Externalisierung. Die ökologischen Entlastungspraktiken der ökonomisch führenden Gesellschaften sind eingebettet in eine historisch gewachsene Machtstruktur, die es diesen Gesellschaften nicht nur ermöglicht, die materiellen Vorteile ihrer privilegierten Position immer wieder aufs Neue zu realisieren, sondern es ihnen eben auch erlaubt, die Umweltkosten ihrer wirtschaftlichen Wertschöpfungsstrategien anderswo anfallen zu lassen. Die Bürger der ökonomisch »erfolgreichen« und ökologisch »avancierten« Gesellschaften – sagen wir: der Bundesrepublik Deutschland zum Beispiel – sind zwar nicht Herren dieses Verfahrens, das ihnen als Lohnabhängigen letztlich von den sie beschäftigenden Unternehmen aufgeherrscht wird. Und doch ist ihnen die strukturelle Möglichkeit zur Realisierung der Gewinne und gleichzeitigen Externalisierung der Kosten ihrer Arbeits- und Lebensweise mit der Zeit ganz selbstverständlich geworden, gleichsam in Fleisch und Blut übergegangen. Ulrich Brand und Markus Wissen, Politikwissenschaftler in Wien und Berlin, sprechen diesbezüglich treffend von der »imperialen Lebensweise«: einer Lebensweise, die sich die Ressourcen – Arbeit, Böden, Umwelt – anderer auf ausbeuterische Weise aneignet und die nur über diese uneingestandene Aneignungspraxis aufrechtzuerhalten ist. Eine Lebensweise, die sich daher eben auch nicht verallgemeinern lässt – wiewohl die Bevölkerungen der peripheren Länder aus nachvollziehbaren Gründen nach Teilhabe an dieser Lebensweise streben und die immense Güternachfrage der neuen Mittelschichten im globalen Süden von den transnationalen Konzernen des globalen Nordens schon fest in den Unternehmensbilanzen eingeplant ist. Aber dem Externalisierungsimperium eines Teiles der Welt kann der andere Teil derselben logischerweise nicht gleichberechtigt angehören: Wenn alle externalisieren wollten, könnte es niemand mehr tun. In ihrer übergroßen Mehrheit müssen die durch die imperiale Lebensweise Beherrschten deshalb leider draußen bleiben, dem Wohl all jener Herrschenden zuliebe, deren Lebenswandel mit dem dauerhaften Erfolg dieser Ausschlussprozesse steht und fällt.

Mit dem Verweis auf die weltwirtschaftliche *Strukturiertheit* der Externalisierung, auf ihre *Strukturbedingtheit* durch die über lange historische Zeiträume gewachsene und auf institutionalisierter Macht basierende Einrichtung des kapitalistischen Weltsystems, ist eines zugleich klar: Diese Externalisierungsstruktur wird durch individuelles Handeln allein, in welcher guten oder gar besten Absicht auch immer vollzogen, nicht durchbrochen werden können. Sicher, es gibt auch im Wohlstandskapitalismus selbst, wie von einer Autorengruppe um den Statistiker Hans Messinger etwa für den kanadischen

Fall gezeigt worden ist, bemerkenswerte sozialstrukturelle Unterschiede in der Größe des persönlichen ökologischen Fußabdrucks: Wer über wenig Einkommen verfügt, verhält sich quasi-automatisch ressourcenschonender – und damit gewissermaßen weniger »imperial« –, als besserverdienende Haushalte dies für gewöhnlich tun (und gerade Menschen aus den bildungsbürgerlichen, kritisch-aufgeklärten Milieus leben ökologisch bekanntlich gerne auf besonders großem Fuß). Dennoch liegt auch der Ressourcenverbrauch der ärmeren und ärmsten Haushalte in unseren Breitengraden noch weit über dem für das Gros der Bevölkerung im globalen Süden üblichen Maß. Und der für ihre Lebensweise notwendige Flächenbedarf, der, wie gezeigt, zu großen Teilen anderswo auf der Welt anfällt und gedeckt wird, steigt statistisch nach wie vor weiter an.

Was keineswegs gegen einen individuellen Konsumverzicht spricht – ganz im Gegenteil, und die Möglichkeiten dazu sind ja auch Legion. Etwa, wir hörten davon bereits zu Beginn dieses Buches, beim alltäglichen Kaffeetrinken. Bis zur Jahrtausendwende in Deutschland noch praktisch unbekannt, hat sich die mittlerweile kaum mehr wegzudenkende *coffee to go*-Praxis seither mit rasender Geschwindigkeit flächendeckend und milieuübergreifend durchgesetzt. Der Kaffee zum Mitnehmen aber ist immer auch ein Kaffee zum Wegwerfen, ein *coffee to throw*: Jeden Tag landen etwa 7,6 Millionen Kaffeepappbecher in deutschen Mülleimern, 320 000 Stück pro Stunde – 24 Stunden am Tag, sieben Tage die Woche. Pappbecher, die innen fein mit Kunststoff beschichtet sind, damit die Sache nicht suppt – und da man den Kaffee als Genussmensch gerne besonders heiß trinkt, braucht es auch noch eine Pappmanschette, um die empfindlichen Finger zu schonen und vor etwaigen Verbrennungserscheinungen zu schützen. Und natürlich einen Plastikdeckel, damit auf dem Weg ins Büro, nach Hause oder gleich zum nächsten Coffee Shop trotz beständig gesenkten Blicks auf das Smartphone in der einen Hand nicht zugleich in der anderen die gute Brühe überschwappt. So gesehen – vom zur schönen Gewohnheit gewordenen Alltagshandeln der Wohlstandsbürger her – stehen einer Praxis »ethischen« Konsums durchaus keine unüberwindbaren Hürden entgegen: Es ist recht leicht und steht letztlich jedem Einzelnen offen, anders zu trinken und anders zu essen, bewusster zu kaufen und reflektierter zu konsumieren.

Und das passiert durchaus auch schon alltäglich. Und es passiert noch viel mehr. Es soll hier ja nicht so getan werden, als gäbe es in den Externalisierungsgesellschaften kein »Umweltbewusstsein«, keinen Gerechtigkeitssinn, keine Menschen, die sich Gedanken machen und danach handeln, keine Gegenbewegungen zum ungleichen ökonomischen und ökologischen Tausch. Mitnichten: Es gibt sie, die vielen tausend Aktivistinnen und Engagierten, die Freiwilligen und Ehrenamtlichen, die Gruppen und Initiativen, die zivilgesellschaftlichen Organisationen und bisweilen sogar staatlichen Institutionen, die auf die eine oder andere Weise gegen das Externalisieren mobilmachen – Umwelt- und Entwicklungs-NGOs, Weltläden und Öko-Siegel, Textil-Abkommen für Bangladesch und Allianzen gegen industrielle Aquakultur. Es gibt *Corporate Social Responsibility* als neuen strategischen Unternehmenstrend und anspruchsvolle Nachhaltigkeitsziele (*Sustainable Development Goals*) der Vereinten Nationen, Aktionen gegen Pappbecherkonsum und Kampagnen gegen Glyphosat, es gibt Aufklärung in öffentlich-rechtlichen Medien und den *Atlas der Globalisierung* im Bahnhofsbuchhandel, gleich neben der Kasse. Es gibt sogar, man mag es kaum glauben, die »Institutionellen Anleger für den Klimaschutz« (IIGCC), eine Gruppe von 120 Pensionsfonds und anderen Großinvestoren, zu der sich (Achtung, Ironie!) so ethisch korrekte Unternehmen wie der Versicherungskonzern Axa oder der US-Hedgefonds Blackrock zusammengeschlossen haben, um bei der Klimarettung ganz vorn mit dabei zu sein. Aber täuschen wir uns nicht: All das – oder wenigstens vieles davon – ist gut und wichtig. Doch es wird die Sache nicht richten.

»It's capitalism, stupid«: Wissen wollen oder nicht, das ist hier die Frage

Denn die Reaktion auf die zuvor ausgebreiteten Beispiele ungleichen ökologisch-sozialen Tauschs – Soja und Palmöl, Baumwolle und Sand, Garnelen und Kaffee – könnte ja durchaus lauten: Wissen wir doch längst. Alles schon mal gehört. In Zeitung, Funk und Fernsehen, im Netz und in sozialen Medien. Und so wird es wohl auch sein. Alles schon mal gehört. Alles schon mal gesehen. Dann aber alles wieder vergessen. Oder so getan, als ob. Jedenfalls munter so weitergemacht. Na ja, fast: Beim Pappbecherkaffeekauf auf den Plastikdeckel verzichtet, erst mal kein Fleisch mehr verzehrt (aber nur kurz, schmeckt halt so lecker!), tief in die Tasche gegriffen und zur Abwechslung mal Naturkosmetik gekauft – genauer gesagt im Onlineshop bestellt, »versandfertig in 24 h, Expressversand möglich«.

Also alles schon bekannt? Nichts Neues unter der Sonne einer kritisch-interessierten Öffentlichkeit? Mag sein. Doch wenn dem so wäre, dann wäre genau dies bezeichnend. Bezeichnend dafür, dass es nicht in erster Linie fehlendes Wissen ist, das die Externalisierungsgesellschaft alltagspraktisch trägt, sondern – in einer unbestimmten Mischung aus Bequemlichkeit und Unwohlsein, Sorglosigkeit und Überforderung, Gleichgültigkeit und Angst – ein verallgemeinertes Nicht-wissen-*Wollen*. Und zwar im Kleinen wie insbesondere im Großen. Wir möchten nicht wissen, was es mit unserem Leben auf großem Fuße eigentlich so auf sich hat: was dafür herhalten muss, wo dafür gearbeitet wird, wer dafür zahlt. Vor allem aber wollen wir nichts wirklich Grundsätzliches darüber hören, wollen wir nicht die Systemfrage stellen. »Systemfrage«, das klingt irgendwie nach Umwälzung, Anstrengung und Größenwahn. Nach 1970ern, K-Gruppen und viel schmutziger Wäsche. Und dennoch scheint etwas dran zu sein. Dennoch ahnen wir, dass wir darum nicht herumkommen werden.

Obwohl sich ja durchaus alle, und selbst die allermeisten kritischen Geister, nach Kräften darum bemühen, genau diese Frage nicht zu stellen. *»It's the economy, stupid«*: Mit diesem seither geflügelten Wort hatte James Carville, Berater Bill Clintons auf dessen Weg zur amerikanischen Präsidentschaft, im Jahr 1992 Wahlhelfende auf die entscheidende, das Wahlvolk im Zuge der damaligen Rezession bewegende Frage eingeschworen. Die Wirtschaft, was sonst: Was zählt, ist die wirtschaftliche Lage, das Wirtschaftswachstum, der wirtschaftliche Wohlstand. Clinton wurde gewählt, die USA blieben reich – bis heute sind sie das Land mit dem mit Abstand größten Bruttoinlandsprodukt der Welt. Weil sie eine Externalisierungsgesellschaft geblieben sind: Carvilles weiterer Wahlmobilisierungsmerksatz, »Wandel oder mehr vom selben« (*»change vs. more of the same«*), wurde von Clinton und seinen Wählern ebenso wie von allen späteren Wahlsiegern und -völkern, in Europa nicht anders als in Amerika, mit einem überzeugten »Weiter so!« beantwortet. Weitermachen wie bisher, weiterhin Wachstum, weitergehende Externalisierung, auf dass alles so bleiben möge, wie es ist: das Gute ins Kröpfchen des eigenen Wohlergehens, das Schlechte ins Töpfchen der Weltgesellschaft. Und keine weiteren Fragen, bitte.

Oder gar sachdienliche Hinweise zu den Hintergründen des Ganzen. Hinweise, die auf den Nenner zu bringen wären: *It's capitalism, stupid*. Dass die einen externalisieren können und die anderen den Preis dafür zu zahlen haben, dass die einen das schaffen, was den anderen zu schaffen macht, ist eine veritable *Systemfrage*. Externalisierung hat System, und das System heißt modernes Weltsystem bzw. globaler Kapitalismus. Aber an dieser Stelle endet in der Regel die Debatte, denn wer möchte schon aufs Ganze gehen – und sich selbst das Wasser abgraben? Kleine Veränderungen womöglich, Anpassungen hier und dort natürlich, Linderung der größten Not in den Armenhäusern der Welt sowieso – aber gleich ein Systemwechsel?

Die nachhaltige Ökonomisierung des Nachhaltigkeitsdiskurses ist ein sprechendes Beispiel für die im Zweifel verfolgte Strategie der Kontinuität durch Erneuerung. Was ökologisch – und sozial – nachhaltig ist bzw. wäre, so Michael Opielka, Jenaer Soziologe und Direktor des Instituts für Zukunftsstudien und Technologiebewertung in Berlin, muss sich hierzulande stets dem Qualitätstest der wirtschaftlichen Nachhaltigkeit unterwerfen. Und das meint unter den gegebenen Bedingungen, »in einer kapitalistisch verfassten Weltwirtschaft, dass die Funktionsimperative des Wirtschaftssystems nicht gefährdet werden dürfen« – dass also bei aller Sorge um dessen »Umwelt« das System von Wachstum, Kapitalrendite und Investorenvertrauen nicht in Mitleidenschaft gezogen werden darf. Genau diese Systemmerkmale sind es aber, die eine Welt der ökologischen und sozialen Nachhaltigkeit strukturell verunmöglichen: Wer wirklich allen Weltbürgern eine materiell gesicherte Existenz, ein Mindestmaß der Verfügung über das eigene Lebensschicksal und die Chance auf ein friedvolles gesellschaftliches Zusammenleben wünscht, der muss die Externalisierungsgesellschaft in Frage stellen – und damit kapitalistische Funktionsprinzipien im Allgemeinen und den globalen Kapitalismus als System ungleichen Tauschs im Besonderen. Spätestens da aber verlassen uns mit schöner Regelmäßigkeit die transformativen Kräfte und utopischen Energien. »Klimawandel und Kapitalismus«, so Opielka, »verschmelzen im sozialen Wegschauen«: Mit ein wenig Klimaschutz hier und ein wenig Entwicklungshilfe dort wird es, so reden wir uns ein, schon gutgehen – zumindest für uns.

Auch für derart problembewusste, im Kern aber doch selbstbezügliche Positionierungen gibt es Beispiele zuhauf. Zwar wird von kritischen Journalistinnen ein durchaus problematisierender Blick etwa auf den agroindustriellen Komplex geworfen – wenn auch zumeist erst einmal auf den, der hierzulande die wirtschaftlichen Fäden zieht. Aber immerhin, die Forderungen sind dann unmissverständlich: Ein Umsteuern in der hiesigen Landwirtschaft sei »überfällig«, eine Agrarwende sogar »unumgänglich«. Um dann aber sogleich, wie z. B. im Falle einer Autorin der *Süddeutschen Zeitung*, einen argumentativen Sprung zu tun, der für uns Wohlstandsbürger immer noch groß sein mag, für die restliche Menschheit aber klein ist – und das System als solches dann eben doch nicht in Frage stellt: Letztlich gehe es darum, »für die konventionelle Landwirtschaft einen ökonomisch vertretbaren Weg zum umweltverträglichen, nachhaltigen Ackerbau zu finden«. Alles müsse anders werden – und zwar so, dass »die erzeugten Nahrungsmittel erschwinglich bleiben«. So sieht radikales Denken im verinnerlichten Kapitalismus aus: Umweltschonend, gesund und ethisch korrekt soll die Produktion sein, aber erschwinglich müssen die Waren schon noch für uns bleiben. Nobel geht die Welt zugrunde – und ökonomisch vertretbar, vor allem für uns. Denn für erschwingliche Nahrungsmittel hier müssen letztlich eben doch immer andere anderswo zahlen: So läuft nun mal das Business im globalen Kapitalismus.

Das weiß auch Evi Hartmann, Inhaberin des Lehrstuhls für Supply Chain Management an der Friedrich-Alexander-Universität Erlangen-Nürnberg. In ihrem Buch *Wie viele Sklaven halten Sie?* gibt sie sich offen globalisierungskritisch; weil sie aber als Wirtschaftsingenieurin gleichwohl keine Antikapitalistin ist, optiert sie nicht für eine Struktur-, sondern für eine Moralanalyse des Weltwirtschaftssystems. Das globalisierte Produktions- und Kostenrechnungswesen geißelt sie als »Schneeballsystem der Druckweitergabe« entlang der Wertschöpfungskette, von den starken hin zu ihren schwachen Gliedern. Ihr Fazit: »Das System versagt moralisch. Und das Individuum versucht, wenigstens mit halbwegs intaktem Gewissen aus dem Schlamassel rauszukommen.« Nun sei dahingestellt, ob Systeme moralisch versagen können bzw. sich als Adressaten moralischer Kritik eignen – oder ob eine solche Moralpredigt, systemisch gewendet, nicht zwangsläufig wirkungslos verpuffen muss. Und es sei selbstverständlich auch kritischen Beobachterinnen freigestellt, die Individuen von moralischer Schuld freizusprechen: Gewiss, sie können irgendwie nicht anders – und ja, sie handeln nicht in böser Absicht, sondern versuchen aus den Lebensbedingungen und Herrschaftsstrukturen, wie sie ihnen gegeben sind, das Beste zu machen.

Und doch sollte für uns externalisierungsgesellschaftlich Privilegierte auch das Moralprinzip gelten, uns an die eigene Nase zu fassen und unseren persönlichen Beitrag zum effektiven Erhalt unseres Privilegiertenstatus zu reflektieren. Vor allem aber müsste aus einer Moral- eine Strukturkritik des Systems werden. Dann nämlich könnte man nicht länger auf marktwirtschaftliche Instrumente setzen, um der Folgeeffekte des kapitalistischen Strukturprinzips ungleichen Tauschs Herr zu werden – oder jedenfalls den Einsatz solcher Instrumente nicht für »Lösungen« irgendeines Problems halten. So wie Hartmann dies offenbar tut, wenn sie von einer zufälligen Begegnung mit Externalisierungsvolkes Stimme berichtet. »Neulich meinte ausgerechnet eine durchgestylte Boutique-Verkäuferin: ›Eigentlich müssten wir auf einige Teile aus Asien 5 Euro Wiedergutmachungszuschlag erheben.‹ Eine gute Idee.« Stimmt, eine gute Idee, kann man machen. Eine gute Idee, die Ablasszahlungen gleich marktökonomisch einzupreisen – eine gute Idee vor allem, um dem sich rührenden schlechten Gewissen gerecht zu werden und zugleich aber nicht an die Strukturen des globalen Kapitalismus zu rühren. Eine Idee, die dem gesunden Menschenverstand entspricht. Dem gesunden Menschenverstand nicht nur von durchgestylten Boutique-Verkäuferinnen oder kritischen Betriebswirtinnen, ethischen Konsumenten oder amtierenden Päpsten, sondern dem wohlverstandenen Eigeninteresse einer Externalisierungsgesellschaft, die nicht vergehen will.

Auch dem gesunden Menschenverstand sollte allerdings allmählich dämmern, dass wir in einer Zeit leben, in der die Grenzen des Externalisierungshandelns erreicht sind. Die Externalisierungsgesellschaft wird zunehmend von ihren eigenen Effekten eingeholt und selbst mit ihren negativen Externalitäten konfrontiert. Wie im folgenden Kapitel zu zeigen sein wird, spüren wir mittlerweile nicht nur den Atem der Ausgeschlossenen in unserem Nacken. Auch der Müllkreislauf, den wir veranstalten, um die zumindest unansehnlichen, zumeist aber obendrein umweltschädlichen Überbleibsel unseres Lebenswandels loszuwerden, schlägt mehr und mehr auf uns zurück: Der Kreis schließt sich, die Schlinge zieht sich zu, die Einschläge kommen näher – ungeachtet unseres Wegschauens, ungerührt von unseren Bemühungen um »sauberen« Konsum, unbeeindruckt vom Ideenreichtum der Marketingabteilungen aller Externalisierungsherren Länder.

Diese lassen sich derzeit Dinge einfallen wie zum Beispiel hippe Jeans aus Plastikmüll. So geschehen beim niederländischen Modelabel G-Star, für das Popstar Pharrell Williams (größte Hits: »Happy«, »Freedom«) die Linie »Raw for the Ocean« entworfen hat, die erste Jeans-Kollektion aus recyceltem Plastik aus dem Pazifik. Neun Tonnen Plastik wollte die Firma damit aus dem Meer fischen, um es einem guten Konsumzweck zuzuführen. Neun Tonnen. Immerhin also fast ein Millionstel von mehr als zehn Millionen Tonnen Abfällen, die jährlich in die Ozeane gelangen, drei Viertel davon aus Kunststoff. Noch in den 1950er Jahren wurden weltweit 1,5 Millionen Tonnen Plastik jährlich produziert. Heute sind es fast 300 Millionen Tonnen pro Jahr. Ein bedeutender Teil landet nicht auf Müllbergen in Nigeria oder China, sondern in der »Müllkippe Meer«. Jedes Jahr kostet er unzähligen Meeressäugern und -vögeln das Leben. Auf einem Quadratkilometer Meeresoberfläche treiben inzwischen bis zu 18 000 Plastikteile unterschiedlichster Größe. Doch was an der Oberfläche zu sehen ist, ist wie immer nur die Spitze des Eisbergs: Mehr als 70 Prozent der Abfälle sinken auf den Meeresboden und bleiben damit unserem Auge verborgen. Manchmal allerdings sammeln sie sich aufgrund hydrographischer Wirbel und bilden dann sichtbar riesige Müllteppiche – der bekannteste Müllstrudel ist der *Great Pacific Garbage Patch* im Nordpazifik, der inzwischen die Größe Mitteleuropas erreicht haben soll.

Die Aufregung in Mitteleuropa ist allerdings erst dann groß, wenn der Plastikmüll nicht irgendwo auf den offenen Weltmeeren oder besser noch unter deren Oberfläche treibt, sondern wenn deutlich wird, dass er zu uns zurückkommt. Und zwar in Form von sogenanntem Mikroplastik, kleinsten Plastikpartikeln, die durch den Zerfall von Kunststoffmüll entstehen. Allerdings nicht nur: Mikroplastik wird auch gezielt Zahnpasten und Duschgels, Shampoos und Peelings beigemengt, zum Zweck mechanischer Reinigungseffekte. Zusätzlich aber gelangen die Kleinstteile, die (neben allen möglichen Giftstoffen) beim Zersetzungsprozess des Kunststoffmülls entstehen und sich in den aquatischen Nahrungsketten anreichern, auch auf dem Wege des Lebensmittelverzehrs in unsere Körper. Kunststoff kommt nach Hause: Angesichts eines ansonsten systematisch ungleichen ökologischen Tauschs in der Weltgesellschaft eine unter gerechtigkeitstheoretischen Gesichtspunkten vielleicht ja begrüßenswerte Entwicklung. Für den an sorgenfreie Externalisierung gewöhnten mitteleuropäischen Haushalt aber selbstverständlich ein Grund zur Beunruhigung. Und damit ein gefundenes Fressen für die einschlägige Beratungsindustrie. Im Internet finden sich für mikroplastiksensible Verbraucher aktuelle Listen der zu vermeidenden Produkte – beispielsweise auf »Deutschlands Website Nr. 1 für nachhaltigen Konsum« namens *www.utopia.de*. Kein Scherz. Der Kunststoffindustrie per Onlineökomarkt ein Schnippchen schlagen, mit Designerjeans die Welt zu einem besseren Ort machen: So geht wohl Utopie heute.

»Design oder Desaster« – oder doch Demokratie?

Zugegeben, das ist ein wenig bösartig formuliert und vielleicht sogar auch ungerecht. Aber es geht hier ums Prinzip – oder genau genommen um zwei Prinzipien: Konsumhandeln oder Strukturwandel. »Betroffenheit reicht nicht«, so der Schweizer Regisseur und Theaterautor Milo Rau in einem bemerkenswerten Beitrag zur »Flüchtlingskatastrophe«, der uns im folgenden Kapitel noch ausführlicher beschäftigen wird. Sein Diktum gilt aber auch für den hier interessierenden Zusammenhang ungleichen ökologischen Tausches: Betroffenheit, Wiedergutmachungszuschläge und ethischer Konsum reichen nicht, um dem zugrundeliegenden Strukturproblem asymmetrischer Machtverhältnisse im kapitalistischen Weltsystem beizukommen. Das im Übrigen genauso wenig durch »intelligente« Technologien gelöst werden wird, solange nicht die unselige Allianz von systemischen Wachstumszwängen und strukturellen Machtasymmetrien aufgelöst worden ist.

Denn es gibt kein Wachstum ohne wachsenden Rohstoff- und Energieverbrauch – und damit auch ohne weitergehende Zerstörung von Natur und Lebensraum. Vor allen Dingen gibt es kein Wachstum in den früh industrialisierten, spätestens vom Wachstumsboom der Nachkriegsjahrzehnte zu Hochleistungs- und Extremkonsumökonomien aufgepumpten Gesellschaften des globalen Nordens, das nicht auf Kosten der strukturellen und mit jedem Prozent BIP-Steigerung immer noch weiter getriebenen Ausbeutung von natürlichen Ressourcen und sozialen Lebenswelten im globalen Süden gehen würde. In der Debatte um die Zukunft des Wachstumskapitalismus ist häufig von einer »Grünen Wirtschaft« (*Green Economy*) die Rede, in der die Macht einer aufgeklärten Konsumentenschaft sich mit energieeffizienten und ökoeffektiven technologischen Innovationen auf eine Weise verbünde, dass eben auch »grünes Wachstum« möglich sei. Doch so nachvollziehbar der hoffnungsfrohe Impuls, eine Entkopplung von Wachstum und Ressourcenverbrauch zu imaginieren, unter den Lebens- und Handlungsbedingungen der Externalisierungsgesellschaft auch sein mag – er muss doch Illusion bleiben. Man muss nicht einmal die absurdesten Blüten aufspießen, die eine entfesselte Lifestyle-Ökologie treibt – essbare Flugzeugsitzbezüge, montiert in der First Class des Langstreckenflugzeugs Airbus A380 –, um die Idee eines »grünen Kapitalismus« als das erkennbar zu machen, was sie ist: der vermeintliche Rettungsanker für hochentwickelte Ökonomien, die nach einem neuen Zyklus der Kapitalakkumulation dürsten; und das verzweifelte Beruhigungsmittel für eine Externalisierungsgesellschaft, die ihr exklusives Lebensführungsmodell allen Anzeichen der Erschöpfung zum Trotz doch noch irgendwie hofft retten zu können.

Ganz ähnliche Impulse sind wohl am Werk, wenn sich nicht nur Wirtschaftslobbyisten und Finanzanalystinnen, sondern auch »ganz normale Menschen« über die Debatten um *»peak oil«*, *»peak water«* oder *»peak everything«* aufregen oder gar lustig machen, die seit dem Report des Club of Rome zu den »Grenzen des Wachstums« aus dem Jahr 1972 in umweltpolitischen und kapitalismuskritischen Kreisen immer wieder geführt worden sind: also über die in diesen Zirkeln verbreitete Sorge, dass das globale Ölfördermaximum, der Höhepunkt an weltweit verfügbaren Frischwasserkapazitäten oder gar die Höchstfördermengen fast aller nichterneuerbaren Rohstoffe erreicht seien bzw. ihre Überschreitung unmittelbar bevorstehe. Da wird dann im Gegenzug regelmäßig auf die doch wieder sinkenden Erdölpreise, auf neue, »unkonventionelle« Fördermethoden oder eben auf die Fortschritte bei der Förderung und Entwicklung erneuerbarer Energieträger verwiesen, um Entwarnung zu geben und die Öffentlichkeit – bzw. im Zweifelsfall sich selbst – zu beruhigen. Aber die Ruhe, sollte sie tatsächlich der gesellschaftliche Effekt sein, ist eine durchaus trügerische. Denn die Diskussion über »planetarische Grenzen« ist weder Ausdruck individueller oder kollektiver Hysterie, noch ist sie weit hergeholt: mit Blick auf Biodiversität und Stickstoffkreislauf sind diese Grenzen nachweislich schon heute überschritten. Und wer nicht nur die Input-Seite der nutzbaren Ressourcen in den Blick nimmt, sondern auch die Output-Seite der verfügbaren Senken, also die zur Mülllagerung und CO_2-Bindung zur Verfügung stehenden Boden-, Wald- und Luftkapazitäten, muss die Rede von *»peak soil«*, *»peak air«* oder *»peak* Biomasse« gezwungenermaßen ernst nehmen.

Andere Akteure der Zukunftsdebatte sind da schon weiter. Bernd Sommer und Harald Welzer, Sozialwissenschaftler am »Norbert Elias Center for Transformation Design« der Europa-Universität Flensburg, nehmen die in der wachstumskritischen Debatte gängige Diagnose auf, wonach das Ende des ökologisch und sozial ausbeuterischen Wachstumskapitalismus so oder so kommen werde – entweder *»by design«* oder aber *»by disaster«*, also auf absichtsvoll organisierte oder aber auf katastrophisch erzwungene Art und Weise. Mit guten Gründen optieren sie strategisch für die konstruktive Variante und sammeln, wie auch die von Welzer geleitete Berliner Zukunftsfähigkeitsstiftung FuturZwei, Ideen und Ansätze für gesellschaftliche Umbrüche in Richtung einer »reduktiven Moderne«. Sosehr dies auch im Sinne eines Bruchs mit den in der expansiven Moderne eingeübten Externalisierungspraktiken ist und sowenig die Autoren irgendeiner technokratischen Steuerungsphantasie das Wort reden, die Alternative von Design oder Desaster offenbart, aus einer globalen Perspektive betrachtet, letztlich dennoch einen allzu selbstbezogenen Blick auf das Ende – oder die möglichen Enden – der Externalisierungsgesellschaft. Sie legt nämlich die Vorstellung nahe, dass eine uns »von außen« abgenötigte Gesellschaftstransformation einem Unheil gleichkäme – einem desaströsen Ausgang der Geschichte eben. Und sie suggeriert zumindest, dass wir einem solchen Unheil eine Strategie der »inneren« Umkehr entgegensetzen könnten, bei der wir irgendwie selbst das Heft in der Hand behalten, also gleichsam Herren des Verfahrens bleiben könnten.

Beides allerdings erscheint derzeit äußerst unrealistisch. Das Ende jenes globalkapitalistischen Systems ungleichen ökologischen Tauschs, auf dem die Externalisierungsgesellschaft basiert, sollten wir uns wohl am ehesten jenseits von Design und Desaster ausmalen. Denn die Transformationsalternative *by design or by disaster* macht die Rechnung im Grunde genommen mal wieder ohne den Wirt: ohne diejenigen nämlich, die den Wohlstandskapitalismus des globalen Nordens immer schon mit jenen Ressourcen versorgen, deren er zur Produktion und Reproduktion seines Reichtums bedarf – mit billiger Arbeit und ertragreichem Land, mit wertvollen Rohstoffen und riesigen Müllhalden, mit Biomasse und Kohlenstoffsenken.

Stellen wir uns die Transformation also eher als eine vor, die vor allen Dingen vom globalen Süden ausgeht: von jenen Menschen, von deren Arbeit und Land, Wasser und Luft, Bodenschätzen und Lagerstätten wir leben. Auf deren Kosten wir wirtschaften – und die dafür nun endlich den Preis fordern. Die sozialen Bewegungen, die genau dies tun, gibt es schon längst, sie sind zahlreich und werden immer mehr: von der brasilianischen Landlosenbewegung MST bis zur internationalen Kleinbauernorganisation Via Campesina, von den Zapatisten in Mexiko bis zur National Alliance of People's Movements in Indien. Sie und viele andere, viele Tausende Bewegungsakteure sind das vermeintliche »Außen«, von dem jener Wandel ausgeht, der heute und in Zukunft der Externalisierungsgesellschaft »droht« – und zwar nicht in der Form des Desasters, sondern in Gestalt der Forderung nach globaler Demokratie. Eine Forderung, die sich, indem sie auf die Selbstermächtigung der immer schon Entmachteten setzt, zugleich den Designabsichten des globalen Nordens entzieht. Eine Forderung nach einer globalen Demokratie, die zudem keine globalisierte Wachstumsdemokratie im Sinne des westlichen Entwicklungsmodells wird sein können.

Demokratie im globalen Maßstab ist weder Design noch Desaster. Für die Profiteure der Externalisierungsgesellschaft bedeutet sie weniger Katastrophe als vielmehr Kontrollverlust – schwer genug zu ertragen für diejenigen, die seit Jahrhunderten am längeren Hebel gesessen haben. Für alle anderen aber bedeutet sie die Chance, dem System ungleichen Tauschs endlich ein Ende zu bereiten. *Transformation by democracy*: Im »Inneren« der Externalisierungsgesellschaft hieße dies, so die Autorin und Journalistin Kathrin Hartmann, nicht auf die Macht der Konsumenten und des technologischen Fortschritts zu setzen, sondern auf »Mut, Solidarität, Entschlossenheit, ein freies Denken und den unbedingten Glauben daran, dass wir es sind, die die Veränderungen bewirken können, die wir uns wünschen«. In einem Wort: auf demokratische Politik also. Und nach »außen« gewendet, in weltgesellschaftlicher Perspektive, meint Demokratisierung zuallererst das, was Milo Rau treffend als »globalen Realismus« bezeichnet: die Einsicht in die Tatsache, dass das ewige Externalisieren gegenwärtig an Grenzen stößt, die sich nur noch mit nackter Gewalt werden überschreiten lassen – und nur mit Hilfe der Bewältigungsideologie eines »zynischen Humanismus« zu ignorieren sind. »Hören wir also auf«, so Raus Appell, »der kapitalistischen Fabel zu glauben, dass es immer so weitergehen kann – nur irgendwie weniger tödlich für die Verlierer des Systems, irgendwie weniger peinlich für die Gewinner, irgendwie sauberer für den Planeten.« In der Tat: Diese Erzählung ist heute endgültig unglaubwürdig geworden.

Postskriptum

Mit der diesem Kapitel als Motto vorangestellten Sentenz hat Heiner Müller – gleichsam *avant la lettre* – das peinliche Geheimnis der Externalisierungsgesellschaft gelüftet und gesagt, wie es ist. Aber natürlich nicht in den watteweichen Worten, die wir gerne hören würden, damit wir das Ganze auch verdauen und dann durch verschämtes Ausscheiden wieder loswerden können. Sondern unverblümt und schonungslos. »Irgendwo werden Leiber zerbrochen, damit ich wohnen kann in meiner Scheiße«: Ja, das ist vulgär, verstörend, unverschämt. Doch wenigstens eine künstlerische Übermittlung der Wahrheit sollten wir wohl aushalten können. Machen wir uns nichts vor: Genauso, wie es der Dramatiker Müller ausdrückt, ist es. Ist er zu stark, sind wir zu schwach.

Kapitel 4

Drinnen gegen draußen: Externalisierung als Mobilitätsmonopol

»Innerhalb dieser Mauern regierten der Frohsinn und die Sicherheit und Sorglosigkeit. Draußen aber triumphierte der Rote Tod.«

Edgar Allan Poe,
Die Maske des Roten Todes (1842)

»Kommen Sie nicht nach Europa. Riskieren Sie nicht Ihr Leben und Ihr Geld. Es ist alles umsonst.«

Donald Tusk (EU-Ratspräsident), 3. März 2016

Die halbierte Globalisierung

Wir leben im Zeitalter der Globalisierung – wer würde das bestreiten? Mit dem Fall der Berliner Mauer und dem Ende des die europäische Nachkriegszeit bestimmenden Systemkonflikts verbinden wir nachhaltige Liberalisierungen aller Art: durchschnittene Grenzzäune und globalisierte Märkte, die weltweite Verbreitung von westlichen Werten und den Siegeszug des liberaldemokratischen Gesellschaftstyps. In Europa schienen zumindest bis vor kurzem Schlagbäume und Passkontrollen Phänomene der Vergangenheit zu sein, für die Sommerfrische in Griechenland oder das Wochenende in Madrid muss man nach wie vor kein Geld wechseln. Und auch jenseits der europäischen Grenzen gilt: Unsere Handlungsräume haben sich massiv erweitert, die Welt ist zum Dorf geschrumpft, wir alle sind jetzt Weltbürger.

Zusätzlich getrieben durch die rasanten informations-, kommunikations- und transporttechnologischen Entwicklungen der jüngeren Vergangenheit, ist unser Alltag gegenüber jenem der späten 1980er Jahre kaum wiederzuerkennen. Raum und Zeit sind uns auf eine nie dagewesene Weise verfügbar geworden, Karl Marx' Traum von einer Ermächtigung der gesellschaftlichen Individuen zur allseits freien Betätigung – »heute dies, morgen jenes zu tun« – scheint sich für uns wenigstens ansatzweise realisiert zu haben: Morgens in eine exotische Frucht beißen, tagsüber für ein global operierendes Unternehmen arbeiten, abends mit der Freundin am anderen Ende der Welt skypen. Um dann »nach dem Essen«, ganz der Marx'schen Gesellschaftsutopie entsprechend, »zu kritisieren, wie ich gerade Lust habe« – und mir zu überlegen, was denn im nächsten Urlaub auf dem Programm stehen soll: Städtereise oder Kreuzfahrt, Polarlicht am Nordkap oder Gletscherkalben in Patagonien?

Was in der ökonomischen Spieltheorie als Paradebeispiel eines nur schwer aufzulösenden lebensweltlichen Entscheidungskonflikts gilt und als *battle of the sexes* bezeichnet wird – Sie will in die Berge, Er ans Meer (oder auch umgekehrt) –, stellt sich bei genauerem Hinsehen allerdings als ein Spiel der Privilegierten dar. Ein Spiel, an dem nicht alle teilnehmen können – mit Entscheidungsproblemen, die sich vielen Menschen überhaupt nicht stellen. Meer oder Berge, Rom oder Paris, Pogo in Togo oder Litschi auf Fidschi – oder vielleicht doch alles zusammen? Das sind Handlungsdilemmata, die auch im Zeitalter der Globalisierung durchaus nicht »die ganze Welt« umtreiben. Sie stellen sich schon in den reichen Gesellschaften des globalen Nordens keineswegs allen und jedermann. Für große gesellschaftliche Mehrheiten in den Ländern des globalen Südens aber klingen die genannten – wie auch unzählige weitere, uns geradezu selbstverständlich erscheinende – Handlungsalternativen wahlweise fremd, absurd oder zynisch.

So gesehen ist Globalisierung nicht ein bloßes Faktum, keine unabweisbare Realität. Sie ist Realität für die einen – und Illusion für viele andere. Globalisierung ist in gewissem Sinne eine Chimäre, ein in unseren Breitengraden produziertes und herrschendes Trugbild von den ökonomischen und sozialen, den materiellen und kulturellen Weltverhältnissen. Und die beliebte Rede von den »Chancen« der Globalisierung, von den durch sie geschaffenen Möglichkeiten, von ihren produktiven Effekten und ihren Menschen wie Völker verbindenden Wirkungen ist nicht selten Ideologie – jedenfalls immer dann, wenn behauptet wird, diese Chancen und Möglichkeiten seien für alle gleichermaßen gültig. Denn das Gegenteil ist der Fall: Den Optionswelten, welche die Globalisierung zweifelsohne eröffnet, stehen ebenso offensichtliche Schließungen von Möglichkeitsräumen gegenüber. Soviel sie auch ermöglichen mag, so sehr schränkt sie zugleich ein; sosehr sie auf der einen Seite verbindet, so sehr trennt sie auf der anderen.

»Öffnung« und »Verflüssigung«, »Hypermobilität« und »*borderless world*«: All jene Begriffe und Vorstellungen, die nach 1989 nicht nur in der öffentlichen Globalisierungsdebatte, sondern nicht zuletzt auch in wissenschaftlichen Abhandlungen zum Thema kursierten und dies zum Teil bis heute tun, geben den Blick frei auf ein bemerkenswert unvollständiges Bild von der »einen Welt«. Denn deren Kehrseite ist eine ganz andere Wirklichkeit – eine Welt, die von Grenzen durchzogen und von Begrenzungen gezeichnet ist. In Zeiten der Globalisierung stehen unbestreitbaren Freiheitsgewinnen ebenso wenig zu leugnende Freiheitseinschränkungen gegenüber. Und beides – Freiheiten und Zwänge, Gewinne und Verluste – gleicht sich nicht aus, lässt sich nicht gegeneinander aufrechnen, ist doch beides weltgesellschaftlich höchst ungleich verteilt: Es sind die Bevölkerungen jeweils anderer Weltregionen, denen das »globale Zeitalter« als Erweiterung ihrer Optionswelten oder aber als Schließung ihrer Möglichkeitsräume begegnet.

Die soziale Tatsache einer im Weltmaßstab systematisch ungleich verteilten »Globalisierungsrendite« soll nun, in einem zweiten Anlauf zur genaueren Bestimmung der Strukturen, Mechanismen und Praktiken der Externalisierungsgesellschaft, am Beispiel ihres Mobilitätsregimes illustriert werden. Denn die Externalisierungsgesellschaft ist durch konsequent asymmetrische Bewegungschancen gekennzeichnet: Auch in diesem Feld herrscht der im vorherigen Kapitel erläuterte umgekehrte kategorische Imperativ. Was man sich in der Externalisierungsgesellschaft selbst an physischer Bewegungsfreiheit herausnimmt, gesteht man den anderen, »denen da draußen«, keineswegs in gleicher Weise zu. Im Gegenteil: Zu der in den »freiheitlichen Demokratien« der westlichen Welt praktizierten Lebensweise gehört ganz wesentlich die Einschränkung der Freiheiten Dritter. Die nach dem Zweiten Weltkrieg von dem Philosophen Karl Popper beschworene und bis auf den heutigen Tag von Staatsrepräsentanten jeder Couleur immer wieder wortreich proklamierte »offene Gesellschaft« hat ein peinliches Geheimnis: Sie lebt mit, ja geradezu von ihrer effektiven Schließung gegenüber einem als zudringlich, übergriffig und bedrohlich wahrgenommenen »Außen«.

Das ungleiche – hier einschließende, dort ausschließende – Mobilitätsregime des vermeintlich »globalen« Zeitalters hat der israelische Soziologe Ronen Shamir auf den Punkt einer gesellschaftlichen Doppelbewegung hin zu bewachten Grenzen und geschlossenen Gemeinschaften (*guarded borders* und *gated communities*) gebracht. Oder genauer: einer Doppelbewegung zur selektiven Bewegungsverhinderung. Was innergesellschaftlich die *gated communities* sind – exklusive, umzäunte und bewachte Wohnkomplexe, in deren heiler Welt sich die

Wohlhabenden häuslich einrichten –, hat seine transnationale Entsprechung in *guarded borders*, sprich in der technischen, polizeilichen und militärischen Kontrolle der Staatsgrenzen reicher Nationen zwecks Abwehr all jener Nicht-Staatsbürger, die Zugang zu den Wohlstandsregionen dieser Welt suchen. Im Kleinen wie im Großen entstehen soziale Räume, die vor der Zuflucht »Fremder« geschützt werden sollen, gesicherte Zonen der Prosperität, die sich von den Zumutungen der gesellschaftlichen Realität abzuschotten suchen. Und über alledem schwebt die von Shamir so genannte Kultur des Verdachts (*paradigm of suspicion*): Wer an den Zäunen der Wohlstandsinseln dieser Welt rüttelt, ist bestenfalls ein Störenfried, recht eigentlich aber empfinden wir so jemanden als verbrecherisch; wer unbefugt das traute Heim der Wohlstandsbürger betritt, bricht in die Lebensführung der Privilegierten ein, ja verletzt die Unversehrtheit ihrer Lebenswelt.

Anlässlich der aktuellen, zum Ende dieses Kapitels zu verhandelnden »Flüchtlingskrise« hat der Schriftsteller Michael Ebmeyer eine – selbstverständlich – düstere Erzählung Edgar Allan Poes wiederentdeckt, die sich wie eine Versinnbildlichung gegenwärtiger Tendenzen der wohlstandsgesellschaftlichen Abspaltung von der Außenwelt liest. In der Erzählung »Die Maske des Roten Todes« spielt die Hauptrolle ein Adliger mit dem sprechenden Namen Prospero, der sich mit tausend Höflingen in einer Festung verbarrikadiert und dort, unbehelligt von einer um die Trutzburg herum wütenden tödlichen Epidemie, ein fröhliches Treiben inszeniert. »Eine starke und hohe Mauer mit schweren, eisernen Toren umgab das Schloss«, heißt es in Poes Geschichte, »denn es sollte ebenso sehr das Eindringen der Seuche und der Verzweifelung verhindert werden, wie man verhüten wollte, dass die Kunde von der tollen Lustbarkeit im Innern des Schlosses nach draußen gelangte.«

Der Kontrast zwischen beiden Welten, zwischen einer irrlichternden Festgesellschaft drinnen und dem grassierenden Elend außerhalb der Festung, könnte stärker kaum formuliert werden als von dem US-amerikanischen Virtuosen literarischen Grauens: »Innerhalb dieser Mauern regierten der Frohsinn und die Sicherheit und Sorglosigkeit. Draußen aber triumphierte der Rote Tod.«

»Mochte die Welt da draußen für sich selber sorgen«: Poes Erzählung kann als eine Allegorie auf die Externalisierungsgesellschaft gelesen werden. Auf eine Gesellschaft, die es im echten Leben allerdings sogar schafft, »die Kunde von der tollen Lustbarkeit im Innern« nach draußen zu tragen. Deren Bürger sich nämlich immer wieder aus der Festung bewegen, um der Außenwelt von ihrem Wohlstand zu künden, und nach getaner Reise wieder in den Schutz der heimischen Mauern zurückkehren – Mauern, die anschließend noch höher gezogen werden, damit man sich die von der Prosperität im Innern angezogenen Ausgeschlossenen weiterhin vom Leibe halten kann. Bewegungsfreiheit ist für die Externalisierungsgesellschaft ein hohes Gut. Ein verallgemeinerbarer Wert ist sie ihr jedoch nicht: Mobilitätschancen sind hier eine monopolisierte Ressource, die man selbst in Anspruch nimmt, anderen hingegen verwehrt. Physische Bewegungsregulation – die einen sind mobil, die anderen werden demobilisiert – ist ein wesentliches Element westlichen Lebensstils. Es ist konstitutives Moment einer vermeintlich »globalisierten« Welt, in der die Prosperos des Wohlstandskapitalismus unter sich bleiben wollen.

Bei Poe schafft es der Rote Tod am Ende dennoch, sich unter die Festgesellschaft zu mischen, mit vernichtendem Ausgang. Und auch die Externalisierungsgesellschaft ist immer weniger – oder aber nur noch mit immer menschenfeindlicherem Aufwand – in der Lage, ihre Festung für die eigene Bevölkerung offen, für ungebetene Gäste aber geschlossen zu halten. Das von den Gesellschaften des globalen Nordens eingerichtete, asymmetrische Mobilitätsregime ist in der Krise – ihre aufgeregten Reaktionen auf das aktuelle Migrationsgeschehen zeugen davon. Doch der Reihe nach. Zunächst gilt es, die Ungleichheiten räumlicher Mobilität in der Weltgesellschaft zu verdeutlichen.

Faria, faria ho: Raus aus der Externalisierungsgesellschaft ...

Von räumlicher Mobilität zu sprechen heißt, vom Reisen zu sprechen. »Reisen bildet« lautet ein Immanuel Kant zugeschriebenes Bonmot, und die Bürger des globalen Nordens sind – so gesehen – überaus bildungshungrig. Seit Jahrzehnten gelten die Deutschen als »Reiseweltmeister«, im Jahr 2015 flogen sie jedenfalls so häufig ins Ausland wie nie zuvor: 81,6 Millionen Passagiere begaben sich von deutschen Flughäfen aus auf mehr oder weniger große Fahrt und setzten damit den Wachstumstrend der letzten Jahre fort – rein rechnerisch war also in einem Jahr ganz Deutschland einmal außer Landes. Nur jeder zehnte Deutsche ist noch nie geflogen, Männer – so wissen es die Branchendienste – heben öfter ab als Frauen. Drei Viertel der Flugreisen gingen ins europäische Ausland, immerhin 20 Millionen Mal aber stand ein Interkontinentalflug auf dem Programm: In fast 6 Millionen Fällen wurden die USA angesteuert, knapp dahinter aber kamen schon Reiseziele in Nordafrika und Ost- bzw. Südostasien.

Doch nicht nur die Deutschen, sondern die Bürger aller reichen Gesellschaften sind tendenziell zu Weltreisenden geworden: Organisierter Tourismus ist mittlerweile ein global ausgreifendes Phänomen, bei dem etwa auch die neuen chinesischen Mittelschichten kräftig mitmischen. Die jährliche Erholungsreise an die Sonnenplätze der Welt ist immer mehr zur gesellschaftlichen Normalität geworden, die allgemeine Reiselust auch über allfällige Finanzkrisen hinweg und den weltweit zunehmenden Kriegsherden zum Trotz ungebrochen. Der Reiseziele gibt es ja auch mehr als genug: Wenn in der Türkei, in Tunesien oder auf Bali mal wieder gebombt wird, in Thailand der Tsunami getobt oder in der Karibik der Wirbelsturm gewütet hat, dann wird das Urlaubsportfolio eben diversifiziert, und die Reise geht ins Nachbarland, auf die nächstbeste andere Sonneninsel oder – wenn alle Reisestricke reißen – ins gute alte Spanien, im Jahr 2015 mit 68 Millionen Besuchern größter Profiteur der gestiegenen Terrorangst europäischer Touristinnen. Wer sich als Urlaubsreisender hingegen nicht mit den Massen gemein machen möchte, sondern auf dem individuellen Reiseerlebnis besteht, fliegt statt ans Mittelmeer oder in die Dominikanische Republik lieber an besonders entlegene, von den großen Touristikunternehmen angeblich noch nicht »entdeckte« Flecken – oder entscheidet sich gar für Formen des globalen Hilfstourismus, der neuerdings zu einem florierenden Marktsegment geworden ist. Beispielsweise für Freiwilligenarbeit in Costa Rica, wo Jugendliche aus Europa nachts an den Stränden Schildkröteneier ausgraben können, um sie an einen sicheren Inkubationsort zu bringen. »Dank Eures Einsatzes haben es wieder ein paar Meeresschildkröten sicher ins Meer geschafft«, verspricht den tierliebenden Interessenten der Reiseveranstalter – der dank des nicht unerheblichen finanziellen Einsatzes der kinderliebenden Eltern seiner Klientel wieder einmal seine Schäfchen ins Trockene gebracht hat.

Nun soll es an dieser Stelle aber weniger um die wohlbekannten *ökologischen* Folgen der verbreiteten und stetig weiter ansteigenden Reisetätigkeit gehen – etwa um den Sinn oder Unsinn eines Interkontinentalflugs zur Meeresschildkrötengeburtshilfe. Nach Angaben der Welttourismus-Organisation der Vereinten Nationen (UNWTO) sind die touristischen Ankünfte weltweit von 50 Millionen im Jahr 1950 auf 684 Millionen im Jahr 2000 und zuletzt nochmals beschleunigt auf 922 Millionen 2008 gestiegen. Die Urlaubsreiseintensität der erwachsenen Deutschen hat sich laut Umfragen (»Haben Sie im letzten Jahr mindestens eine Urlaubsreise gemacht?«) zwischen 1972 und 2008 von 49 Prozent auf 76 Prozent erhöht. Auch die fragwürdigen *sozialen* Konsequenzen, die eine monokulturelle Tourismusindustrialisierung für die mehr oder weniger massenhaft heimgesuchten Zielorte eines neuen westlichen Freizeitkolonialismus zeitigt, sollen im Folgenden nicht im Mittelpunkt stehen. Gleichwohl seien einige wenige Hinweise in beiderlei Hinsicht ergänzend erlaubt.

Wenn sich nämlich wahlweise gestresste oder nicht ausgelastete Wohlstandsbürger an entfernte Gefilde begeben, um dort »Arbeiten & Reisen im Ausland« zu praktizieren oder ihre sprichwörtlichen »Batterien aufzuladen«, verbrauchen sie unweigerlich anderweitig Energien und nehmen notwendig die Arbeit anderer in Anspruch. Wer, aus Deutschland kommend, Genaueres über seinen touristischen Klima-Fußabdruck wissen möchte, wende sich z.B. vertrauensvoll an den World Wildlife Fund (WWF), der die Ressourcennutzungsniveaus typischer Freizeitreisen vorrechnet. Zwei Wochen All-inclusive-Urlaub an den karibischen Stränden von Cancún, Mexiko, zum Beispiel kosten – neben dem individuell zu entrichtenden Preis für das Gesamtpaket – den Rest der Welt 7218 kg CO_2 pro Person: 90 Prozent davon gehen auf den Flug, aber auch das vollklimatisierte Hotel, die große Gartenanlage mit grünem Rasen (den es in der Region ansonsten nicht gibt) und die eine oder andere Stunde auf dem Jetski sind Ressourcenfresser; da fallen die praktischen kleinen, eisgekühlten Wasserflaschen (anders als die Einheimischen müssen sich die Zugereisten in diesen Gegenden ja das Trinken von Leitungswasser nicht zumuten) und das in Plastikbechern abgepackte, mundgerecht gestückelte Frischobst kaum mehr ins Gewicht. Im Vergleich dazu ist die siebentägige Schiffsfahrt durchs westliche Mittelmeer fast schon ein ökologischer Scherz: Nur 1224 kg CO_2 fallen hier pro Person an – da lässt sich die Wellnessoase an Bord gleich viel entspannter genießen und die anstrengende Blitzbustour durch die Straßen einer der stundenweise angelaufenen Hafenstädte besser wegstecken. Ob es wohl die weniger verheerende Ökobilanz ist, welche die Anzahl der deutschen Passagiere auf Hochseekreuzfahrten seit 1998 von gut 300 000 auf das Sechsfache – über 1,8 Millionen im Jahr 2015 – hat ansteigen lassen? Wer weiß. »Nachhaltig fliegen« lautet jedenfalls einer der Werbeslogans des Touristikriesen TUI – auf solch einen Kunstgriff hätten die Marketingabteilungen der großen Kreuzfahrt-Reedereien auch schon mal kommen können.

Aber wie gesagt: Lassen wir das. Und halten wir uns auch nicht lange mit den gesellschaftlichen Verwerfungen auf, die sich durch die strukturelle Übernutzung natürlicher Ressourcen an den globalen Zielen des wohlstandskapitalistischen Fernwehs für die freundlichen Einheimischen ergeben: der enorme Flächenverbrauch durch die Zersiedelung der Küstenregionen, der immense Wasserkonsum der Gäste auf Kosten der lokalen Bevölkerung, die Probleme der Entsorgung der Abwässer und Abfälle von immer neuen Urlauberkohorten, die Vernutzung natürlicher Ressourcen zur Befriedigung der multiplen Mitbringselbedarfe kaufkräftiger Seelenbaumler und Weltverbesserer, die wirtschaftlichen Strukturverschiebungen in den lokalen Ökonomien hin zu einer allein auf Tourismusdienstleistungen ausgerichteten Wertschöpfung, die damit einhergehende Zerstörung traditioneller Arbeits- und Lebensweisen, die auf diese Weise sich einstellende existentielle Angewiesenheit von Land und Leuten auf einen nicht ausbleibenden, niemals versiegenden Besucherstrom aus den Zentren des Weltreichtums. Gerne ist in den diese Ströme kanalisierenden Wirtschaftsbranchen des globalen Nordens vom »Entwicklungsfaktor Tourismus« die Rede – doch in der Regel führt dieser bestenfalls zur Zementierung ungleicher Entwicklung in den von Millionen »Entwicklungshelfern« heimgesuchten Weltgegenden. In ihrem Dilemma, von der letztlich zerstörerischen Reiselust des globalen Nordens leben zu müssen, haben sich die Zielländer im globalen Süden letztlich sogar über die Prognosen zu freuen, wonach der globale Tourismus weiter wachsen wird – mit einer vermuteten Verdopplung des Wasserverbrauchs und einer Verdreifachung des Flächenbedarfs bis 2050. Entsprechende Schätzungen der weiteren Steigerungsraten etwa des südostasiatischen Sextourismus oder auch des westlichen Waisenhaustourismus in Afrika, Asien oder Mittelamerika gibt es übrigens nicht. Allerdings steht auch diesbezüglich zu erwarten, dass die »Entwicklung« munter weitergehen wird.

Gleichwohl sollen all diese Nebeneffekte und Kollateralschäden westlicher Reisepraktiken hier nicht im Zentrum der Betrachtung stehen. Vielmehr gilt es, die *ungleichen Berechtigungsstrukturen* im globalen Mobilitätsgeschehen in den Fokus der Aufmerksamkeit zu rücken. Denn während die einen in größter Freiheit, wachsendem Maße und steigender Intensität – etwas mehr Komfort wird ja gerade im Urlaub wie auch auf Geschäftsreisen großgeschrieben – Land und Leute fremder Nationen bereisen, werden zugleich viele Milliarden

Menschen auf dieser Welt mobilitätspolitisch stillgestellt. Die heutzutage mehr denn je gegebene Bewegungsfreiheit, wie sie von den Bürgerinnen und Bürgern der reichen Demokratien des globalen Nordens wie selbstverständlich genutzt und als elementarer Bestandteil von Lebensqualität geschätzt wird, steht in einem krassen Missverhältnis zu den eingeschränkten und vorenthaltenen Mobilitätschancen großer Teile der Weltbevölkerung. Deren Immobilität wird nicht nur durch die ungleich geringeren, wenn nicht gar gänzlich fehlenden materiellen Möglichkeiten zur Bewegung im globalen Sozialraum bestimmt: Sie könnten sich schon finanziell die Weltumrundungspraktiken des nördlichen Normalverbrauchers nicht leisten. Vor allem aber bleibt ihnen die Chance auf grenzüberschreitende Mobilität auch rechtlich verwehrt, wird ihnen die Reiselust systematisch durch formale Hemmnisse, Hinderungen und Verbote abgewöhnt oder gleich vorab genommen.

Die Externalisierungsgesellschaft beruht wesentlich auch auf einem global gespaltenen Mobilitätsregime. »Was kostet die Welt?«, fragen sich hier die einen – und haben für die anderen nur ein »Wir müssen leider draußen bleiben« übrig. So wie, stellvertretend für derzeit ca. 338 Millionen EU-Bürger, deren amtierender Ratspräsident Donald Tusk auf dem vorläufig letzten Höhepunkt der nahöstlichen und nordafrikanischen Fluchtmigration nach Europa. In seiner öffentlich-offiziellen Ausladung potentieller Fluchtreisender ließ er es sich übrigens nicht nehmen, neben den leiblichen Gefahren auch die materiellen Kosten einer letztlich aussichtslosen Land- oder Seefahrt an die Grenzen der Europäischen Union zu erwähnen. »Riskieren Sie nicht Ihr Geld«: Der europäische Wohlstandsmensch weiß, was im Leben zählt.

... und rein in die Externalisierungsgesellschaft? Die Macht der Reisepässe

Die Regulierung des Grenzübertritts von Reisenden und die in spezifischer Weise Ungleichheitsverhältnisse strukturierende »Politik mit dem Visum« in den reichen Demokratien illustrieren auf beeindruckende Weise den »Mobilitätsgraben«, der sich zu den Ländern des globalen Südens auftut. Eine Arbeitsgruppe um den Berliner Soziologen Steffen Mau hat diesen *»global mobility divide«* umfassend untersucht. Ihre Studie macht das zwischen reichen und armen Ländern herrschende Statusgefälle deutlich, das durch die Zuerkennung von Visumfreiheit für die einen und die Auferlegung der Visumpflicht für die anderen beständig reproduziert wird. Während die Bürgerinnen der reichen Nationen sich spontan auf den Weg machen können, um unbehelligt auf große Entdeckungsfahrt oder gewinnbringende Geschäftsreise zu gehen, sind die legalen Reisemöglichkeiten der Bürger vieler armer Staaten massiv eingeschränkt und stehen unter dem Vorbehalt umfangreicher, langwieriger und kostspieliger Prüfung. Schon für (bzw. gegen) kurzzeitige Aufenthalte potentiell unerwünschter oder unattraktiver Gäste wissen die demokratischen Gesellschaften des globalen Nordens einen dichten rechtlichen Schutzwall um sich herum zu errichten – während sie umgekehrt in der Position sind, von ihrem verbrieften Recht auf Reisefreiheit Gebrauch zu machen. Wie so vieles ist auch die Macht der Reisepässe weltweit ungleich verteilt. Das in der Europäischen Union weinrote, in Nordamerika dunkelblaue Dokument spiegelt in seiner türöffnenden Gewalt die wirtschaftliche Potenz, die geopolitische Stellung und die weltgesellschaftliche Handlungsmacht jenes Landes, dessen Bürger zu sein man jeweils das Glück hat. Oder aber – im Falle einer anderen Herkunft – das Pech.

Die Asymmetrie der Bewegungsfreiheit im globalen Maßstab ist frappierend – wer heute entscheiden kann, morgen zum Flughafen zu fahren und per Stand-by gewissermaßen »irgendwohin« zu fliegen, macht sich dieses Machtgefälle für gewöhnlich nicht mehr bewusst. Bürger der Vereinigten Staaten etwa dürfen visumfrei in 90 andere Länder reisen, umgekehrt gestehen die USA dieses Recht aber nur den Bürgern von 36 Staaten zu. Der von Mau und Kolleginnen zusammengestellte Visumfreiheits-Index zeigt, dass diese ungleiche, nicht auf Gegenseitigkeit beruhende Mobilitätsberechtigung freilich kein amerikanisches Phänomen ist, sondern dass es generell eine eindeutige Schieflage in der Zuerkennung von Reisefreiheit zugunsten der westlichen Nationen gibt. So bestand im Jahr 2010 für irische Staatsbürger in 95 Ländern der Welt Visumfreiheit, für dänische und schwedische in 94 und für deutsche immerhin in 93 Staaten – während Bürgerinnen des Iran problemlos nur in sechs, die Pakistans in vier und jene des Irak, Somalias und Afghanistans jeweils in zwei andere Länder reisen konnten. Diese radikal ungleiche Bewegungsfreiheit steht in einem engen statistischen Zusammenhang mit dem Reichtum der Nationen: Je höher das BIP und also die wirtschaftliche Wertschöpfung pro Kopf in einem Land, desto freier können sich die aus diesem Land stammenden Köpfe und Körper in der Welt umherbewegen. Reichtum macht mobil – diese Lebensweisheit gilt lokal ebenso wie global. Und zwar nicht zuletzt auch deshalb, weil die reichen Länder und die Reichen anderer Länder nicht als unmittelbare Bedrohung unseres eigenen Reichtums bzw. als Gefährdung seines sicheren Genusses wahrgenommen werden.

Vor allen Dingen aber lässt sich feststellen, dass die globale Mobilitätsungleichheit sich ausgerechnet im Zeitalter der Globalisierung deutlich verschärft hat. Wie eine längerfristige historische Perspektive zeigt, haben sich die Mobilitätschancen in den Jahren zwischen 1969, als der jüngste Globalisierungsschub noch ausstand, und 2010 im Weltmaßstab deutlich polarisiert. Die reichen Länder haben in diesem Zeitraum ein asymmetrisches Bewegungsregime ganz nach ihrem Geschmack herbeigeführt: freier Verkehr für Waren und Personen aus dem globalen Norden bei gleichzeitiger Einschränkung der Mobilität für Güter und insbesondere für Menschen aus dem Süden. Zur Mitte der 2000er Jahre konnte die Hälfte der Weltbevölkerung ohne Visum in weniger als 25 Länder reisen, zwei Drittel der Menschheit in weniger als 35 Staaten. Wirklich globale Bewegungsfreiheit genießen im vermeintlich »globalen Zeitalter« nur die Menschen aus der OECD-Welt, deren ökonomische Privilegien sich unmittelbar in rechtliche Bevorzugung und soziale Vorteile übersetzen. Die wohlstandskapitalistischen Gesellschaften haben sich somit ein globales Mobilitätsmonopol verschafft, eine einseitige Maximierung ihrer Mobilitätschancen erreicht. Namentlich Bürger der Europäischen Union können in nahezu alle Staaten der Welt entweder visumfrei einreisen oder sich – so sie sich jenseits ihres Status als privilegierter Weltbürger nichts haben zuschulden kommen lassen – ohne Probleme ein Touristenvisum ausstellen lassen.

Von solch einer praktisch unbegrenzten Freiheit zur kurzfristigen und kurzzeitigen Bewegung im globalen Raum können die Bürgerinnen der weniger wohlhabenden Nationen nur träumen. Oder jedenfalls die meisten von ihnen. Denn ein weiteres Merkmal des gespaltenen Mobilitätsregimes ist seine soziale Strukturiertheit: Auch unter den in ihrer Mobilität kontrollierten und konditionierten Bürgern ärmerer Länder gibt es solche erster und zweiter Klasse (und vieler weiterer mehr). Genauer gesagt haben die reichen Länder vermittels ihrer Visumpolitik ein in mehrfacher Hinsicht selektives System der Zuteilung von Zugangs- und Aufenthaltsrechten errichtet, das nicht nur nach der jeweiligen Staatszugehörigkeit des Antragstellers diskriminiert, sondern auch nach dessen ökonomischem und sozialem Status unterscheidet. Denn zur erfolgreichen Visumbeantragung müssen nachweislich vielfältige Voraussetzungen erfüllt werden: Finanzkraft und Versicherungsschutz, eine Anlaufstelle im Gastland und die Rückkehrbereitschaft ins Heimatland. Das visumgestützte Mobilitätsregime erweist sich damit als ein hochkomplexes System verschiedener Geschwindigkeiten und strukturierter Wahrscheinlichkeiten. In ihm dürfen die Bürger der kapitalistisch-demokratischen Zentren praktisch jederzeit aus- und anderswo einreisen, aus den Peripherien des vermeintlichen »globalen Dorfes« aber können sich nur diejenigen – und auch sie zumeist nur kurzfristig – ins Zentrum bewegen, die die harten und eigennützigen Kriterien der wohlstandskapitalistischen Grals- bzw. Grenzhüter erfüllen.

Damit ist das Grenzregime der Externalisierungsgesellschaft angesprochen. Mit Blick auf die Visumpolitik als Instrument der Mobilitätsmonopolisierung sind vor allen Dingen zwei »Grenzfragen« von Bedeutung. Die erste ist jene der Gleichzeitigkeit – und des funktionalen Zusammenhangs – von Öffnung und Schließung: Während wir Wohlstandskinder raus in die Welt dürfen, soll die Welt »da draußen« nicht zu uns reinkommen, zumindest nicht in Gestalt von Menschen aus Fleisch und Blut. Mit einer physikalisch-biologischen Begriffsanleihe könnte man die auf die Zentren der Weltgesellschaft zugeschnittene Mobilitätsregulierung im globalen Kapitalismus auch als »semipermeabel« bezeichnen. Wie bei einer halbdurchlässigen Hülle nämlich – ähnlich der Funktionsweise der Zellmembran – lässt die herrschende Visumpolitik Grenzverkehr in die eine Richtung zu, unterbindet ihn hingegen in die andere. Die Grenzen der Externalisierungsgesellschaft sind nach außen, nicht aber nach innen durchlässig – bzw. sie sind so gestaltet, dass das, was man nicht bei sich haben möchte, effektiv ausgegrenzt werden kann. Mobilitätspolitisch lassen sich dann nicht nur die Kosten der eigenen Reisefreiheit auf die Zielgesellschaften rund um den Globus auslagern, sondern im Gegenzug auch ein etwaiges Begehren aus diesen Gesellschaften um Zugang zur schönen alten Wohlstandswelt abweisen.

Die zweite mit der Visumpraxis aufgeworfene – und gewissermaßen abgeschobene – Grenzfrage ist die nach dem Ort des Geschehens, nach den räumlichen Praktiken des Grenzmanagements. Und hier begegnen wir neuerlich einem manifesten, zunächst rein administrativ anmutenden, tatsächlich aber ganz materialen Externalisierungseffekt. Denn mit der Politik der Visumbeantragung und -erteilung bzw. -verwehrung werden die Grenzen der Externalisierungsgesellschaft selbst ausgelagert, in weit entfernte Länder und Weltregionen verlagert. »*Pushing the border out*« – die Grenze nach außen verschieben, sie ins Jenseits der eigenen Lebenswelt befördern – nennt die Autorengruppe um Steffen Mau diese Bewegung: Die Kontrollpunkte des Zugangs werden exterritorialisiert, vom Territorium der reichen Länder auf die gesellschaftlichen Nicht-Orte der Konsulate und konsularischen Abteilungen ihrer Botschaften in den ärmeren Weltregionen übertragen. Was wir in der Flüchtlingspolitik als »Dublin-Verfahren« kennen oder jedenfalls in der jüngsten Vergangenheit kennengelernt haben – also die Prüfung eines Asylantrags durch den Staat der Erstankunft der Asylbegehrenden –, ist in der Visumpolitik seit jeher gängige Praxis: Der Einreiseantrag wird am Herkunftsort gestellt und dort beschieden, so dass die mobilitätswillige Person gar nicht erst dort ankommt, wo sie hinwill, und nicht bei denen vorstellig wird, die sich ihre Anwesenheit nicht vorstellen können. Soll »Dublin« uns vor unerwünschter Zuwanderung schützen und die Abweisung der Zufluchtsuchenden weit vor der eigenen Haustür sicherstellen (und uns damit das unangenehme Geschäft der Ausweisung ersparen), so lässt sich die so unscheinbar daherkommende Visumpolitik als »Dublin für alle« oder »ein ständiges Dublin« bezeichnen: In irgendeiner Amtsstube irgendwo da draußen in der Welt werden Einreise-, Durchreise- oder Aufenthaltsanträge gestellt, von deren Ablehnung wir niemals hören und deren Urheber wir niemals zu Gesicht bekommen – dank der politischen Gewalt und bürokratischen Rationalität der Externalisierungsgesellschaft.

Apropos Gewalt: Die Grenze zu exterritorialisieren, sie ins gesellschaftliche Außen zu verlagern heißt, auch jene Gewalt zu externalisieren, die mit Grenzziehungen und Grenzkontrollen, Grenzsicherung und Grenzbehauptung immer und notwendig einhergeht. Eine Gewalt, die an den und jenseits der Grenzen des eigenen Territoriums eingesetzt wird, um im Landesinneren den »sozialen Frieden« zu gewährleisten. Der Entwicklungssoziologe und -ökonom Ernst Neumayer von der London School of Economics bezeichnet die Visumpolitik bzw. deren restriktive Handhabung gegenüber Bürgern armer Nationen als äußerste Verteidigungslinie (*first line of defense*) gegen unerwünschten Zugang zum eigenen Territorium: Sie ist der rechtliche Vorposten zur Bewahrung unserer Lebenswelt und unseres Lebensstils vor potentiellen Eindringlingen. Es ist zum geflügelten Staatsschutzwort geworden, dass die Sicherheit Deutschlands (auch) am Hindukusch verteidigt wird – Deutschlands Wohlstand aber wird nicht nur, einstweilen noch von Polizei und Militär anderer Staaten, an den Grenzzäunen Mazedoniens und im Hafen von Piräus verteidigt, sondern ganz alltäglich und scheinbar unaufgeregt von deutschen Verwaltungsstellen rund um den Globus. Sieht man die Militäreinsätze an den Außengrenzen der Europäischen Union und die Visumpraxis europäischer Botschaften im Rest der Welt als zwei Seiten einer Medaille – und realistischerweise muss man dies tun –, dann wird klar, dass sich die mobilitätspolitische Externalisierung von Gewalt arbeitsteilig vollzieht: Am Grenzzaun zeigt der Abschirmdienst der Externalisierungsgesellschaft sein brutales Gesicht, am Bürotisch operiert er im subtileren Modus der *smart borders*, sprich in Form der »intelligenten«, informationstechnologisch bewehrten Zugangsregulierung.

Gewaltträchtig sind freilich beide Formen des ausgelagerten Schutzes der Externalisierungsgesellschaft vor ihrer vermeintlichen Außenwelt. Zumal die militärische, aber auch die polizeiliche und administrative Variante dieses Schutzes scheinen wir Wohlstandskinder und Externalisierungsbürger allerdings selbst erfolgreich aus unserer Wahrnehmung auszulagern, von unserer Lebenswelt abzuspalten und aus unserer Weltdeutung auszuschließen. »*Pushing the border out*« meint eben nicht nur, die Grenze räumlich nach außen zu drängen – es bedeutet auch, das Grenzregime der Externalisierungsgesellschaft aus unserem Sichtfeld und unserem Gefühlshaushalt zu verdrängen. Es scheint so, als habe die anhaltende eigene Erfahrung selbstbestimmter und unkomplizierter physischer Grenzübertritte uns blind dafür gemacht, dass ebendiese Erfahrung vielen anderen Menschen auf dieser Welt nicht vergönnt ist, ja dass sie ihnen – in unserem Namen bzw. im Sinne unseres Wohlergehens – rechtlich verwehrt und im Zweifel gewaltsam verweigert wird. Erst mit der Krise von »Schengen«, also der möglichen und teilweise auch faktischen Einschränkung einer zuvor maximierten Bewegungsfreiheit im innereuropäischen Raum, kommt uns die Kehrseite der Mobilität mittlerweile wieder ins Bewusstsein. Ansonsten aber haben wir die von uns genossene asymmetrische, selektive, exklusive Bewegungsfreiheit schlicht habitualisiert, sie ist uns zu einer unhinterfragten und selbstverständlich ausgeübten Alltagspraxis geworden.

Vor diesem Hintergrund passt es ins Bild, dass die türkische Regierung ihre im Frühjahr 2016 getätigte Zusage, als äußere Verteidigungslinie gegen nach Europa strebende Flüchtlinge im vorderasiatischen Raum zu wirken, von der Gewährung der Visumfreiheit für türkische Staatsbürger bei der Einreise in die Europäische Union abhängig gemacht hat. Dieses politische Ansinnen ebenso wie die unmittelbaren Reaktionen darauf sind beredter Ausdruck des gespaltenen globalen Mobilitätsregimes und bezeichnend für eine uns gleichsam zur zweiten Natur gewordene Externalisierungspraxis: Nicht weniger als 72 Kriterien muss der türkische Staat erfüllen, um europäische Reisefreiheit für seine Bürgerinnen zu erlangen, »die Fortschritte der Türkei auf dem Weg zur Visa-Liberalisierung« werden von der EU-Kommission fortlaufend geprüft, zudem soll ein »Sicherheitsmechanismus« etabliert werden, der es der EU im Falle eines Falles erlaubt, die »Notbremse« zu ziehen und die Befreiungsregelung wieder zurückzunehmen.

All diesen Verzögerungstaktiken und Schutzvorkehrungen zum Trotz waren die Aufregung und Empörung, die der Versuch des Schwellenlands Türkei, am Mobilitätsmonopol des europäischen Zentrums teilzuhaben, entfacht hat, bemerkenswert groß – insbesondere unter »christsozialen« Politikern in Deutschland. Er könne vor der geplanten Visumfreiheit für Türken in Europa »nur warnen«, ließ der CSU-Vorsitzende Horst Seehofer öffentlich verlauten, denn die Gefahr sei groß, dass damit »innertürkische Probleme« importiert würden. Die gängige Problematisierungslogik ebenso wie den typischen Problembearbeitungsmodus der Externalisierungsgesellschaft hat der bayerische Ministerpräsident damit treffend auf den

Punkt gebracht: Wie immer gilt es, die Import/Export-Balance zu unseren Gunsten zu gestalten. Problemimport verhindern, Problemexport vorantreiben – wer wollte nicht weiterhin in der besten aller Welten leben?

Staatsbürgerschaftsrechte und Kohlenstoffdemokratie: Das Dampfboot ist voll

Die Freiheitsgewinne der Globalisierung und das Recht auf transnationale Mobilität sind also offensichtlich teilbar: Die einen haben sie – und nutzen sie auf Kosten derer, die davon ausgeschlossen bleiben. Ob man nun aber auf der einen oder der anderen Seite des »globalen Mobilitätsgrabens« steht, ist zuallererst eine Frage der Staatsbürgerschaft, im Kern also abhängig davon, wo man geboren wurde: in Europa oder im Nahen Osten, in den USA oder in Westafrika. Die israelische Rechts- und Politikwissenschaftlerin Ayelet Shachar bezeichnet diesen Wink des Schicksals, der den einen qua Geburt einen privilegierten Status verleiht, während er andere von Beginn ihres Lebens an in eine benachteiligte Position bringt, als »Geburtsrechtslotterie« (*birthright lottery*): Wer am richtigen Ort geboren wird, und dies auch noch zur rechten Zeit, hat das große Los gezogen in der Lotterie der Lebenschancen.

In modernen Gesellschaften stehen solch willkürliche Benachteiligungen eigentlich prinzipiell in der Kritik. Die angeborenen Ungleichheiten des Geschlechts etwa, der Rasse oder auch der sozialen Herkunft – die berühmten Diskriminierungskategorien *gender*, *class* und *race* – fordern zumindest dem normativen Anspruch dieser Gesellschaften nach politische Maßnahmen zur rechtlichen Gleichstellung und des sozialen Ausgleichs heraus. Für den nicht weniger geburtszufälligen

Ungleichheitsfaktor Staatsbürgerschaft gilt dieser Anspruch hingegen nicht. Vielmehr ist das genaue Gegenteil der Fall: Die gegebene oder aber fehlende Staatsbürgerschaft ist hier ein anerkannter und wirkmächtiger Grund für rechtliche wie soziale Besser- oder aber Schlechterstellung. Wer niederländischer oder neuseeländischer Staatsbürger ist, hat deswegen – und schon allein deswegen – in der globalen Mobilitätslotterie ein Siegerlos gezogen, Staatsangehörige Armeniens oder Äthiopiens hingegen eine Niete. Es sei denn, sie gehören zu den Reichsten ihres Landes, denn dann können sie sich womöglich eine attraktive Staatszugehörigkeit kaufen: Malta zum Beispiel verkauft die Staatsbürgerschaft des Landes und damit auch der Europäischen Union für einen Fixpreis von 650 000 Euro (plus 500 000 Euro Investitionen binnen eines Jahres). Auch nach der Geburtslotterie sind manche gleicher als andere.

Staatsbürgerrechte, jene vielgerühmte Institution gesellschaftlicher Teilhabe, deren zivilisatorischer Gehalt für die Selbstbeschreibung demokratischer Bürgergesellschaften von zentraler Bedeutung ist, sind also offenkundig ein zweischneidiges Schwert. Der britische Soziologe Thomas H. Marshall, wichtigster Analytiker und Interpret der modernen Staatsbürgerrechte und des durch sie hervorgebrachten Bürgerstatus (*citizenship*), hatte unmittelbar nach dem Zweiten Weltkrieg und unter dem Eindruck des nationalsozialistischen Zivilisationsbruchs die befähigende, einbeziehende, inklusive Seite der Staatsbürgerrechte betont – und aus heutiger Sicht womöglich überbetont. Moderne demokratische Gemeinwesen zeichnen sich Marshall zufolge dadurch aus, dass sie ihren Mitgliedern – den Staatsbürgerinnen – einen umfassenden Satz an Rechten garantieren, von der Meinungs- und Vertragsfreiheit über das Versammlungs- und Wahlrecht bis hin zum Rechtsanspruch auf Bildung, Gesundheit und soziale Sicherheit.

Was Marshall zwar durchaus sah, aber in seiner Analyse nicht systematisch weiterverfolgte, war die andere Seite der Medaille: Der Zugang zum Staatsbürgerstatus und seinen Rechtsgewährleistungen geht notwendig einher mit dem Ausschluss der Nicht-Staatsbürger aus deren Geltungskreis. In ökonomischer Terminologie ließe sich sagen, dass die Staatsbürgerschaft ein klassisches Klubgut ist: Mitglieder des Klubs, hier Staatsbürger und ihnen rechtlich Gleichgestellte, kommen in den Genuss bestimmter Güter, Nicht-Mitglieder können von diesem Genuss ausgeschlossen werden und werden dies in aller Regel auch. »Willkommen im Klub« gilt dann staatsbürgerrechtlich nur für diejenigen, die auf dem Klubgelände geboren worden sind oder auch ohne einen solchen Geburtsnachweis von der Klubleitung als Mitglieder aufgenommen werden. In Deutschland zum Beispiel galt allerdings lange Zeit nicht einmal für alle vor Ort Ansässigen die Geburt in deutschen Landen als Eintrittskarte zur Staatsbürgerschaft – eine ganze Generation von Kindern türkischer »Gastarbeiter« kann ein Lied davon singen.

Wie auch immer: Nach »innen« hat der nationale Rechts- und Sozialstaat der demokratisch-kapitalistischen Gesellschaften, zumal in den Jahrzehnten nach dem Zweiten Weltkrieg, als ein institutionelles Arrangement zur Steigerung der Lebenschancen breiter Bevölkerungsschichten gewirkt. Heute aber erweist er sich mehr denn je als das, was er zugleich eben immer auch gewesen ist, nämlich als ein effektives Instrument der sozialen Schließung reicher Gesellschaften nach »außen«. Es waren die Bürgerinnen westlicher Demokratien selbst, die – als in ihrer übergroßen Mehrheit Nicht-Besitzende in einer Gesellschaft des Privateigentums – von Beginn der kapitalistischen Moderne an in politischen und sozialen Konflikten für die Anerkennung ihrer Rechtsansprüche kämpften, für deren schrittweise Ausweitung – und für den Ausschluss Dritter von ihrer Inanspruchnahme. Der US-amerikanische Soziologe Michael Wallerstein, Hauptprotagonist der im zweiten Kapitel eingeführten Weltsystemanalysen, hat diesen beständigen innergesellschaftlichen Kampf benachteiligter Gruppen um die Ausweitung des Zugangs zu den Statusrechten der Staatsbürgerschaft und das parallele Bemühen, diesen Zugang für jeweils andere Gruppen zu beschränken, mit den Rangeleien von Schiffbrüchigen in einem Rettungsboot verglichen: »Sie verhielten sich durchweg so, als wollten sie sich einen Platz im Rettungsboot namens Staatszugehörigkeit sichern und als fürchteten sie zugleich, dass durch die Aufnahme weiterer Rettungssuchender das Boot überladen würde.«

»Das Boot ist voll«: Von jeher übersetzte sich die Befürchtung, dass die Aufnahmefähigkeit des »Rettungsboots namens Staatszugehörigkeit« (*a lifeboat called citizenship*) begrenzt, der Platz an der Sonne relativer Berechtigung auch in einer sich demokratisierenden kapitalistischen Gesellschaft ein knappes Gut sei, in den politischen Impuls, die Strickleitern des Zugangsrechts hinter sich hochzuziehen, sobald man selbst an Bord der »MS Sozialstaat« gelangt war. Die Angst vor der großen Zahl, vor den Massen an weiteren potentiell Anspruchsberechtigten, hat in der Geschichte der Staatsbürgerrechte stets das Verlangen nach Zugangsschranken hervorgerufen: Wer einmal »drin« war, wollte gerne unter sich bleiben; wer die Inklusion in den Staatsbürgerstatus endlich erreicht hatte, mochte um dessen Exklusivität nicht mehr allzu viel Aufhebens machen. Wallerstein zeigt, wie im demokratischen Kapitalismus historisch zunächst Arbeiter gegen die staatsbürgerliche Berechtigung von Frauen agitierten – und dann beide gemeinsam gegen die der »Ausländer«. Je inbrünstiger die Schlechtergestellten sich auf »Gleichheit« als Leitidee gesellschaftlicher

Umgestaltung und politischer Sozialreform beriefen, desto größere Hürden wurden errichtet, um die Inanspruchnahme von gleichen Rechten durch »alle« und »jeden« zu verhindern – und zwar nicht nur von Seiten der Herrschenden und Besitzenden, sondern auch auf Initiative der schon ansatzweise Berechtigten. Die immer wiederkehrende Konjunktur entsprechend differenzierender, binär angelegter Sozialkategorien – Bürger und Prolet, Mann und Frau, Schwarz und Weiß, Einheimischer und Fremder, Zivilisierter und Barbar – zeugt von dem bleibenden Bemühen in der politischen Gemeinschaft, die Rechtsansprüche für weitere Personengruppen zu beschränken oder diesen Gruppen den Zugang zum Bürgerstatus gleich ganz zu verwehren.

Wenn also hierzulande gegenwärtig – nicht nur, aber doch insbesondere – Ostdeutsche gegen die angebliche »Islamisierung« jener Staatsbürgergemeinschaft aufbegehren, der sie eine Generation zuvor selbst beigetreten sind, dann fügt sich eine solche Abwehrreaktion in das historisch bekannte staatsbürgerrechtliche Muster des Strebens nach *exklusiver Inklusion*. Wenig schreckt weite Teile der Bürgerschaft und ihrer politischen Repräsentantinnen heute offenbar so sehr wie die imaginierte Gefahr einer »Einwanderung in die Sozialsysteme«, nirgendwo sonst in der Staatsbürgergesellschaft liegt »null Toleranz« so nah wie bei der Abweisung von Rechtsansprüchen »Fremder«. Schon Marshall hatte darauf hingewiesen, dass die Anerkennung anderer als Gleiche und daher als staatsbürgerschaftlich Gleichberechtigte an der wahrgenommenen Zugehörigkeit zu einer gemeinsam geteilten »Kultur« hänge – und meinte damit vor allen Dingen das jeweilige Nationalbewusstsein der europäischen Gesellschaften. Heute scheint der nationale Vorbehalt bei der Zuerkennung von Staatsbürgerrechten eher wieder stärker zu werden als zu schwinden. Die Bürgerrechte, auf deren Schutz sich die »fortgeschrittenen« Demokratien so viel zugutehalten, werden jedenfalls als knappe Ressource gehandelt, und im Zweifel stechen sie jene Menschenrechte aus, denen der gesunde Menschenverstand womöglich eine logische Vorrangstellung zusprechen würde. In der Externalisierungsgesellschaft aber ist Letzteres offenkundig nicht der Fall: Wenn es hier zum Schwur der Vergabe von Mobilitäts- und Zugangsrechten kommt, dann geht Staatsbürgerschaft vor Menschenrecht, werden Nicht-Staatsangehörige zu Menschen zweiter Klasse degradiert.

Dass die Schließung des Staatsbürgerraums in den kapitalistischen Demokratien des Westens auch unmittelbar mit den im vorherigen Kapitel geschilderten stofflich-ökologischen Externalisierungspraktiken zusammenhängt, soll an dieser Stelle nicht unerwähnt bleiben. Der US-amerikanische Politikwissenschaftler und Historiker Timothy Mitchell hat diesen Zusammenhang in dem gesellschaftsdiagnostischen Konzept der »Kohlenstoffdemokratie« (*carbon democracy*) gefasst: Die Geschichte der Staatsbürgerrechte und die mit ihr verbundene doppelte Externalisierungsdynamik – des Schutzes vor Fremdbeanspruchung und der Kostenverlagerung auf Dritte – werden demnach erst richtig verständlich, wenn man die politischen Ökonomien der »entwickelten« Welt im Zusammenspiel mit ihrer spezifischen politischen Ökologie begreift. Denn das heute im globalen Norden erreichte Maß gesellschaftlicher Berechtigung der Bürgerinnen ist wesentlich auch als ein Effekt ihres materiellen Reichtums zu sehen. Dieser Reichtum aber – und mit ihm auch die wachsenden Umverteilungsspielräume und die strukturellen Möglichkeiten zur Integration der Besitzlosen in die Staatsbürgergemeinschaft – hing in den europäischen Gesellschaften eng mit deren spezifischem, seit dem 18. Jahrhundert etabliertem Energieregime zusammen.

Nicht umsonst steht »Kohle« hierzulande immer noch als umgangssprachliche Metapher für Geld, Vermögen, Wohlstand. Mit der Ausdehnung und Intensivierung des Kohlebergbaus in unseren Breitengraden Mitte des 19. Jahrhunderts fing gewissermaßen alles an, was die moderne Externalisierungsgesellschaft bis heute ausmacht: das permanente wirtschaftliche Wachstum, der Aufstieg von Großindustrie und industrieller Lohnarbeit, die Kämpfe der Lohnarbeitenden um soziale Rechte und ihre zunehmende Organisationsmacht, wachsender materieller Wohlstand auch für die besitzlosen Klassen, die Doppelbewegung von Massenproduktion und Massenkonsum, die klassenübergreifende Verbreitung eines ressourcen- und emissionsintensiven Lebensstils. Auf ein nochmals höheres, erweitertes Niveau gehoben, ja gewissermaßen auf die Spitze getrieben wurde diese gesellschaftliche Gesamtdynamik durch die im Zuge des 20. Jahrhunderts vollzogene Umstellung von der Kohle auf das Erdöl als ökonomisches, politisches und soziales Schmiermittel des westlich-industrialistischen, demokratisch-kapitalistischen *way of life*: Die scheinbar grenzenlose Verfügbarkeit des »schwarzen Goldes« als billiger und mobiler Rohstoff, dessen Förderung räumlich viel einfacher von seinem Verbrauch entkoppelt werden konnte, als dies noch bei der Kohle der Fall gewesen war, revolutionierte die Gesellschaften des globalen Nordens und die Lebensführungsmuster breiter Bevölkerungsmehrheiten in ihnen.

Auf diese Weise war spätestens nach dem Zweiten Weltkrieg eine Gesellschaft entstanden, die in praktisch jeder Hinsicht am Tropf der Bohrtürme und Pipelines hing – in ihrem Wohlstand, in ihren Alltagspraktiken, in ihrer machtvollen Position im Weltsystem. Was man den »fossilistischen« Kapitalismus nennen mag, also eine auf der massenhaften Nutzung fossiler Brennstoffe – Braun- und Steinkohle, Erdöl und Erdgas –

aufbauende Organisation der Ökonomie, brannte sich in alle gesellschaftlichen Institutionen ein und durchwirkte fortan sämtliche gesellschaftliche Lebensbereiche. Der Karbonkapitalismus sickerte tief in die Köpfe, Körper und Herzen der Menschen im globalen Norden ein. Und zwar aus dem ganz elementaren Grund, dass ihre soziale Reproduktion – ihre Erwerbseinkommen, ihr materieller Lebensunterhalt, ihre gesamte alltägliche Lebensführung – nunmehr unmittelbar an eine bestimmte Form der Ressourcenausbeutung, Energiegewinnung und Produktionsorganisation gekoppelt war. Die basalen, in jedem Sinne berechtigten Interessen der in ihrer übergroßen Mehrheit Lohnabhängigen an einem besseren, vielleicht sogar guten Leben, an politischer Beteiligung und gesellschaftlicher Mitsprache, an sozialem Aufstieg und »einem Stück eigenen Leben«, trugen maßgeblich dazu bei, dass die westlichen Industriekapitalismen zu »Karbondemokratien« wurden. Letztlich waren diese von einer ganz großen gesellschaftlichen Koalition getragen: Wer am steigenden Wohlstand teilhaben wollte, musste ebenso an einer Fortschreibung des neuen gesellschaftlichen Reproduktionsmodells interessiert sein wie diejenigen, die sich in ihren Wahlprogrammen der dauerhaften Stabilisierung und möglichst sogar weitergehenden Steigerung ökonomischer Prosperität verschrieben.

Industriekapitalismus und Kohlenstoffdemokratie wurden somit zu den Treibhäusern einer Gesellschaft, deren Produktions- und Konsummuster, Arbeits- und Lebensweisen, Alltagswahrnehmungen und -praktiken auf der beständigen Einspeisung billiger Rohstoffe und der effektiven Auslagerung der ökonomischen, ökologischen und sozialen Kosten dieses Gesamtarrangements beruhten. Man kann es aber auch einfacher sagen: Das überzeugt-überzeugende »Weiter so!« wurde zum gesamtgesellschaftlichen Projekt des globalen Nordens. Anderswo Natur ausbeuten, billige Arbeit nutzen, Waren absetzen und ökologische Senken beanspruchen, zu Hause aber den Wohlstand steigern, Massenkonsum fördern, »intelligent« und »sauber« produzieren und soziale Rechte zugestehen: Das ist die letztlich schlichte Rechnung der Externalisierungsgesellschaft, die über die Zeit immer besser aufging. So gut, dass es irgendwann zu einer die breite Zustimmung zum Gesamtarrangement fördernden Konstellation kam, in der hierzulande gleichzeitig die Wirtschaft brummte, mehr Demokratie gewagt *und* auch noch der Himmel über der Ruhr wieder blau wurde – ein veritables Gesellschaftswunder. Ein wohlstandskapitalistisches »Win-win-Spiel«, zu dem aber eben auch gehörte, für sich selbst Zugänge zur Außenwelt zu eröffnen, das Übergreifen des Außen auf die Innenwelt aber zu verhindern.

Diese irgendwie geniale Konstruktion aufrechterhalten, den für einen selbst derart vorteilhaften globalen Status quo bewahren zu wollen: Wer sollte der Externalisierungsgesellschaft dieses Ansinnen verdenken? Ein Motiv, das in der Tat bei den Hauptprofiteuren unter den Profiteuren, bei den großen Unternehmen und Kapitaleignern in den reichen Gesellschaften der Welt, am allerstärksten verankert sein dürfte. Aber das eben unweigerlich auch die »einfachen Leute« der Externalisierungsgesellschaft bewegt. Die Kohlenstoffdemokratie löste nicht das kapitalistische Strukturproblem systematisch ungleicher Lebenslagen für Kapitalbesitzer auf der einen und Lohnarbeitende auf der anderen Seite, sie änderte im Kern nichts an den ungleichen Lebenschancen von Arm und Reich im eigenen Land. Aber sie hob doch den gesamtgesellschaftlichen Lebensstandard und das allgemeine Konsumniveau in den reichen und zunehmend reicheren industriekapitalistischen Ländern auf zuvor ungekannte und ungeahnte Höhen. Von wo aus man dann auf die »unterentwickelten« Nationen der restlichen

Welt herunterschauen konnte und einen Blick auf die mit der Zeit nicht mehr vor der eigenen Haustür, sondern irgendwo »am anderen Ende der Welt« zerstörte Natur werfen mochte – aber, wenn man nicht wollte, auch nicht unbedingt musste.

Irgendwie sitzen wir seither alle im selben Boot: In einem kohlenstoffgetriebenen, luxussanierten und repräsentativdemokratischen Dampfkreuzer namens Externalisierungsgesellschaft. Und plötzlich kommen uns da auf unserer großen Fahrt ins Glück doch Schlauchboote und Schleuserbanden in die Quere.

Nichts zu verlieren als ihre Wertschöpfungsketten? Die Arbeit an der Externalisierung

Die Externalisierungsgesellschaft misst mit zweierlei Maß: Was man sich selbst erlaubt, das gesteht man anderen noch lange nicht zu. Und man wundert sich nicht nur, wenn die anderen sich anschicken, diese Doppelmoral in Frage zu stellen, sondern reagiert auf die Ansprüche der Ausgeschlossenen mit einer Vehemenz und Aggressivität, die Bände spricht: Auf den Aufstand der Verlierer hatte die Externalisierungsgesellschaft nicht gewettet. Und doch ist er im Gange.

In seinem zur Jahresmitte 2015 veröffentlichten Sachstandsbericht zählte das Flüchtlingshilfswerk der Vereinten Nationen (UNHCR) insgesamt 59,5 Millionen Menschen, die weltweit Heim und Heimat verlassen mussten, um vor Gewalt und Krieg, Verfolgung und Menschenrechtsverletzungen zu fliehen – so viele wie nie zuvor, jedenfalls nicht seit dem letzten Weltkrieg. Wer allerdings meint, dieses Elend der Welt hätten wir Europäer nun direkt vor der Haustür und seien daher in besonderer Weise »bedroht« oder »belastet«, kennt offenkundig die Zahlen nicht – wie anscheinend all jene, die meinen, ohne jeden sachlichen Grund davor mahnen zu müssen, dass Deutschland nicht »alle Flüchtlinge dieser Welt« aufnehmen könne. Als ob dergleichen auch nur annähernd anstünde. Die mit Abstand größten Aufnahmeländer der Welt, gemessen an den absoluten Zahlen beherbergter Flüchtlinge, lagen Mitte 2015 allesamt außerhalb der Europäischen Union, die meisten von ihnen sogar in sicherer Entfernung: die Türkei, Pakistan, der Libanon, Iran und Äthiopien führen diese Rangliste an, auf den ersten zehn Plätzen finden sich ausschließlich Staaten in Asien und Afrika.

Noch bemerkenswerter jedoch sind die Berechnungen des UNHCR bezüglich des relativen Flüchtlingsaufkommens und der ökonomischen Herausforderungen, die sich daraus für die aufnehmenden Länder ergeben. Im Libanon etwa kommen derzeit auf 1000 Einwohner nicht weniger als 209 von den Vereinten Nationen registrierte Flüchtlinge, jede fünfte Person in diesem Land hat also ihren früheren Wohnort verlassen müssen; in Jordanien beläuft sich diese Quote auf 90 von 1000, fast jeder zehnte Mensch ist hier von zu Hause geflohen. Was wäre bei auch nur annähernd ähnlichen Verhältnissen wohl in Deutschland und Europa los? Diese – trotz der dramatisierenden öffentlichen Diskurse rund um die »Flüchtlingskrise« vollkommen hypothetische – Frage stellt sich noch schärfer, wenn man die Zahl der Flüchtlinge in Beziehung zur Wirtschaftskraft der Aufnahmeländer setzt. Dann nämlich zeigt sich, dass die ökonomische Belastung durch die aktuelle Fluchtmigration weltweit extrem ungleich verteilt ist – und zwar zu Ungunsten der Länder des globalen Südens. So kommen auf einen US-Dollar BIP pro Kopf in Kaufkraftparitäten – als Vergleichsmaß für die reale Leistungsfähigkeit einer Volkswirtschaft – in Äthiopien 469 Flüchtlinge, in Pakistan 322, in Uganda 216, im Kongo 208 und im Tschad 193. In der Türkei, dem neuen Bollwerk der europäischen Staatssicherheit, sind es 94. Und in Deutschland? Weniger als 20. Die faktische Beanspruchung der nationalen Ökonomien durch die Versorgung und Integration geflohener Menschen liegt also in afrikanischen Ländern fast bis zum 25-Fachen höher als bei uns, eine kaum vorstellbare Kluft. Einstweilen hat man vom Horn von Afrika gleichwohl noch nicht von der Bildung einer »Alternative für Äthiopien« gehört – vielleicht, weil der Zugang zu den internationalen Medien von der kapitalistischen Peripherie aus schwieriger ist als vom Herzen Europas. Vielleicht aber auch, weil man dort noch ganz andere Sorgen hat.

Sicherlich andere jedenfalls als in Deutschland. Das Flüchtlingskommissariat der UN listet auch die Zahl der aktuell innerhalb der eigenen Landesgrenzen Vertriebenen auf – weltweit 34 Millionen Menschen, innerhalb von zehn Jahren hat sich die Zahl dieser *internally displaced persons* mehr als verfünffacht. Allein im ersten Halbjahr 2015 gab es 4,2 Millionen neue Binnenflüchtlinge, sprich aufgrund gewalttätiger Konflikte in ihrem eigenen Land Migrierende: fast eine Million Menschen im Jemen, über eine halbe Million in der Demokratischen Republik Kongo. 7,6 Millionen Menschen sind innerhalb Syriens auf Zwangswanderschaft, 6,5 Millionen in Kolumbien, 4 Millionen im Irak, 2,3 Millionen im Sudan (und weitere 1,5 Millionen im Südsudan). Angesichts dieser Zahlen relativiert sich eine, nach unseren gängigen Maßstäben, gesellschaftliche Jahrhundertanstrengung wie die Bewältigung der Wiedervereinigung doch ein wenig: Selbst in den Hochzeiten der ostdeutschen Westwanderung Anfang der 1990er Jahre hat die Zahl der entsprechenden Umzüge niemals die Marke von 300 000 pro Jahr erreicht. In zwei Jahrzehnten – zwischen 1991 und 2012 – verringerte sich die Bevölkerung auf dem Gebiet der ehemaligen DDR durch Binnenwanderung um 1,1 Millionen. Das sind in etwa so viele Menschen, wie im Jemen – dessen Gesamtbevölkerung weniger als ein Drittel der deutschen beträgt – zuletzt in einem halben Jahr umgesiedelt sind.

Sechzig Millionen Flüchtende weltweit, also rechnerisch die gesamte Bevölkerung Italiens, und das nur nach offizieller Zählung: Die Welt ist in Bewegung geraten. Doch weder machen sich alle zur Flucht Gezwungenen auf in den globalen Norden – noch sind gar all diejenigen unterwegs, die einen guten ökonomischen Grund dafür hätten. Auch wenn in öffentlichen Debatten gerne suggeriert wird, ganze Länder stünden schon in den Startlöchern, um lieber heute als morgen ins gelobte Land Europa zu ziehen: Die Realität sieht völlig anders aus. Wenn man sich allerdings die Daten zum globalen Wohlstandsgefälle vor Augen führt, könnte man schon ins Grübeln kommen, warum ebendies nicht der Fall ist: Warum die Leute im Süden nicht ihre Siebensachen packen und in den reichen Norden rübermachen. Faktisch aber verdeutlicht ein solcher Blick auf die Daten vor allen Dingen, dass Wanderungen, zumal über Grenzen hinweg, extrem voraussetzungsvolle und weitreichende Lebensentscheidungen sind. Niemand migriert nur so zum Spaß – Migration ist keine andere Form des Tourismus. Wer seine Heimat längerfristig oder dauerhaft verlässt oder verlassen will, hat gewichtige Gründe, und das teilweise ans Unglaubliche, ja Absurde grenzende Ausmaß globaler sozialer Ungleichheiten ist sicher ein ganz maßgeblicher Beweggrund.

Die beiden US-amerikanischen Soziologen Roberto Korzeniewicz und Timothy Moran haben sich die Mühe gemacht, die Einkommensniveaus und -verteilungen von 85 reichen und armen Ländern, gemessen in US-Dollar und auf dem Stand von 2007, in Relation zueinander zu setzen. Das Ergebnis ist erstaunlich, die globalen und regionalen Wohlstandsunterschiede frappierend: Die Bevölkerungen einzelner Länder des globalen Südens, also deren ärmste genauso wie deren reichste Einkommensgruppen (von den sozialstatistisch ohnehin nirgendwo erfassten Superreichen einmal abgesehen), liegen nämlich in ihrem Einkommensniveau *allesamt* unterhalb selbst noch der ärmsten Einkommensschichten in den reichen Ländern des globalen Nordens. So beginnt zum Beispiel die Spitze der bolivianischen Einkommenspyramide (aber auch die jener Chinas) auf einem Wohlstandsniveau unterhalb des Sockels der Einkommenspyramide der USA, und die gesamte Einkommensverteilung Indiens liegt unterhalb jener Südkoreas. Die reichsten 10 Prozent der Guatemalteken liegen mit ihrem Durchschnittseinkommen unter dem der ärmsten 10 Prozent der US-Amerikanerinnen, 90 Prozent der Mexikaner stellen sich mit ihrem Einkommen schlechter als das einkommensschwächste Zehntel Schwedens, wer in Zimbabwe zum reichsten Zehntel der Bevölkerung gehört, wäre in Argentinien Teil der Unterschichten – die reichsten 10 Prozent der Argentinierinnen aber wiederum zählten, lebten sie in den USA, allenfalls zur unteren Mittelschicht.

Derartige Ungleichheitsrelationen sind zunächst nur statistische Artefakte. Sie vermögen aber zu erhellen, was sogenannte »Wirtschaftsflüchtlinge« umtreiben könnte – wenn sie sich denn dazu entschließen, ihr bisheriges Leben hinter sich zu lassen. Korzeniewicz und Moran spielen dies an Beispielen durch, die real existierende Arbeitsmigrationsströme widerspiegeln. Etwa jene in und zwischen Mittel- und Nordamerika: Wer aus der guatemaltekischen Mittelschicht, ganz gleich ob nun aus der unteren oder der oberen, nach Mexiko übersiedelt, findet sich dort im unteren Fünftel der Einkommensverteilung wieder, was selbst bei der Übernahme einfacher Tätigkeiten im Aufnahmeland gleichwohl einen deutlichen Einkommenssprung wahrscheinlich werden lässt. Für Mexikaner wiederum, die ihr Glück in den USA versuchen, stellt sich die Situation – so sie die streng bewachte Südgrenze der Vereinigten Staaten lebend überwinden können – ganz ähnlich dar, allerdings in nochmals verschärfter Form: Praktisch jede mexikanische Staatsbürgerin, die im eigenen Land nicht zur Oberschicht gehört, kann durch Einwanderung in das Nachbarland im Norden einen gewaltigen Einkommenssprung machen. Dasselbe Muster gilt für Bolivien und Argentinien bzw. Argentinien und Spanien – oder für die Ukraine und Rumänien sowie Rumänien und Deutschland: Stets sind die durch Migration zu realisierenden Wohlstandssprünge so groß, dass es einem rein ökonomischen Kalkül folgend völlig irrational wäre, auf einen auch nur annähernd ähnlich weitreichenden sozialen Aufstieg in der Heimat zu setzen. Wer in Mexiko oder Bolivien, in Rumänien oder der Ukraine darauf spekuliert, innerhalb der eigenen Lebensspanne von einem anhaltenden Wirtschaftswachstum oder privaten Bildungsinvestitionen, von den Segnungen des EU-Beitritts oder den Programmen der internationalen Entwicklungshilfe so zu profitieren, wie es die Entscheidung für die Migration in eines der Zentren des globalen Kapitalismus verheißt, hat schon verloren. Keine »interne« Aufstiegsstrategie kann hier auch nur entfernt solche Statusrenditen abwerfen wie der gewagte Sprung auf die Arbeitsmärkte der weltweit reichsten Gesellschaften.

Wie gesagt: Dass Flucht und Zuwanderung, globale Arbeits- und Armutsmigration sich gleichwohl in Grenzen halten, grenzt eigentlich an ein Wunder – und hat nichtsdestotrotz seine Gründe. Nicht zuletzt liegen diese in dem gespaltenen Mobilitätsregime, das die Externalisierungsgesellschaft erfolgreich etabliert hat: Mit Visumpolitik und Einwanderungsquoten, »Green Cards« und Saisonarbeitsgenehmigungen, Grenzsicherung und Abschreckungsgesetzgebung versuchen die Gesellschaften des globalen Nordens, »Hochqualifizierte« anzuwerben und »Niedrigqualifizierte« fernzuhalten, *high potentials* in ihre Ökonomien zu locken und den Zugang von »Unproduktiven« zu blocken. Jedenfalls offiziell. Denn zum Mobilitätsregime der Externalisierungsgesellschaft gehört auch die Einrichtung von informellen Arbeitsmärkten, auf denen sogenannte »einfache« Dienstleistungen erbracht werden – zu geringen Löhnen, mit geringem oder gar gänzlich ohne Sozialschutz, ohne gesicherten Aufenthaltsstatus, nicht selten in direkter persönlicher Abhängigkeit vom Arbeitgeber. Die transnationalen Sorgeketten (*global care chains*), die in den letzten zwei Jahrzehnten zunehmend Verbreitung gefunden haben, entsprechen genau diesem Muster – und entwickeln sich vorzugsweise entlang jener internationalen Einkommenskluft, die dann eben doch mehr als bloß statistische Bedeutung hat: rumänische Frauen in Deutschland, bolivianische in Spanien oder philippinische in Hongkong erbringen auf »grauen« Arbeitsmärkten oder in Schwarzarbeit, für Dienstleistungskonzerne oder in Privathaushalten jene Sorgetätigkeiten, die in den reicheren Gesellschaften öffentlich und privat nicht oder nicht mehr erbracht werden.

Globale Sorgeketten stellen einen geradezu paradigmatischen Fall von Externalisierung und des externalisierungsgesellschaftlichen Mobilitätsregimes dar. Wie bereits im zweiten Kapitel dargelegt, stehen private Erziehungs-, Pflege- und Sorgetätigkeiten – die zumeist von Frauen bevölkerte Sphäre von Arbeit in der *care economy* – in einer kapitalistischen Ökonomie ohnehin in einem strukturellen Externalisierungszusammenhang: Dass sich lohnabhängige Produktionsarbeit als Vollzeitbeschäftigung im betrieblichen Kontext gesellschaftlich überhaupt durchsetzen und zur selbstverständlichen

Form der materiellen Existenzsicherung werden konnte, hängt unmittelbar damit zusammen, dass all die »Zuarbeiten«, die das Lohnarbeitsverhältnis ermöglichten und unterstützten, vom Kochen und Waschen bis zur Kinder- und Altenbetreuung, als unbezahlte Dienstleistung in die Sphäre des Privathaushalts ausgelagert wurden. Und dies in dem uns heute »klassisch« erscheinenden, historisch sich aber erst im Zuge der kapitalistischen Dynamik etablierenden Geschlechterarrangement: Er verdient die Brötchen, Sie kümmert sich um den Rest. Im fortgeschrittenen, flexiblen Kapitalismus des frühen 21. Jahrhunderts, in dem auch die weibliche Arbeitskraft als potentiell produktive Ressource entdeckt bzw. wiederentdeckt und nicht mehr nur als vermeintlich ökonomisch unproduktive Hausarbeit abgewertet wird, werden die Achsen dieses Geschlechterarrangements schrittweise verschoben. Zunehmend mehr Frauen werden erwerbstätig – und im Gegenzug wird die Sorge um Haushalt und Familie, um Alte, Kinder und Küche an Dritte übertragen.

Jedenfalls in den Ober- und oberen Mittelschichten – bzw. dort besonders häufig. Immer öfter werden in den Privathaushalten des globalen Nordens personenbezogene Dienstleistungen, vom mittäglichen Kochen über die Reinigung der Wohnung und den Spaziergang mit dem Hund bis zur Urlaubsvertretung bei der Schwiegermutterpflege, an nicht dem Haushalt oder der Familie angehörende Hausarbeiterinnen abgegeben, die typischerweise keine Staatsangehörigen jenes Landes sind, in dem sie ihre Dienste erbringen. Die globalen Sorgeketten ergeben sich dann daraus, dass die im Herkunftsland fehlende Sorgearbeit der mexikanischen Nanny in New York oder der ukrainischen Altenpflegerin in München von anderen erbracht werden muss, genauer gesagt von anderen Frauen: von Müttern oder Schwestern, Tanten oder Nichten der abwesenden, in den reichen Ländern beschäftigten Dienstleisterinnen. Auf den Philippinen etwa, wo praktisch eine halbe Volkswirtschaft auf dieser Form »globaler Arbeitsteilung« beruht und weibliche Sorgearbeiterinnen zum offiziell geförderten Exportartikel Nummer eins geworden sind, führt dies zu massiven Verwerfungen sozialer Netzwerke und stellt Abertausende Familien vor die Zerreißprobe.

Auch hier ergibt sich für die Externalisierungsgesellschaft neuerlich und scheinbar wie durch Geisterhand die beste aller Welten: Das heimische Erwerbspotential gut gebildeter Frauen wird ausgeschöpft, die Sorgearbeit durch billige und zuverlässige Arbeitskräfte erbracht, die sozialen Folgen des Schöpfens aus dem Vollen einer globalen *care*-industriellen Reservearmee hingegen können ausgeblendet bleiben – so man nicht sogar davon ausgeht, der jeweiligen »Perle« vom Dienst oder gar ihrer gesamten Heimatökonomie etwas Gutes zu tun. Dabei fällt das Gute an der Sache hauptsächlich in den Zentren und nicht an der Peripherie ins Gewicht: Etwa die Altenpflege hierzulande würde ohne die externalisierte, von informeller migrantischer Arbeit – bis hin zur 24-Stunden-rund-um-die-Uhr-Pflege – getragene Dienstleistungsökonomie schlicht zusammenbrechen. Und man muss kein sozialpolitischer Verschwörungstheoretiker sein, um festzustellen, dass die Gesetzliche Pflegeversicherung in Deutschland dieses Externalisierungsarrangement in ihren Leistungskatalog, der die realen Pflegebedarfe der privaten Haushalte nicht einmal annähernd abdeckt, faktisch »eingepreist« hat.

Entsprechende Arbeitskräfte von den Randzonen des globalen Kapitalismus sind im Inneren der Externalisierungsgesellschaft mithin gern gesehen – informell und vorübergehend, bei Bedarf und ohne weiter gehende Aufenthaltsansprüche natürlich. Das halbdurchlässige Mobilitätsregulativ der reichen

Gesellschaften ist hinlänglich flexibel, um diejenigen reinzulassen, die produktions- oder reproduktionsökonomisch gebraucht zu werden scheinen, auf dem Bau und bei der Ernte, zum Putzen und für die Pflege – und zugleich jene abzuwehren, deren Produktions- und Reproduktionskraft nicht benötigt wird. Oder deren biologische Reproduktionsfähigkeit man auch aus der Ferne in Anspruch nehmen kann, zum Beispiel in Form von Leihmutterschaftstourismus. Nachdem Indien, lange Zeit führend auf dem Markt für transnationale Reproduktionsdienstleistungen, Leihmutterschaft nur noch im Auftrag verheirateter heterosexueller Paare gestattet, boomt das Geschäft nun in Mexiko. Cancún auf der Halbinsel Yucatán, sozusagen das Mallorca der USA, ist mittlerweile zu einer Hauptstadt des Leihmuttertums geworden: In der in den 1970er Jahren aus dem Erdboden gestampften Retortenstadt, so die Humangeographin Carolin Schurr, »kommen jetzt auch die Babys aus der Retorte« – ausgetragen von mexikanischen Leihmüttern. Fruchtbarkeitskliniken und Leihmutteragenturen bieten für 49 000 US-Dollar entsprechende *All inclusive*-Pakete an: für Eizellenspende und In-vitro-Fertilisation, Leihmutterarbeit und Kaiserschnitt, Anwalts- und Notargebühren sowie die fällige Agenturprämie. Und sobald das Kind ausgetragen und in die USA verfrachtet worden ist, kann die Schwester der Leihmutter gleich mit in den glücklichen amerikanischen Jungelternhaushalt migrieren, um dort illegalisiert Windeln zu wechseln und bei allem, was sonst noch so an- und abfällt, unter die Arme zu greifen: Inklusiver geht nicht.

So schließt sich denn gewissermaßen der Kreis des externalisierungsgesellschaftlichen Mobilitätsregimes: In den Außenwelten der reichen Gesellschaften werden immer neue Formen der Ausbeutung etabliert – bis hin zur Auslagerung von Körperdienstleistungsindustrien, deren Produkte auf dem Weg touristischer Stippvisiten mal eben in Auftrag gegeben und nach Fertigstellung abgeholt und in die heile Welt, das traute Glück daheim mitgenommen werden können. Ausbeutungsverhältnisse, dank deren sich die Externalisierungsgesellschaft – in diesem Fall sogar im wahrsten Sinne des Wortes – reproduziert.

Vorhang auf: Die Externalisierungsgesellschaft, enthüllt?

Der große polnische Soziologe Zygmunt Bauman bringt das zweierlei Maß, mit dem die Externalisierungsgesellschaft misst und nach dem die globale Mobilitätsspaltung funktioniert, auf den Punkt: »für Profite zu reisen wird befördert; zum Überleben zu reisen wird verurteilt«. Was Unternehmen und Bürgerinnen im globalen Norden einen Profit – im engeren wie im weiteren Sinne – verspricht oder auch einfach nur Spaß bereitet, wird vom herrschenden Mobilitätsregime ermöglicht; wer sich hingegen aus dem globalen Süden bewegen will, um besser zu leben, oder gar bewegen muss, um zu überleben, gilt als Schmarotzer und gerät ins Netz der Mobilitätskontrollen. Hier Profit, dort Parasit: Die gefährlichen Klassen der Externalisierungsgesellschaft sind »die da unten«, die Menschen an den Peripherien des globalen Kapitalismus – »die Menschheit selbst«, so Ronen Shamir im Anschluss an den italienischen Philosophen Giorgio Agamben, »ist zu einer gefährlichen Klasse geworden«.

Die vielzitierte »Flüchtlingskrise«, die sich immer mehr als eine Krise der Humanität der europäischen Gesellschaften entpuppt, gibt dieser Aussage einen tieferen, erschreckenden Sinn. Die Externalisierungsgesellschaft, konfrontiert mit einer grenzüberschreitenden Mobilität, die eine Reaktion auf das Mobilitätsregime der reichen Gesellschaften selbst ist und dieses zugleich durchkreuzt, scheint den Halt zu verlieren – und die Haltung. »Wellen«, »Fluten«, »Ströme«: Eine Semantik, die mit Blick auf jene Tourismen aller Art, die vom globalen Norden ausgehen und den globalen Süden in Beschlag nehmen, niemals gepflegt würde, ist in Bezug auf die überschaubare Zahl an Kriegs- und Krisenflüchtlingen, die einstweilen das europäische Festland erreichen, an der politischen Tagesordnung. Von den Sintfluten, die sich neben uns, an den Rändern der demokratisch-kapitalistischen Welt, über Land und Leute ergießen, spritzen die ersten Tropfen auf uns zurück – und wir haben nichts Besseres und Eiligeres zu tun, als Dämme zu bauen bzw. die bestehenden weiter zu erhöhen.

Die gesellschaftlichen Koalitionen, die in Europa hinter diesen Abwehrreaktionen stehen, sind bemerkenswert groß – von deutschen »Schlagbaumphilosophen« wie Peter Sloterdijk, die eine »moralische Pflicht zur Selbstzerstörung« im selben Atemzug herbeiphantasieren und dementieren, über Regierungschefs wie den ungarischen Ministerpräsidenten Viktor Orbán, der unter Umgehung der Gesetze der Physik die Landesgrenzen »luftdicht versiegeln« möchte, bis hin zu den in den verschiedenen europäischen Staaten unter unterschiedlichsten Namen auftretenden parteipolitischen »Alternativen«, die letztlich allesamt nur das eine wollen, nämlich die soziale Realität von Armut, Not und Gewalt »da draußen« weiterhin jenseits des Sichtfelds und fern von ihrem Leben zu halten. Und irgendwie beteiligen sich an diesem großen externalisierenden, ausgrenzenden und verdrängenden Schulterschluss auch die »ganz normalen«, unbescholtenen und apolitischen Bürger. Die sich schon mal für den Fall rüsten, dass die Gesetze der Physik doch die Oberhand behalten und das »Außen« nicht länger draußen bleibt.

Wer es sich leisten kann und Manns genug bzw. ausgeprägt

sicherheitsbedürftig ist, bewaffnet sich zwecks persönlichen Krisenmanagements mit einem SUV. Im Jahr 2001 wurden in Deutschland 100 000 *Sport Utility Vehicles* verkauft, 2012 waren es eine halbe Million; für 2020 prognostiziert das Statistische Bundesamt einen Absatz von 900 000 Fahrzeugen. Die Riesenkarossen der Externalisierungselite sind nicht nur die verdinglichte Gestalt des Klimaleugnens. Sie symbolisieren auch den Willen, sich gegen die vielleicht dann doch drohenden Fluten zu wappnen – seien es nun Starkregen und Überschwemmungen oder aber Flüchtlingsströme und Zuwanderungswellen. Wer in unseren Breitengraden mit dem *SUV* durch die Stadt fährt, der macht den Eindruck, als wäre er schon zum Grenzeinsatz unterwegs. Und vielleicht ist er es ja auch bereits, vorbewusst selbstverständlich. Vielleicht ahnt er ja untergründig, dass das vermeintliche »Außen« nun auf uns zurückschlägt: in Form des Klimawandels, der vielleicht doch nicht als eine Wiederkehr des heute meist belächelten, aber letztlich bloß erfolgreich externalisierten »Waldsterbens« der 1980er Jahre abzutun ist; und einer Fluchtwanderung, die man mit asylrechtlichen und militärischen Mitteln zu bekämpfen sucht, die aber nicht deswegen enden wird, weil wir uns dies wünschen.

Klimawandel und Fluchtwanderung fordern die Externalisierungsgesellschaft deshalb besonders heraus und fördern deswegen derart vegetative Reaktionen unter ihren Verteidigerinnen zutage, weil beide Entwicklungen eine neue Qualität, genauer gesagt eine neue Materialität der Berührung dieser Gesellschaft mit ihrem »Außen« beinhalten. Es sind die »Naturgewalten«, mit denen wir nunmehr konfrontiert sind – und die sich als solche weder wegreden noch mit Gegengewalt aufhalten lassen. Und Analoges gilt für die menschlichen Körper, die plötzlich physisch vor uns stehen, so sie nicht in den Fluten des Mittelmeers versunken sind: »Körper von Gewicht«, um mit der US-amerikanischen Philosophin Judith Butler zu sprechen, die sich gleichfalls nicht in Luft auflösen lassen und die auf Gewalt im äußersten Fall sogar mit Gegengewalt reagieren können.

Klimawandel und Fluchtwanderung sind Ausdruck einer neuartigen Form der Stofflichkeit, der Spürbarkeit, der Sichtbarkeit der Externalisierungsgesellschaft – und ihres Preises. Es dürfte an der Zeit sein zu akzeptieren, was man spürt; und wahrzunehmen, was man sieht. »Betroffenheit reicht nicht«, so das bereits zitierte, flammende Plädoyer Milo Raus für einen »globalen Realismus«. Was wir derzeit mit dem einstweilen noch vorsichtig und zurückhaltend nach Europa ausgreifenden Fluchtgeschehen erlebten, sei »nur der alleräußerste, der gleichsam zarteste Ausläufer dessen, was für Milliarden Menschen Alltag ist«. Es habe sich »die Nebelwand aufgelöst, die uns bislang vor dem Anblick der Folgen unserer Wirtschaftspolitik im Nahen Osten und in Zentralafrika schützte«. Mit freier Sicht auf die weltgesellschaftlichen Verhältnisse aber sei mehr und anderes gefragt als jene Politik wahlweise des organisierten Mitleids oder der sicheren Drittstaaten, »mit der wir uns aktuell vom Elend der Welt freikaufen«.

Und doch neigen wir dazu, die Augen weiterhin zu verschließen; hoffen wir nach wie vor, dass die immer deutlicher sich abzeichnende Krise der Externalisierungsgesellschaft am Ende doch bloß als eine vorübergehende Irritation der Verhältnisse sich erweisen werde. Und es gibt nachvollziehbare Gründe für diese Hoffnung wie auch für die ihr zugrunde liegende Sorge. Denn wir haben mehr zu verlieren als nur unsere globalen Wertschöpfungs- und Sorgeketten bzw. die Vorteile und Gewinne, die wir über eine so lange Zeit hinweg zuverlässig aus ihnen gezogen haben. Mit der Herrschaft der Externalisierungsgesellschaft bräche auch die von den Bevölkerungen des globalen Nordens gepflegte imperiale Lebensweise zusammen: unser Leben auf Kosten anderer. Untergehende Imperien kennen wir nur aus den Geschichtsbüchern oder vom Hörensagen – jedenfalls im Westen Europas. Doch sie werden verlässlich von all den psychosozialen Reaktionsweisen begleitet, die sich auch gegenwärtig beobachten lassen: bröckelnde Gewissheiten und trotzige Weiter-so-Parolen, lautstarke Selbstberuhigung und Rückzug ins »kleine Glück« des Privaten, das Pfeifen im Walde und der Ausbruch von Gewalt.

In der Krise der Externalisierungsgesellschaft radikalisiert sich ein politökonomischer Zusammenhang, den der Wiener Politikwissenschaftler Ingolfur Blühdorn »simulative Demokratie« nennt und dessen sozialen Mechanismus er auf äußerst erhellende Weise für die von ihm so bezeichnete »Politik der Nicht-Nachhaltigkeit« beschrieben hat. Blühdorn spießt mit seiner Analyse einen grundlegenden Widerspruch auf, der Bevölkerung wie Politik im Wohlstandskapitalismus gleichermaßen umtreibt und gleichsam eine große Koalitionsbildung zwischen ihnen befördert: den »Widerspruch zwischen der rationalen Einsicht in die fundamentale Nicht-Nachhaltigkeit der bestehenden Verhältnisse und der festen Entschlossenheit zu deren Verteidigung«. So kann es nicht weitergehen – also lasst uns so weitermachen: Das ist die stille Übereinkunft zwischen politischen Eliten und einer Bevölkerung, die jeweils auf ihre Weise mit den externalisierungsgesellschaftlichen Verhältnissen verstrickt sind. »Grüner Kapitalismus« oder »intelligent wachsen« sind die Antworten auf den Klimawandel, auf die sich beide Seiten einigen können – und von denen beide wissen oder ahnen, dass sie medienkompatible Formeln des kollektiven Selbstbetrugs sind, aber keine Auswege aus dem strukturellen Dilemma. Und ebenso verhält es sich mit den populären Parolen der Flüchtlingspolitik, mit der beredten Beschwörung einer »neuen europäischen Sicherheitsarchitektur« und einer Strategie »kontrollierter Zuwanderung«: Wer diese Botschaften hört, der muss tatsächlich statt auf Erfahrung oder Vernunft wieder auf die Hoffnung oder aber den Glauben setzen.

Was ja durchaus auch geschieht. Das Zusammenspiel der simulativen Diskurse von »oben« und von »unten« scheint in der Kohlenstoff- und Grenzsicherungsdemokratie des 21. Jahrhunderts immer noch zu funktionieren. Und dies, ohne dass sich beide Seiten dieses Funktionsmechanismus notwendig bewusst wären oder gar seiner zentralen Triebkraft: der Angst, der kollektiven Angst vor dem Ende des »guten Lebens« auf Kosten anderer. Sicher, es gibt nicht wenige Unternehmensinteressen und Politikunternehmer, die unmittelbar von der Ausbeutung der Natur und dem Elend der Welt profitieren und die daher strategisch-intentional an der Fortschreibung der Geschichte des Kapitalismus als einer Geschichte der Externalisierung arbeiten. Aber die allermeisten Akteure »oben« wie »unten« machen aus der Not ihres persönlichen Dilemmas, ihre mehr oder weniger aktive Teilhabe an einem nicht rechtfertigungsfähigen Gesellschaftsmodell vor sich selbst rechtfertigen zu müssen, die Untugend eines simulativen Sozialvertrags: sich selbst zu täuschen – und getäuscht werden zu wollen.

Was folgt daraus? Was ist in dieser Konstellation zu tun? Es wäre wohl schon viel gewonnen, wenn Milo Rau mit seiner Diagnose richtigliegen würde, dass die Zuspitzung der Situation aufklärerische Effekte hat. Wenn die Vermutung stimmen würde, dass die Bilder von an griechischen Stränden angeschwemmten Körpern und von Tränengaseinsätzen an mazedonischen Grenzzäunen, die Erfahrung von aus Zügen herausgezerrten oder per Flugzeug – direkt neben dem Gate unseres eigenen Urlaubsfliegers – abgeschobenen Menschen »auch dem Letzten unter uns die Wahrheit über das System enthüllt« hätten, in dem wir leben. Die Wahrheit über ein System namens Externalisierungsgesellschaft.

Postskriptum

Ich habe Ihnen das Ende von Edgar Allan Poes Erzählung »Die Maske des Roten Todes« bislang vorenthalten – es sei hier nachgereicht. Denn um Mitternacht mischt sich ein ungebetener Gast unter die tosende Feierlichkeit des Prinzen Prospero: hinter einer Maske, »die keinem von ihnen bisher aufgefallen war«, einer Maske mit »den Zügen eines Gesichtes in der Totenstarre« – und gehüllt in ein vor Blut starrendes Leichengewand. Die Festgesellschaft erfasst »Furcht, Grauen und Ekel«, doch den Gastgeber mehr noch Wut und Empörung ob der unpassenden Störung des lustvollen Treibens. Er stellt den Eindringling, dessen Verkleidung als jene des um die Festung herum tobenden Roten Todes identifiziert worden ist – doch als die erschrockenen Feiernden tatsächlich zu seiner Enttarnung schreiten, »schrien sie in maßlosem Grauen auf, als sie gewahr wurden, dass die Leichengewänder und die Totenmaske, die sie mit roher Gewalt anfassten, eine körperlose Gestalt umhüllten«. Hinter der Maske des Roten Todes steckt – das Nichts. Oder doch nur wir selbst?

Kapitel 5

Wir müssen reden: Wegdenken war gestern

»Strukturelle Gewalt ist still, sie zeigt sich nicht – sie ist ihrem Wesen nach statisch, ein ruhiges Gewässer.«

Johan Galtung,
Violence, Peace, and Peace Research (1969)

»Die Katastrophe erscheint als etwas Abstraktes, das in weiter Ferne liegt – bis sie schließlich da ist.«

Michael Mann,
Das Ende ist vielleicht nah – aber für wen? (2014)

Ungleichheit! Welche Ungleichheit?

Ungleichheit ist in den letzten Jahren wieder zu einem gesellschaftlichen Thema geworden. Es begann im Sommer 2013 mit Thomas Pikettys Mammutwerk *Le Capital au XXIe siècle*, in dem der französische Ökonom gleichsam ein ehernes Entwicklungsgesetz des modernen Kapitalismus ausmachte. Wird nicht durch politische Intervention aktiv gegengesteuert, dann stellt sich nach Piketty unweigerlich die kapitalistische Normalität ein: Die Kapitalrendite übersteigt tendenziell die gesamtwirtschaftliche Wachstumsrate. Die Gewinne aus Kapitalbesitz sprengen dann systematisch den gesellschaftlichen Verteilungsspielraum, sprich der Wohlstandszuwachs geht zu überproportionalen Teilen an die bereits Wohlhabenden, während die Haushalte mit geringeren Einkommen das Nachsehen im Verteilungsspiel haben. Der Kapitalismus, sich selbst und seiner Eigenlogik überlassen, führt zu einer stetig wachsenden

Einkommens- und Vermögensungleichheit – eine Tendenz, die Piketty für die reichen Gesellschaften Europas und Nordamerikas und insbesondere für die in den 1970er Jahren einsetzende »neoliberale« Ära akribisch nachzeichnet.

Während Pikettys Studie viel öffentlichen Staub aufwirbelte und die Ungleichheitsfrage spätestens mit der Veröffentlichung der deutschen Übersetzung (*Das Kapital im 21. Jahrhundert*) Mitte 2014 auch hierzulande in aller Feuilletonisten Munde war, erntete der Autor von Seiten seiner weniger sozialdemokratisch eingestellten Fachkollegen auch reichlich Kritik. Zugleich wurden seine Befunde aber im Mai 2015 von offizieller Seite bestätigt, zumindest was die Einschätzung der jüngeren Verteilungstrends angeht. »Noch nie in der Geschichte der OECD war die Ungleichheit in unseren Ländern so hoch wie heute«, verkündete Angel Gurría, Generalsekretär des Zusammenschlusses der als »entwickelt« geltenden Industrienationen, anlässlich der Präsentation des Sozialberichts seiner Organisation. Noch einen Schritt weiter ging die Hilfsorganisation Oxfam, als sie Anfang 2016 – wie jedes Jahr im Vorfeld des Davoser Weltwirtschaftsforums – dem ungleich verteilten Reichtum der OECD-Staaten die soziale Ungleichheit im Weltmaßstab gegenüberstellte: Den Daten des Schweizer Finanzdienstleisters Credit Suisse zufolge besitze das reichste Prozent der Weltbevölkerung praktisch genauso viel wie deren Rest; und auch die Hälfte des globalen Wohlstandszuwachses seit Beginn des Jahrtausends sei allein diesem einen Prozent der Menschheit zugutegekommen. Für besondere Aufmerksamkeit sorgte zudem Oxfams plakativer Hinweis, dass im Jahr 2015 rein rechnerisch das Vermögen von nur noch 62 Menschen dem »Reichtum« der ärmeren Hälfte der Menschheit entsprochen habe – also jenem materiellen Besitzstand von 3,5 Milliarden Menschen, für den im Vorjahr die 80 und im Jahr 2010 immerhin noch die 388 Reichsten der Welt hätten zusammenlegen müssen.

Natürlich regte sich daraufhin neben der obligaten öffentlichen Empörung – so wenige!, so viel! – sogleich auch der wissenschaftliche Einspruch der Expertinnen, die darauf hinzuweisen wussten, dass hier wirtschaftsdatentechnisch Äpfel (Privatvermögen) mit Birnen (Volkseinkommen) verglichen würden und die Zahl 62 folglich nicht stimmen könne. Eher seien es doch wohl, wie noch vor Jahren, einige Hundert vermögende Haushalte, die sich die halbe ökonomische Weltherrschaft teilen müssten. Vor allen Dingen aber standen deutsche Wirtschaftsweise Gewehr bei Fuß, um dem überhandnehmenden Gerede von der wachsenden weltgesellschaftlichen Ungleichheit mit gelehrtem Gegenfeuer zu begegnen und der ökonomischen Vernunft eine Stimme zu verleihen.

So wies Clemens Fuest, früherer Oxford-Ökonom und mittlerweile Präsident des renommierten Instituts für Wirtschaftsforschung (Ifo) in München, darauf hin, dass es so schlimm mit der Weltungleichheit gar nicht mehr sei. Nach Weltbank-Standards hätten im Jahr 2012 nur noch knapp 13 Prozent der Weltbevölkerung in extremer Armut gelebt, sprich von einem nicht zum Überleben befähigenden Einkommen – nach 44 Prozent im Jahr 1981 und 37 Prozent noch vor zwanzig Jahren. Nur mehr etwa 720 Millionen unter dem absoluten Existenzminimum Lebende (oder eben auch nicht): »Das sind immer noch zu viele. Aber der Fortschritt ist gewaltig.« Gewaltig sei der Fortschritt zudem nicht nur am unteren Ende der Verteilungsskala, sondern auch bei den Mittelwerten: »1980 betrug das durchschnittliche Pro-Kopf-Einkommen der Schwellen- und Entwicklungsländer rund 14 Prozent des Niveaus der Industrieländer. Heute liegt es bei etwa 23 Prozent.« Auch wenn hier die reicheren Ärmeren mit den richtig Armen der Einfachheit halber in einen Topf geworfen werden: Ein Fünftel des Durchschnittseinkommens der reichen Länder, in drei Jahrzehnten zehn Prozent des Einkommensrückstands aufgeholt – dürfen sich die aufstrebenden Nationen dieser Welt also auf dem rechten Weg zu Wohlstand und verallgemeinertem Wohlergehen wähnen?

Die internationale Wirtschaftsforschungsbranche hat, so Fuest, noch weitere Aufholerfolge des globalen Südens zu vermelden: »Eine aktuelle Studie des Weltbank-Forschers Branko Milanović zeigt, dass der Gini-Index der Einkommensverteilung in der Weltbevölkerung zwischen 1988 und 2008 von 74 auf 69 gefallen ist. Er kommt deshalb zu folgender Einschätzung: ›Die Periode der Globalisierung von 1988 bis 2008 hat den ersten Rückgang der weltweiten Ungleichheit seit der industriellen Revolution gebracht.‹ Die Behauptung, weltweit würden Armut und Einkommensungleichheit permanent zunehmen, ist nicht haltbar.« Da staunt der Laie: Erstmals seit der industriellen Revolution! Ein Rückgang von 74 auf 69, in zwanzig Jahren! Wobei – so nochmals der Fachmann – »ein Wert von null völlige Gleichheit, ein Wert von 100 maximale Ungleichheit bedeutet«. Worüber sich dann also noch aufregen? Wenn doch die globale Ungleichheit auf einer Skala von 0 bis 10 bei einem Wert von 7 liegt, Tendenz langsam fallend. Weil dank des – inzwischen allerdings wohl leider auslaufenden – Wirtschaftsbooms in China nun einige hundert Millionen Menschen nicht mehr existentielle Not leiden. Da kann man schon mal 69 gerade sein lassen – in Deutschland liegt der entsprechende Wert derzeit etwa bei 30 – und nebenbei die noch viel größere Ungleichheit der Vermögenswerte unter den Teppich kehren.

Apropos Deutschland: »Noch nie ging es uns Deutschen so gut wie heute. Das Bruttoinlandsprodukt pro Kopf, das den durchschnittlichen individuellen Wohlstand misst, liegt mit kaufkraftbereinigt 48 000 Dollar auf dem höchsten Stand der Geschichte. Lediglich die Schweizer haben es in Europa zu mehr gebracht (60 000 Dollar).« Darauf weist im Rahmen der neuen Ungleichheitsdebatte Rainer Hank hin, als bekannter Wirtschaftsjournalist eine der öffentlichkeitswirksamsten Stimmen auf diesem Feld. Wie es zum historischen Wohlstandszenit in Europa gekommen sei? Die Erklärung ist einfach: »In den vergangenen 150 Jahren hat sich unser durchschnittliches Einkommen mehr als verzwölffacht, ein Wunder, das wir Produktivität nennen.« Ein Wunder namens Produktivität, Teil der noch größeren Wunders namens Fortschritt. »›The Great Escape‹ nennt der Ökonom Angus Deaton diese geniale Fortschrittsgeschichte der Menschheit im 20. Jahrhundert: ›Der große Ausbruch‹.« Damit meint der britisch-amerikanische Wirtschaftsnobelpreisträger Deaton den Ausbruch aus der gesellschaftlichen Armut, das individuelle und kollektive Aufstiegsstreben, die Selbstbefreiung von existentieller Not und materieller Beschränktheit. Und nicht nur das. »Es sind«, so Hank mit Verweis auf Deaton weiter, »vor allem auch die großen medizinischen Erfolge des vergangenen Jahrhunderts, die unser Wohlbefinden positiv beeinflussen und die heute für uns selbstverständlich sind.«

Ein selbstverständliches Wohlbefinden, eine geniale Fortschrittsgeschichte, der große Ausbruch: Worum geht es hier? Und vor allen Dingen: um wen? Um welche Menschheit, welches »uns«? Nun, wohl wirklich nur *um uns*: um uns Fortschrittsmenschen und unser bemerkenswertes Wohlergehen. Tod und Alter, so heißt es zum Beispiel bei Hank, seien heute zu Synonymen geworden: »Früher war es normal, früh zu sterben.« Der frühe Tod – ein Phänomen der Vergangenheit, eine Erfahrung aus grauen Vorzeiten? Und der ominöse Fortschritt als Motor der Angleichung von Lebenschancen, »Medizin und

Pharmaindustrie egalisieren die Lebenserwartung«? Man fragt sich unwillkürlich, wovon all diese Männer – deutsche Wirtschaftsjournalisten, internationale Wirtschaftsforscher, der Wirtschaftsnobelpreisträger vom Dienst – eigentlich reden, in welcher Welt sie leben?

Die Antwort lautet: Sie leben in der Externalisierungsgesellschaft. Sie reden von der Externalisierungsgesellschaft. Und sie haben gut reden. Sie haben gut reden, weil sie in der Position dazu sind. Sie leben in der, von der und für die Externalisierungsgesellschaft – zum Beispiel als Professor in Princeton (Hank über Deaton: »Seine Kinder sind finanziell noch erfolgreicher als er, arbeiten für einen Hedgefonds an der Wall Street.«). Sie reden über sich und ihresgleichen – und über das, was ihnen aus ihrer Perspektive und ihrer Position an »sozialer Realität« in den Blick gerät. Melden gehorsamst: gröbste Ungleichheiten beseitigt, Lebenserwartung egalisiert, Fortschrittsgeschichte erfüllt! Da ist man versucht zu erwidern: Abtreten!

Die Schlachtfelder des globalen Kapitalismus

Zumindest aber möchte man dieser Geschichte eine andere entgegensetzen: eine Geschichte des Anderen der Externalisierungsgesellschaft. Eine Geschichte nicht (bzw. nicht nur) aus der Vergangenheit, sondern eine Geschichte der Gegenwart. Eine Gegenerzählung zu unserer angeblich wundersamen Fortschrittsgeschichte. Eine Gegenerzählung, in der das Lebensmotto des modernen Wohlstandskapitalismus – die Gewinne internalisieren und die Risiken externalisieren (*internalizing profits and externalizing risks*) – eine Schlüsselrolle spielt. Und zu der zum Beispiel die soziale Tatsache einer ungleichen, zumal weltgesellschaftlich radikal ungleich verteilten Lebenserwartung gehört: Für viele, ja mancherorts sehr viele Menschen ist es nämlich durchaus immer noch normal, früh zu sterben.

Die individuelle Lebenserwartung ist der soziale Wohlstandsindikator schlechthin. Eine existentiellere Ungleichheit gibt es nicht: Wer früher stirbt, ist länger tot. Und siehe da: Länger tot sind in der Regel die anderen. Das gilt schon für die Ungleichheit vor dem Tod in Deutschland und Europa – die diesbezüglichen Daten stehen in krassem Widerspruch zu allfällig geäußerten Mahnungen, man solle doch in der Ungleichheitsdebatte bitte »die Kirche im Dorf lassen«. So erreichen in Deutschland zum Beispiel nur 70 Prozent der Männer aus ärmeren Haushalten das 65. Lebensjahr – aber fast 90 Prozent jener aus den wohlhabendsten Milieus. Während deren mittlere Lebenserwartung bei Geburt 81 Jahre beträgt, können in die armen Haushalte geborene Jungen statistisch nur mit 70 Jahren Lebenszeit rechnen: Auf nicht weniger als 11 Jahre beläuft sich mithin die durchschnittliche Lebensdividende reicher Männer. Mit Blick auf die sogenannte gesunde Lebenserwartung, also die bei bester Gesundheit verbrachte Lebenszeit, beträgt der statistische Klassenunterschied sogar mehr als 14 Jahre (bei den Frauen stellt sich die Situation etwas weniger dramatisch, aber von der Tendenz her identisch dar). Diese Ungleichheitsstruktur findet sich auch innerhalb Europas, zwischen reicheren und ärmeren Nationen: Gegenüber einem litauischen Geschlechtsgenossen zum Beispiel hat ein Mann in Deutschland statistisch eine um 10 Jahre erhöhte Lebenserwartung. Zehn Jahre mehr haben oder nicht haben – wo sind da bloß die segensreichen Effekte von Medizin und Pharmaindustrie geblieben?

Nimmt man aber wiederum die EU-durchschnittliche Lebenserwartung von zuletzt 80,6 Jahren (Männer 77,8 bzw. Frauen 83,3 Jahre, Stand 2013) zum Maßstab, dann weiß man, was Göran Therborn mit den »Schlachtfeldern der Ungleichheit« (*The Killing Fields of Inequality*) meint: In den extrem ungleichen Gesellschaften des globalen Südens stirbt es sich auch im Durchschnitt deutlich leichter als in den reichen und – mit allen soeben genannten Vorbehalten – egalitäreren Gesellschaften des Nordens. In Ländern wie dem Tschad, Afghanistan oder Somalia beträgt die Lebenserwartung bei Geburt gerade einmal um die 50 Jahre – also 30 Jahre weniger als in Europa. So unterschiedliche Länder wie Laos, Haiti und Eritrea haben eines gemein: eine durchschnittliche Lebenserwartung von 63 Jahren. Und auch die vermeintlichen »Schwellenländer« oder die zeitweilig als erfolgreiche Wirtschaftsnationen gefeierten BRICS-Staaten stehen noch lange nicht an der Schwelle zu einer Gesellschaft des langen Lebens: In Südafrika stirbt man im Schnitt noch vor dem 50. Geburtstag, in Indien schon mit 67, in Russland und Brasilien mit 70 bzw. 73, in China immerhin erst im Alter von 75 (Platz 100 auf der Weltrangliste der Langlebigkeit).

So sieht sie also aus, die Welt der von Therborn so genannten »*vital inequality*«, der global ungleich verteilten Lebens- bzw. Überlebenschancen: Wenn für unsereins im Übergang zum siebten Lebensjahrzehnt ein neuer Lebensabschnitt beginnt, ist in Indien jeder zweite Mensch bereits verstorben. So bedrückend die dahinterstehende soziale Realität, so wertvoll ist doch dieser Indikator, weil er in seiner Aussagekraft auch von radikalen Fortschrittsgläubigen kaum zu relativieren ist – wie das zum Beispiel so gerne mit der »relativen Armut« getan wird, also der an einem gesellschaftlichen Durchschnitt gemessenen Einkommensschwäche von Haushalten: Diese sei angeblich gar keine »echte« Armut und dramatisiere daher die Verhältnisse auf unangemessene Weise. Der Tod hingegen ist alles Mögliche – nur eben nicht relativ. Sehr wohl aber ist er relational:

Er tritt nicht rein zufällig, wie in dem Bild des guten alten Sensenmanns suggeriert, bei dem einen früher, dem anderen später ein. Vielmehr sind die erhöhten Lebenschancen der einen strukturell mit den reduzierten Überlebenschancen der anderen verknüpft, schlechtere Lebenslagen stehen im strukturellen Zusammenhang mit besseren – national wie global gesehen. Hier wie dort leben die Wohlhabenden auf Kosten der weniger Begüterten – bis dass der frühe Tod der Letzteren sie scheide.

Dies war denn auch das zentrale Argument des vorliegenden Buches: Wir leben auf Kosten anderer – und zwar in letzter Instanz auf Kosten ihres Lebens. Was immer der ökonomische Liberalismus uns und den anderen erzählen mag: Produktivität ist kein Wunder, Fortschritt ist nicht universell, die reduzierten Lebenschancen an den Peripherien des Wohlstandskapitalismus sind kein Zufallsprodukt. Die erstaunliche und erstaunlicherweise immer weiter wachsende Produktivität der hiesigen Wirtschaft beruht maßgeblich auf der systematischen Ausbeutung der stofflichen Ressourcen und des physischen Arbeitseinsatzes – von Mensch und Natur – in anderen Teilen der Welt. Die Wohlstandsrendite, die sich seit vielen Jahrzehnten, wenn nicht gar Jahrhunderten, aus dieser Ungleichheitsstruktur ergibt, fällt zu weiten Teilen den »entwickelten« Gesellschaften – also uns – zu und zementiert die globalen sozialen Ungleichheiten weiter. Der Fortschritt vollzieht sich somit auf dem Rücken jener, die unser Fortschreiten ermöglichen – dabei selbst aber zurückbleiben. Plagend schreiten wir voran, ohne danach zu fragen, wie wir es zu unserem Wohlstand gebracht haben – und warum er uns, aber nicht anderen beschieden ist.

Die Wege des Herrn mögen unergründlich sein. Die Wege zu unserer wunderbaren Wohlstandswelt sind es nicht. Sie sind hier in zwei Anläufen zu ergründen versucht worden. Zunächst wurde gezeigt, wie die gesamte, individuelle wie kollektive Lebensführung in den reichen Gesellschaften des globalen Nordens auf einem schon seit langem praktizierten, großangelegten System ungleichen Tauschs beruht: In weiter Ferne, an den vielen Peripherien der kapitalistischen Weltökonomie, werden Arbeiten erbracht, Ressourcen gefördert, Giftstoffe freigesetzt, Abfälle gelagert, Landstriche verwüstet, Sozialräume zerstört, Menschen getötet – für uns, für die Menschen in den Zentren des Wohlstands, für die Ermöglichung und Aufrechterhaltung ihres Lebensstandards, ihrer Lebenschancen, ihres Lebensstils. Sodann wurde in einem zweiten Schritt nachgezeichnet, wie sich diese Zentren des Wohlstands von der sie nährenden und entlastenden Außenwelt abschließen, oder genauer: wie sie »fremde« Lebenswelten als ein »Außen« konstruieren, auf das sie zur Sicherung ihrer Lebensweise zugreifen können, ohne selbst jedoch von diesem in ihrer Integrität berührt zu werden. Die Beziehungen zwischen Zentren und Peripherien sind nach dem Prinzip der Halbdurchlässigkeit gestaltet: Während nach »außen« viel geht, soll nur wenig nach »innen« gelangen. Die globale Mobilitätskluft zugunsten des globalen Nordens ist dafür ein treffendes Beispiel: Die eine Hälfte der Welt bereist kollektiv die andere, eröffnet dieser aber nur einen höchst selektiven Zugang zu ihrem eigenen Wirtschafts- und Sozialraum. Wie die Lebens- sind auch die Bewegungschancen offensichtlich global teilbar – und effektiv geteilt. Was den einen möglich ist, bleibt den anderen verwehrt: Das nennt sich dann das Zeitalter der »Globalisierung«.

Rob Nixon, ein wie Angus Deaton an der Universität Princeton lehrender US-amerikanischer Umweltforscher, fasst diese globale Konstellation als ein von den hochindustrialisierten Ländern dieser Welt ausgehendes Wechselspiel von Überdehnung und Auslagerung, *outsizing* und *outsourcing*: Der westliche Wohlstandskapitalismus greift, getrieben von seinem inneren Wachstumszwang, weltweit auf immer mehr und immer neue natürliche wie menschliche Ressourcen zu – und wälzt die Folgekosten dieser Expansionsbewegung auf seine Außenwelt ab. Dass ihm dies gelingt und stets aufs Neue gelingen kann, liegt an seiner dominanten Position im Weltsystem, an der Verschränkung von ökonomischer und politischer Macht. Diese ermöglicht es den Gesellschaften des globalen Nordens nicht nur, eine strukturelle Gleichgültigkeit an den Tag zu legen, im Sinne der fraglosen Annahme einer prinzipiellen Verfügbarkeit all jener Ressourcen, deren es zur Fortsetzung ihrer expansiven und externalisierenden Dynamik bedarf. Die imperiale Lebensweise der »überentwickelten« Gesellschaften beruht zudem auf der Macht zur Unwissenheit, auf einem kollektiven Habitus, den Nixon »imperialen Provinzialismus« (bzw., bezogen auf die USA, *»superpower parochialism«*) nennt: die Macht, sich über die Folgen seines Handelns nicht nur keine Rechenschaft ablegen, sondern diese nicht einmal zur Kenntnis nehmen zu müssen, das Recht auf Nicht-Wissen für sich in Anspruch nehmen zu können.

Gleichgültigkeit und Unwissenheit, Indifferenz und Ignoranz muss man sich leisten können. Sie sind gelebte Zeichen einer Welt, in der die Herrschenden selbst noch das Wissen um ihre Herrschaft auszulagern vermögen – und diese damit unsichtbar machen können. Lange Zeit war die Externalisierungsgesellschaft äußerst erfolgreich darin, eine solche Unsichtbarkeit herzustellen: Das Sicherheitsmanagement an den Außengrenzen unserer Wohlstandswelt konnte ebenso hinter einem Schleier des Nicht-Wissens bzw. des Nicht-wissen-Müssens verschwinden, wie die Praktiken der Ressourcenvernutzung und Umweltverschmutzung irgendwo im Jenseits des eigenen Erfahrungsraums versickern konnten. Und das Unsichtbarkeitsregime wurde mit der Zeit immer weiter perfektioniert, vom stofflichen Müllexport ans andere Ende der Welt bis hin zur Auslagerung der virtuellen Müllentsorgung ans untere Ende der globalen Sozialstruktur.

Denn auch das gehört zur Externalisierungsgesellschaft in ihrer gegenwärtigen Gestalt: die »Müllabfuhr im Internet«, betrieben von »digitalen Putzkolonnen« in den Billiglohnländern des globalen Südens – Heerscharen von Bildschirmarbeitern, die für die Internetfirmen unseres Vertrauens jeden Tag Millionen von Bildern auf ihre moralische Verträglichkeit hin überprüfen. Rund um die Uhr sorgen sie dafür, so Till Briegleb in einem beeindruckenden Bericht aus der verborgenen Parallelwelt unseres sozialen Netzwerkuniversums, »dass wir bei Facebook kein Profilbild sehen, das einen abgehackten Kopf zeigt, bei Youtube kein Video mit Kindesmissbrauch finden oder bei Instagram Grumpy Cat nicht in einer Serie mit geschredderten Küken und gehäuteten Hunden auftaucht«. Wie, diese Horrorbilder löschen sich nicht von allein? Die böse Seite der Macht virtueller Realität löst sich nicht von selbst in Wohlgefallen auf, oder wenigstens mit Hilfe selbsttätiger Suchalgorithmen? Nein, unser »Psycho-Müll« wird in entfernten Ländern abgeladen, meist in Südostasien, wo die wohlklingend »Commercial Content Moderation« (CCM) genannte Drecksarbeit seiner Entsorgung für uns von anderen erledigt wird, von Hand, von Menschen aus Fleisch und Blut. Die neben dem Hungerlohn auch die psychischen Folgen selbst zu tragen haben: »Von Libidoverlust über Schlafstörungen zu Depressionen, Alkoholismus und paranoidem Misstrauen gegenüber anderen Menschen reichen die Leiden, die das stumme Verschließen des Bilderhorrors im eigenen Kopf erzeugt.« Alles so schön bunt hier in der schönen neuen Medienwelt des globalen Nordens? Aber selbstverständlich. Solange der Rest der Welt mitspielt.

Die Externalisierungsgesellschaft schlägt zurück – auf sich selbst

Doch die Verhältnisse, sie bleiben nicht so. Der Preis der Externalisierungsgesellschaft wird zunehmend sichtbarer, die Kollateralschäden unseres gesellschaftlichen Fortschritts- und Entwicklungsmodells lassen sich immer weniger übersehen – so weit entfernt sie uns auch scheinen mögen: Schmutzarbeit in den Werkhallen des globalen Südens, Giftmülldeponien in den Metropolregionen Afrikas und Asiens, Flüchtlingslager an den Grenzen von Dritt- und Viertstaaten, schmelzende Polarkappen und steigende Meeresspiegel am anderen Ende der Welt.

In weiter Ferne – so nah: Was lange Zeit verborgen schien, lässt sich mittlerweile nicht mehr ohne weiteres ignorieren. Die langanhaltende, letztlich bis heute intakte »›Normalität‹ der Externalisierung«, so Immanuel Wallerstein, der Doyen der soziologischen Weltsystemforschung, »ist zu einer Kindheitserinnerung verblasst.« Kosten abzuwälzen und die Gewinne einzustreichen, Schäden auszulagern und den Nutzen davonzutragen, und bei alldem noch so zu tun, als ob nichts wäre: Das ist heute immer weniger oder jedenfalls zunehmend schwerer möglich. Früher war nicht alles besser, aber doch einiges leichter – sei es, den wirtschaftlichen Wiederaufstieg Nachkriegsdeutschlands zu einem »Wunder« zu erklären oder den Ländern der »Dritten Welt« bei guter Führung und erwiesener Freundschaft mit dem Westen die unaufhaltsame Entwicklung zur Wohlstandsgesellschaft zu versprechen. Heute wissen wir, dass der Zug des Fortschritts nicht überall hält. Wir können uns der Einsicht nicht länger erwehren, dass er für viele Menschen und weite Teile der Welt schlicht abgefahren ist. Und wir können uns auch nicht mehr dagegen wehren, dass uns deren Elend immer unverhohlener und schonungsloser vor Augen tritt. Wir müssen nur noch eins und eins zusammenzählen: das Elend der anderen mit unserem eigenen Wohlergehen in Verbindung bringen.

Um es vielleicht unangemessen sarkastisch zu sagen: Das wird uns in Zukunft wohl leichter fallen. Jedenfalls wird es uns schwerer gemacht werden, die Realitäten globaler Ungleichheit nicht beim Namen zu nennen – und einfach so weiterzumachen wie bisher. Denn das Pendel schlägt zurück, die Externalisierung kommt nach Haus. Jetzt schon mit den sogenannten »Flüchtlingsströmen«, die wir an den Grenzen Europas mit allen Mitteln – einstweilen noch diesseits des Schusswaffengebrauchs – zu stoppen versuchen. In einer nicht allzu fernen Zukunft, die eigentlich bereits eingesetzt hat, aber auch in Gestalt des Klimawandels, der andernorts schon seit geraumer Zeit mit außergewöhnlichen Dürren, Stürmen und Überschwemmungen unmissverständlich auf sich aufmerksam macht. Und in gewisser Weise ist mit der anhaltenden, entwürdigenden Disziplinierung Griechenlands im Zuge der Euro-Krise auch die altehrwürdige Praxis der früher nur den »Entwicklungsländern« auferlegten Strukturanpassungsprogramme schließlich nach Europa, in die eigene Welt der »fortgeschrittenen« Gesellschaften, zurückgekehrt.

Das Pendel schlägt zurück, das »Außen« kehrt sich nach »innen«: Wir werden unweigerlich mit den Konsequenzen unseres eigenen Externalisierungshandelns konfrontiert. Das »Spiel mit dem Wegdenken«, so formulierte es der Nationalökonom Hans Achinger vor langer Zeit in einem anderen Zusammenhang, sei schlichtweg nicht mehr möglich. Keine Frage: In den öffentlichen Diskursen der Externalisierungsgesellschaft ist das systematische »Wegdenken« ihrer Voraussetzungen und Konsequenzen auch heute noch gang und gäbe. Mit Wegdenken kann man hierzulande immer noch Wahlen gewinnen. Doch wird selbst das zusehends schwieriger werden. In jedem Fall aber ist es jenseits des politischen Raums, im Feld der wissenschaftlichen Analyse, heute tatsächlich unmöglich geworden, das Wegdenken weiter zu betreiben. Zu stark ist die empirische Evidenz unseres Lebens auf Kosten anderer. Und zu zahlreich sind mittlerweile auch die theoretischen Stimmen – einige sind in diesem Buch zu Wort gekommen –, die überzeugende Ansätze dafür liefern, unsere Beobachtung der Welt vom Kopf auf die Füße zu stellen: auf den Boden der Tatsache *interdependenter* Ungleichheiten, d.h. wechselseitig sich bedingender Verhältnisse großen Reichtums und großer Armut in der Weltgesellschaft.

Hinter dem anhaltenden politischen Impuls zum Wegdenken der weltgesellschaftlichen Zusammenhänge freilich steckt wohl die schiere Angst, es könnte uns und unserem unbekümmerten Wohlstandsleben irgendwann tatsächlich an den Kragen gehen. Diese Befürchtung ist nachvollziehbar – und sie ist nicht allein eine Frage der im englischen Sprachraum sprichwörtlich gewordenen *German Angst*, sondern mit gutem Grund ein gesamteuropäisches Phänomen, ja ein Phänomen des globalen Nordens. Eine soziologische Analyse wie die hier vorgelegte könnte entsprechende Ängste womöglich noch befeuern – und hätte damit im Zweifel eher eine kontraproduktive Wirkung mit Blick auf die notwendige Transformation der Externalisierungsgesellschaft. Sie könnte uns aber auch, indem sie zuallererst den Sinn für die gesellschaftlichen Realitäten befördert, umgekehrt die Angst vor der Zukunft nehmen: Denn die Zukunft der wohlstandskapitalistischen Zentren wird so schnell nicht derart düster werden können, wie es die Gegenwart für Aberhunderte Millionen Menschen an den Peripherien des kapitalistischen Weltsystems heute bereits ist.

Aber wie auch immer dem sein mag: Soziologie ist keine Sozialtherapie. Und sie ist auch keine Morallehre. Wann immer sich dieses Buch als eine solche gelesen haben mag, dürfte dies eher ein Nachfrage- denn ein Angebotseffekt gewesen sein, eher ein selbstbefragender Reflex der Leserinnen und Leser als die pädagogisierende Absicht des Verfassers. Es ging hier nämlich nicht darum, dem System oder den Leuten moralisches Versagen vorzuwerfen, der Externalisierungsgesellschaft die Leviten zu lesen – dies sei Moralphilosophen und Wirtschaftsethikerinnen überlassen. Eine kritische Sozialwissenschaft hingegen geht anders vor. Sie nutzt den Zeigefinger zum Zeigen und nicht zum Mahnen. Sie verweist auf Macht und Herrschaft statt auf Moral und Gewissen, benennt strukturelle Bedingungen statt ethischer Prinzipien, stellt die Selbstverständlichkeit von Alltagspraktiken bloß und nicht die Empathiefähigkeit der Handelnden in Frage.

Die hier präsentierte Analyse hat so gesehen zweierlei deutlich werden lassen: Das Externalisierungshandeln in den reichen Gesellschaften der Welt ist eingebettet in eine historisch gewachsene Machtstruktur, die es den solchermaßen Ermächtigten ermöglicht, alltäglich die materiellen Vorteile ihrer Machtposition zu verwirklichen. Und diese eingespielte Machtpraxis, Kosten auszulagern und damit Profite einzufahren, ist den Externalisierenden zu einer nicht mehr weiter hinterfragten, durch und durch »normalen« Handlungsweise geworden, zu ihrer zweiten Natur gewissermaßen. Das Externalisieren ist uns eine wie selbstverständlich an den Tag gelegte, von den uns vorgegebenen Handlungsbedingungen nahegelegte Gewohnheit geworden, es hat sich als ein kollektiver Habitus etabliert, dessen Konsequenzen uns weithin verborgen geblieben sind. Und die jetzt aber zunehmend offenbar werden.

In diesem Zusammenhang ist das Konzept der »strukturellen Gewalt« für ein Verständnis der Externalisierungsgesellschaft durchaus hilfreich. Von dem norwegischen Soziologen und Friedensforscher Johan Galtung in den 1960er Jahren entwickelt, sollte es die spezifische Form der Herrschaft beschreiben, welche die »erste Welt« der reichen Industrienationen über die armen Regionen der »dritten Welt« ausübe. Galtung hatte das »Strukturelle« an dem Gewaltregime der kapitalistischen Zentren damals allerdings noch mit einer charakteristischen Unauffälligkeit und Subtilität ihres Herrschaftsmodus in Verbindung gebracht: Strukturelle Gewalt wirke auf kaum merkliche Weise, sie operiere als stiller Zwang und sei für die Beobachtung unauffällig wie »ein ruhiges Gewässer«. Doch die Zeiten haben sich geändert. Die Strukturmuster und Nebeneffekte der Externalisierungsgesellschaft kommen zunehmend ans Tageslicht. Die glatten Oberflächen des schönen Scheins werden aufgewühlt, die einst ruhigen Gewässer sind turbulent geworden: Die Sintflut, die wir immer wieder neu produzieren, ist nicht mehr nur noch neben uns.

Leben im Auge des Orkans: Es gibt nichts Gutes, außer man tut es

Wir leben gut mit der Externalisierungsgesellschaft – aber wie lange noch? Die »Bumerang-Effekte« unseres Externalisierungshandelns machen sich immer unmissverständlicher bemerkbar. Sie führen freilich nicht ohne weiteres zu einem geschärften Bewusstsein für die Zusammenhänge zwischen ungleichen Lebenschancen auf der einen und der anderen Seite des Globus, zwischen Optionen hier und Einschränkungen dort. Vielmehr dominieren einstweilen noch interessierte Beschönigungen und kosmetische Korrekturen, Verzögerungstaktiken und Abschottungsreflexe, wenn es um die politische Bearbeitung der immer offensichtlicheren Externalisierungsfolgen geht. Sei es nun auf internationalen Klimakonferenzen oder bei öffentlichen Initiativen für verbesserte Arbeitsbedingungen, z.B. in der Textil- und Bekleidungsindustrie, in der Flüchtlingspolitik oder beim Welthandelsregime, bei der Besteuerung übermotorisierter Straßenkreuzer oder mit Blick auf das scheinbar unaufhaltsame Wachstum des Flug- oder des internetgetriebenen Lieferverkehrs: Regierungen wie Unternehmen, Verwaltungen und Bürger sind gleichermaßen zurückhaltend, wenn es darum geht, sich die Kosten des eigenen Handelns vorrechnen und zu deren Kompensation, Übernahme oder gar Vermeidung bewegen zu lassen. Ein Leben lang erfolgreich externalisiert, seit Menschengedenken gut damit gefahren – warum jetzt plötzlich den Spaß bleiben und den Spieß umdrehen lassen? Warum die Externalisierungsgesellschaft überwinden? Vor allem aber: Wie denn auch?

Das »Warum« ist vergleichsweise schnell geklärt, und dies ganz ohne an eine christliche, zivilgesellschaftliche oder menschenrechtliche Moral zu appellieren: Es ist das aufgeklärte Eigeninteresse, das uns am Prinzip der Externalisierung zweifeln lassen sollte – und uns dazu bringen sollte, von ihm abzulassen. Es gibt nämlich kein weltgesellschaftliches »Außen«, in das man die Voraussetzungen und Rückstände unserer Lebensweise dauerhaft und für uns folgenlos auslagern könnte: Landraub und Drecksarbeit in den Süden, CO_2-Emissionen in die Atmosphäre oder unter die Erde, die von Umweltkatastrophen und Ressourcenkonflikten Vertriebenen in Flüchtlingslager rund um den Globus. Es hat dieses vermeintliche »Außen« unserer Wohlstandsgesellschaften nie gegeben, bloß die sachdienliche und wirkmächtige Vorstellung davon. Die naive Vorstellung, mit der Auslagerung habe sich die Sache für uns erledigt – wie sie sich allerdings viele Jahre lang als äußerst effektive Form der Verdrängung hier und der Zerstörung dort erwiesen hat. Doch nun gilt es auch für uns, die wir bislang im Auge des Orkans gelebt haben, den Realitäten um uns herum ins Auge zu sehen: die Energiequellenerschließung wird immer aufwendiger, die Kohlenstoffsenken geraten an Kapazitätsgrenzen, die Müllhalden dieser Welt quellen über, der Blutzoll unserer Lebensweise nimmt überhand, die gewaltsamen sozialen Auseinandersetzungen rund um den Globus nehmen zu, die Armen und Verzweifelten lassen sich nicht länger mit UN-Entwicklungszielen abspeisen, die Mobilsten unter ihnen setzen sich in Bewegung. Die Externalisierungsgesellschaft ist an einem Wendepunkt angelangt, jenseits dessen sie die Effekte ihrer Funktionsweise nicht mehr kontrollieren und selbstzerstörerische Konsequenzen nicht länger ausschließen kann.

Doch die – und sei es selbstinteressierte – Einsicht in die Notwendigkeit eines gesellschaftlichen Umlenkens führt dieses nicht automatisch herbei; wo ein Wissen ist, da ist noch lange kein Weg. Die Überwindung der Externalisierungsgesellschaft steht vor einem entscheidenden Dilemma, das sich aus der Überlagerung bzw. Durchkreuzung von nationalen und globalen Ungleichheitsstrukturen ergibt. Denn auch wenn es richtig ist, dass sich praktisch die gesamte Bevölkerung Deutschlands – und selbst noch der unterprivilegierteste Haushalt – materiell besser stellt als ca. 85 Prozent der Menschen auf der Welt, sind die massiven sozialen Ungleichheiten hierzulande natürlich nicht wegzureden. Wir leben alle in einer Wohlstandsgesellschaft – und doch gibt es kein wohlstandsgesellschaftliches »Wir«. Daraus ergibt sich eine vertrackte Interessenkonstellation und mithin ein fundamentales politikstrategisches Problem: Wie für mehr Gleichheit im globalen Maßstab streiten, ohne die berechtigten Ansprüche auf Gleichheit – etwa auf die vitale Gleichheit der Lebenserwartungschancen – im nationalen Kontext zu missachten? Wie auch die schlechter Positionierten in den reichen Gesellschaften als Profiteure der Externalisierungsgesellschaft ansprechen – und sie gleichwohl in ihren Sorgen vor weiterer sozialer Benachteiligung gegenüber den Bessergestellten um sie herum ernst nehmen?

Auf der anderen Seite globaler Ungleichheitsverhältnisse gilt im Prinzip dasselbe: Es gibt auch kein homogenes Gegenüber der Externalisierungsgesellschaft – im Gegenteil. Sind schon bei uns die »internen« sozialen Ungleichheiten groß, so gehen sie in den Ländern des globalen Südens weit über das uns geläufige Maß hinaus. In Deutschland liegt der Gini-Index der Einkommenskonzentration, wie oben bereits erwähnt, bei 30. Nochmals zur Erinnerung: Bei 100 hätte sich eine einzige Person den gesamten Einkommensbestand einer Gesellschaft angeeignet, bei Null herrschte vollkommene Gleichverteilung. Afrikanische oder lateinamerikanische Länder weisen ungleich höhere Ungleichheitswerte auf, so etwa Mexiko 48 und Brasilien 53, Botswana 61 und Südafrika 65. Es gibt also im globalen Süden sehr reiche Menschen, die dies im Zweifel auch an europäischen Maßstäben gemessen sind. Zumal aber gibt es dort zum Teil breitere, aufsteigende bzw. aufstiegsorientierte Mittelschichten, die Anschluss an »westliche« Lebensstandards gewinnen wollen – und dies auch tun – und selbst wiederum zumindest bedingt als Profiteure des Weltungleichheitssystems gesehen werden können. Wenngleich Gini-Indexwerte über 50 oder gar 60 darauf verweisen, dass breite Bevölkerungsschichten in diesen Ländern an der Schwelle zur extremen Armut oder sogar darunter leben, muss doch außer Frage stehen, dass auch im globalen Süden kein ungeteiltes oder gar handlungsfähiges, armutsgesellschaftliches »Wir« existiert.

Das Strukturproblem einer politischen Problematisierung weltgesellschaftlicher Ungleichheiten liegt folglich darin, dass sich mit einem erweiterten, globalen Blick auf die Verhältnisse die Dinge notwendig verkomplizieren. Und zwar zunächst im Sinne der komplexen Interessenlagen, die dadurch entstehen, dass die Kosten der Externalisierungsgesellschaft im globalen Süden ebenso wenig gleich verteilt sind wie deren Nutzen im globalen Norden. Sodann aber auch hinsichtlich der Möglichkeiten, solcherart sich überlagernde Ungleichheitsverhältnisse zu politisieren. Reinhard Kreckel, der das Zentrum-Peripherie-Konzept in die hiesige Ungleichheitsforschung eingeführt hat, verweist selbst darauf, dass mit der Abkehr von bloß nationalgesellschaftlichen Maßstäben des »Oben« und »Unten« zwar »die Differenzierungsfähigkeit steigt, aber das Kommunikationsvermögen sinkt«. Will heißen: Je genauer und umfassender die wissenschaftliche Analyse sozialer Ungleichheiten, umso schwieriger und unangemessener werden einfache politische Botschaften.

In dieser komplizierten Gemengelage stellt das Konzept der Externalisierungsgesellschaft den Versuch dar, den Finger in eine Wunde zu legen, die uns für gewöhnlich nicht der Rede wert ist. Armut und Reichtum sind seit jeher ein Feld politischer Auseinandersetzung in kapitalistischen Demokratien. Sie sind Gegenstand von Wahlkämpfen und Gewerkschaftskongressen, Stoff für Talkshows und Regierungsberichte, und mit Pikettys großem Publikumserfolg sind sie – wie gesehen – neuerlich zum Thema öffentlicher Debatte in den Gesellschaften Europas und Nordamerikas geworden. Not und Armut *anderswo*, außerhalb unserer eigenen Lebenswelt, an den Peripherien des kapitalistischen Weltsystems, führen dagegen wortwörtlich ein Schattendasein. Sie tauchen mal in »Brennpunkten« nach der *Tagesschau*, mal in Radiofeatures öffentlich-rechtlicher Kultursender auf, um dann sogleich wieder abzutauchen und ansonsten in die Weihnachtskollekte von Adveniat und Misereor verdrängt zu werden. Vor allen Dingen aber sind die *Zusammenhänge* zwischen beidem, zwischen »Überentwicklung« bei geringerer Ungleichheit hier und »Unterentwicklung« mit extremer Ungleichheit andernorts, erfahrungsgemäß nichts, was die politische und mediale Öffentlichkeit sonderlich bewegen würde. Das eine wird gerne als »Soziale Marktwirtschaft« gewürdigt, das andere allenfalls folgenlos als trauriges Schicksal beklagt. Dass beides miteinander zu tun hat? Muss leider draußen bleiben, außerhalb unseres Sinnhorizonts und jenseits der Beschlusslage.

Die Rede von der Externalisierungsgesellschaft bricht mit der Schweigespirale des Wohlstandskapitalismus. Ohne dessen eigene Ungleichheitsstruktur in Abrede zu stellen – nicht umsonst ist er eben Kapitalismus –, richtet sie, um mit dem soziologischen Klassiker Max Weber zu sprechen, in einer »einseitigen Steigerung eines Gesichtspunktes« den Blick auf seine externen Effekte. Sie trifft damit den Nerv seiner *Funktions*weise – denn ohne Armutskapitalismus kein Wohlstandskapitalismus, so die Strukturlogik des modernen Weltsystems. Und sie trifft zugleich, so jedenfalls die Hoffnung, einen Nerv seiner *Legitimations*weise. Denn sie verweist darauf, dass unser individueller und kollektiver Wohlstand eben nicht nur auf harter Arbeit, klugem Haushalten und dem Glück des Tüchtigen beruht, sondern mindestens ebenso sehr auf struktureller Macht, systematischer Ausbeutung sowie tätiger Mithilfe an anderer Länder und Leute Unglück. Blickt man hinter die Kulissen der Externalisierungsgesellschaft, dann erscheint die enorme Produktivität unserer Wirtschaft nicht länger als ein Wunder, sondern als ein Effekt der Auslagerung von minderproduktiven Tätigkeiten; dann lassen sich die Umweltbilanzen der westlichen Dienstleistungsgesellschaften als ein Ausweis des Outsourcings schmutziger Industrien lesen; und dann lässt es sich nicht mehr vermeiden, die zivilisatorische Errungenschaft der Staatsbürgerrechte im Lichte bzw. Schatten ihrer im Zweifel gewaltsam verteidigten Exklusivität zu sehen.

»Externalisierungsgesellschaft«: Das ist die Antwort auf die Frage, warum es letztlich immer wieder dieselben sind, die auf der Gewinner- und auf der Verliererseite des globalen Kapitalismus stehen. Doch gibt das Konzept selbst noch keinen Hinweis darauf, wie eine andere Welt, eine Welt jenseits der Externalisierung möglich wäre bzw. ermöglicht werden könnte. Es leistet zunächst einmal nichts anderes, als eine erweiterte Sichtbarkeit herzustellen – gegen die einstweilen noch übermächtigen Kräfte, die von den Hintergründen und Nebenfolgen des Wohlstandskapitalismus allzu gerne abstrahieren oder diese gar verdunkeln wollen. Im besten Fall kann es dazu beitragen, jenen gesellschaftlichen Simulationskreislauf zu durchbrechen, der uns nach dem Motto »Ich sehe nichts, was du nicht siehst« immer weiter am Externalisierungsrad drehen lässt: die stille Übereinkunft zwischen den politisch Verantwortlichen und ihrem Wahlvolk sowie unter den Bürgerinnen und Bürgern selbst, sich wechselseitig nicht mit den sozialen Realitäten hinter der schönen Fassade ihres Wohlstandslebens zu behelligen.

Unsichtbares sichtbar machen, Unausgesprochenes aussprechen, Ausgeblendetes zur Geltung bringen: das klingt nach bescheidenen Erfolgen wissenschaftlicher Diskursarbeit im Sinne einer Soziologie der Externalisierungsgesellschaft. Aber es könnte auch mehr daraus werden. Denn die Rede über und das Wissen um unsere Externalisierungspraktiken könnten entscheidend dazu beitragen, die öffentliche Auseinandersetzung über deren Bedingungen und Konsequenzen zu politisieren. Eine solche Politisierung aber ist das A und O wirklicher

Veränderungen, einer effektiven gesellschaftlichen Transformation. Keine Frage: Ohne ganz alltagspraktische Verhaltensänderungen wird es nicht gehen, und alle heute schon existierenden Formen praktischer Externalisierungskritik, vom persönlichen Konsumverzicht bis zum Freiwilligen Sozialen Jahr an den Peripherien der Wohlstandswelt, sind wichtige Bausteine eines zukünftigen Wandels. Doch für die Überwindung der Externalisierungsgesellschaft braucht es mehr, sie verlangt nach Überindividuellem. Globale Probleme, so Rob Nixon zutreffend, »lassen sich nicht einfach durch das aggregierte Handeln verantwortungsbewusster Individuen lösen«. Gefragt sind nicht nur viele Einzelbeiträge; gefragt ist vor allen Dingen echte Kollektivität.

Dazu gehört zum einen die *kollektive Selbstverständigung* über eine Reihe von – wohlgemerkt: viel weniger für uns als für viele andere – bitteren Wahrheiten: dass unsere wohlstandskapitalistische Lebensweise nicht verallgemeinerbar ist; dass sie auf unerträglichen Lebensbedingungen andernorts beruht und allein auf dieser Basis aufrechterhalten werden kann; dass die Umstellung auf eine Politik gleicher Lebenschancen im Weltmaßstab unser gesellschaftliches Leben massiv verändern wird. Und zum anderen bedarf es einer *kollektiven Selbstermächtigung*, eines gemeinsamen Handelns im Sinne der Herstellung solch gleicher Lebenschancen – aufbauend auf einer überlokalen und transnationalen Allianzbildung zwischen den vielen tausend Initiativen und Organisationen, Netzwerken und Bewegungen, die heute schon, im globalen Süden wie im globalen Norden, für eine Welt der gleichberechtigten Lebensführung aller Menschen streiten.

Politisierung braucht Kollektivität, Kollektivität schafft Politisierung: So lautet die einfache Gleichung einer Transformation der Externalisierungsgesellschaft, die zugleich dazu auffordert, vom moralischen Register des »Empört Euch!« (»*Indignez-vous!*«) ins politische Register des »Tut was!« zu wechseln. Das aber bedeutet zugleich, dass das Ziel des transformativen Handelns ein nachhaltiger Wandel nicht nur sozialer Praktiken, sondern insbesondere auch gesellschaftlicher Institutionen sein muss – die nämlich erst eine Verstetigung veränderter sozialer Praktiken ermöglichen würden. Einige Basiselemente einer radikalen institutionellen Reform der Externalisierungsgesellschaft liegen auf der Hand: von einer mit den Privilegien der Zentrumsökonomien brechenden Revision des Welthandelsregimes, einer effektiven Besteuerung weltweiter Finanztransaktionen und einem Umbau der reichen Volkswirtschaften in Postwachstumsökonomien bis hin zu einem globalen Sozialvertrag zur Verzögerung des Klimawandels bzw. der egalitären Bewältigung seiner Folgen und einer transnationalen Rechtspolitik, die globale soziale Rechte wirkungsvoll verankert. Auf einen gemeinsamen Nenner gebracht, liefe eine solche Reform auf eine konsequente Politik der *doppelten Umverteilung* hinaus: im nationalgesellschaftlichen wie im weltgesellschaftlichen Maßstab, von oben nach unten und von »innen« nach »außen«. Diese Mammutaufgabe aber lässt sich nicht allein mit solidarökonomischen Nischenprojekten oder konsumethischem Avantgardehandeln bewältigen – und sie wird uns auch nicht durch den technologischen Wandel, durch Digitalisierung und Wissensökonomie abgenommen werden, wie dies technikoptimistische Theoretiker des »Postkapitalismus« von Jeremy Rifkin bis Paul Mason immer wieder suggerieren. Am Ende führt kein Weg vorbei an dem eigentlichen, beschwerlichen Kernprojekt, das der Autor Mathias Greffrath treffend als die »Instandbesetzung der politischen Institutionen« bezeichnet. Nur wenn es gelingt, das nationale wie transnationale Institutionengerüst der Externalisierungsgesellschaft im Sinne eines demokratischen, global-egalitären Reformprojekts umzupolen, wird sich nicht nur unser Gewissen aufhellen, sondern auch die soziale Lage großer Bevölkerungsmehrheiten rund um die Welt.

Ob es so kommen wird, kann niemand wissen. Dass es aber entweder so kommen oder alternativ die Welt sich auch für uns in einer Weise zum Schlechteren wenden wird, von der wir uns keine Vorstellung machen: von dieser Überzeugung kündet das vorliegende Buch. Die Gespenster der Externalisierungsgesellschaft lassen sich nicht länger bannen, ihr zerstörerisches Wirken »da draußen« lässt sich nicht weiter von unserem gesellschaftlichen Kollektivbewusstsein abspalten: Die Krisen und Kriege um uns herum künden davon, dass die Externalisierungsgesellschaft nun auch von uns ihren Preis zu fordern beginnt. Wir können darauf mit Abwehrreflexen und Realitätsverweigerung reagieren – also im Modus der gegenwärtigen »Krisenpolitik«. Die Alternative dazu wäre, sich keine Illusionen mehr zu machen, sich den Realitäten zu stellen und radikale Veränderungen in Angriff zu nehmen. Die Alternative wäre, sich die Verbindung von Wohlstand hier und Übelstand anderswo vor Augen zu führen – und sich im Wissen um deren Verbindung den anderen verbunden zu zeigen.

Zu einer solchen Wendung kann die Soziologie einen bescheidenen Beitrag leisten. Oder auch, folgt man dem großen französischen Soziologen Pierre Bourdieu, einen ganz und gar unbescheidenen – nämlich »der Wiederkehr des Verdrängten den Weg zu bahnen und in aller Öffentlichkeit das auszusprechen, was niemand wissen möchte«. Was bislang niemand wissen mochte: Wir leben nicht über unsere Verhältnisse, sondern über die Verhältnisse der anderen – und zugleich unter unseren Möglichkeiten, nämlich unseren Möglichkeiten zur Änderung der Verhältnisse.

Epilog: Der Süße Fluss vor der Katastrophe

Das Buch begann in Brasilien, am Flusslauf des Rio Doce. Kehren wir zum Schluss kurz dorthin zurück. Sein Wasser ist auch noch Monate nach dem Dammbruch zweier Rückhaltebecken der Samarco-Eisenerzmine von rötlicher Klärschlacke gefärbt. Ein mittlerweile gerichtlich erlassenes Fischfangverbot im Flussdelta am Atlantik straft rasch verlautbarte Expertenmeinungen, wonach sich der ökologische Schaden in Grenzen halte und gleichsam von selbst erledigen werde, nachträglich Lügen. Im Tal des Rio Doce ist das Fischen ohnehin schon seit dem Unglück im November 2015 nicht mehr erlaubt. Tausende Fischer sind arbeitslos, die brasilianische Regierung hat sich mittlerweile mit dem Betreiberunternehmen der Mine auf Entschädigungszahlungen von umgerechnet 5,7 Milliarden Euro über fünfzehn Jahre geeinigt. Auf der Hauptversammlung des britisch-australischen Rohstoffkonzerns BHP Billiton, Teileigner der Unglücksmine, kämpfte dessen Vorstandsvorsitzender Andrew Mackenzie Pressemeldungen zufolge beim Bericht über die Katastrophe »kurz mit den Tränen« – womöglich auch, weil er seinen Aktionären hohe Abschreibungen in der Bilanz verkünden musste, zum ersten Mal seit 1988 wurde die Dividende gekappt. An der Börse in Sydney waren die Aktien des Unternehmens seit dem Unfall von 25 auf unter 15 australische Dollar gefallen; nach der Ankündigung der Entschädigungsvereinbarung stiegen sie rasch wieder im Wert.

An der kolportierten Äußerung der brasilianischen Präsidentin Dilma Rousseff, die Vereinbarung mit dem internationalen Bergbaumulti werde helfen, »eine Tragödie ohnegleichen« aufzuarbeiten, sind nur zwei Dinge falsch: dass das Unglück am Rio Doce eine Tragödie gewesen sei – denn das definitorische Merkmal eines tragischen Ereignisses ist dessen Schicksalshaftigkeit; und dass dieses Unglück beispiellos sei – denn es ist gerade alles andere als das, es steht vielmehr beispielhaft für unzählige ähnliche Ereignisse, in Brasilien und in vielen anderen Ländern des Südens. Nicht nur für die multinationalen Konzerne sind derartige »Katastrophen« unternehmerisches *business as usual*: über viele Jahre hinweg satte Gewinne einfahren und zwischendurch mal kurz einen Verlust abschreiben. Auch für uns Wohlstandsweltbürger, ob nun Aktienbesitzer oder nicht, gilt Ähnliches: grundsätzlich die Vorteile der globalen Produktionsverhältnisse mitnehmen und zwischendurch mal kurz der jeweiligen »Tragödie ohnegleichen« mit einem Post auf Facebook gedenken, Trauer-Emoticon inklusive. Nur für die Menschen am Ort des Geschehens, ob nun Fischer oder Landarbeiter, gilt genau dies nicht. Zugegeben, auch für sie ist die Zerstörung ihrer Lebensgrundlagen irgendwie Alltagsgeschäft – aber sie können ihre Verluste nicht einfach abschreiben und nach dem Ereignis nicht wieder zur Tagesordnung übergehen. Jedenfalls zu keiner anderen Tagesordnung als der, trotz alledem irgendwie über den Tag kommen zu müssen.

Das hätte sich Maximilian Prinz zu Wied-Neuwied nicht albträumen lassen. Der adelige Naturkundler erkundete Brasilien in den Jahren 1815 bis 1817 und war vom Anblick des Rio Doce geradezu überwältigt: »An diesem Flusse, der an herrlichen Naturscenen und an naturhistorischen Merkwürdigkeiten so reich ist, findet der Forscher auf lange Zeit Beschäftigung und die mannigfaltigsten Genüsse.« Lebte der Prinz heute, 200 Jahre später, er könnte sich getrost anderen Beschäftigungen und Genüssen widmen. »In dem von ihm bereisten Gebiet des brasilianischen Küstenregenwalds sind heute kaum mehr als fünf Prozent der ursprünglichen Fauna und Flora erhalten«, so Michaela Metz in ihrer Rezension der pünktlich zur jüngsten lokalen Fauna-und-Flora-Vernichtung erschienenen Neuausgabe der Wied-Neuwied'schen Reiseberichte. Was seither in Brasilien und an all den anderen Süßen Flüssen dieser Welt geschehen ist, konnte sich der »rheinische Humboldt« damals schlechterdings nicht ausmalen. In jedem Fall aber irrte er, als er sich von der Unzerstörbarkeit der gewaltigen Tropennatur überzeugt zeigte: »Das Thierreich, das Pflanzenreich und selbst die leblose Natur sind über den Einfluss des Europäers erhaben und werden ihre Originalität behalten; ihr Reichtum wird nie versiegen, und würden selbst Brasiliens Grundfesten nach Gold und Edelstein durchwühlt.«

Heute wissen wir: Die Grundfesten wurden durchwühlt. Der Einfluss des Europäers hat sich durchgesetzt. Der natürliche Reichtum ist nicht versiegt, aber nach Europa und in die anderen Wohlstandszentren der Welt umgeleitet worden – mit Armut und Ausbeutung, Gewalt und Zerstörung als großzügiger Gegengabe. Die einen gewinnen, die anderen verlieren, und die beiden Positionen in diesem Spiel sind immer gleich besetzt: So ist das in der Externalisierungsgesellschaft. Aber es muss nicht so bleiben.

Danksagung

Viele Personen und Institutionen haben den Entstehungsprozess dieses Buches begleitet und befördert – ihnen allen gilt mein Dank. Da ist zunächst die von der Deutschen Forschungsgemeinschaft (DFG) geförderte Kollegforschergruppe »Postwachstumsgesellschaften« an der Universität Jena, in deren Rahmen ich die ersten Anstöße zur Beschäftigung mit der Thematik dieses Buches und sodann fortlaufend intellektuelle Impulse zur Entwicklung des Konzepts der »Externalisierung« erhalten habe. Besonders hervorheben aus dem Kreis der dortigen Kolleg/innen und Fellows möchte ich, allen voran, Barbara Muraca sowie Adelheid Biesecker, Uli Brand, Dennis Eversberg, Tine Haubner, Urs Lindner, Joan Martínez Alier, Nivedita Menon, Philippe van Parijs, Göran Therborn und Uta von Winterfeld. Nach meinem Wechsel an die LMU München konnte ich das Thema praktisch nahtlos weiterverfolgen und gleich in Form eines Themenschwerpunkts (»Global Capitalism and the Dynamics of Inequality«) am Center for Advanced Studies (CAS_LMU) der Universität einbringen, wofür mein Dank insbesondere Annette Meyer und Julia Schreiner gebührt. Außerordentlich wichtig für die Vorbereitung des Buches, die Diskussion einschlägiger Thesen und die Sondierung möglicher Kritiklinien waren zwei Masterseminare an der LMU (»Globale soziale Ungleichheiten«) bzw. an der Universität St. Gallen (»Externalisierungsgesellschaft«) – den an beiden Orten phantastischen Studierenden an dieser Stelle ein ausdrückliches Dankeschön! Ebenso hilfreich waren die Diskussion einer allerersten Fassung des Zentralarguments im Rahmen des Oberseminars meines Münchner Kollegen Armin Nassehi sowie die Präsentation einer späten Version im Kontext einer Gastdozentur an der Universität Antwerpen, für deren Ermöglichung ich Gert Verschraegen danken möchte. Wichtige Hinweise zur Argumentation und vor allem zum Konzept des »Externalisierungshabitus« verdanke ich Diskussionen mit Jens Luedtke, auf deren Fortführung ich mich sehr freue. Die Erstveröffentlichung eines Beitrags zum Thema in der *Süddeutschen Zeitung* unter dem Titel »Neben uns die Sintflut« war der Initiative von Harald Welzer und der Offenheit von Andrian Kreye geschuldet – und der Anlass für die Erstformulierung der These gewissermaßen der Deutschen Gesellschaft für Soziologie bzw. dem Organisationsteam des Trierer Soziologiekongresses um Martin Endreß. Für sehr viele und unschätzbar wertvolle Hinweise zum gesamten Manuskript danke ich ganz besonders Thomas Barth sowie Eva Fleischmann, die zudem auch zahlreiche Hintergrundrecherchen beigetragen hat – ohne beider Unterstützung wäre das Buch in jedem Fall ein schlechteres geworden. Schließlich danke ich Daniel Graf für die durchgängige Ermunterung und für wichtige kritische Nachfragen sowie Felicitas Feilhauer, Karsten Kredel und insbesondere Ludger Ikas für ihre Unterstützung bei Hanser in München und Berlin bzw. für das kritisch-konstruktive Lektorat. – Widmen möchte ich dieses Buch Ulrich Beck, meinem Vorgänger am Münchner Institut für Soziologie – zu gerne hätte ich die Externalisierungsdiagnose, die in vielem an seine Arbeiten zur Risikogesellschaft und seine Überlegungen zu emanzipatorischen Katastrophen anschließt, mit ihm diskutiert. Geschrieben aber habe ich das vorliegende Buch für all jene Menschen, denen die herrschenden Verhältnisse das verwehren, was Philippe van Parijs als *real freedom* bezeichnet: die Möglichkeit, ihr eigenes Leben zu gestalten und über jene Dinge zu entscheiden, die für sie von Belang sind. Mögen sie diese Verhältnisse nicht mehr länger hinnehmen wollen. Und mögen diejenigen, die das schon heute nicht mehr tun, weiter am Ball bleiben.

Nachweise

Motto

Eigene Übersetzung aus dem englischen Original (vgl. Nixon 2011, S. 35): »It is a pervasive condition of empires that they affect great swathes of the planet without the empire's populace being aware of that impact – indeed, without being aware that many of the affected places even exist.« Den Hinweis auf Nixon verdanke ich Anna Landherr.

Kapitel 1

9 *Motto*: Dies die deutsche Version des berühmten Einleitungssatzes zum vielgelesenen Werk des uruguayischen Journalisten und Schriftstellers Eduardo Galeano (2015, S. 15): »La división internacional del trabajo consiste en que unos países se especializan en ganar y otros en perder.«

9 *Chronik eines angekündigten Unglücks*: In Anlehnung an den Titel des berühmten, 1981 erschienenen Romans *Chronik eines angekündigten Todes* des kolumbianischen Schriftstellers Gabriel García Márquez.

9 *Mariana, am 5. November 2015*: Zu den auf den nächsten Seiten rekonstruierten Ereignissen am Rio Doce, den Hintergründen des »Unglücks« und den nachfolgenden Entwicklungen vgl. insbesondere *wsj.com* vom 5.11.2015, *theguardian.com* vom 13.11., 16.11. und 22. bis 28.11.2015, *brasilien-exkursion.wordpress.com* vom 15.11.2015, *jungewelt.de* vom 19.11.2015, *blog.wwf.de* vom 24.11.2015, *sueddeutsche.de* vom 26.11., 17.12.2015 und 3.3.2016, *zeit.de* vom 27.11., 1.12. und 11.12.2015, *latina-press.com* vom 28.11.2015, *taz.de* vom 3.12. und 16.12.2015, *nzz.ch* vom 16.12.2015.

10 *der weltweit drittgrößte Eisenerzproduzent*: Zur Liste der global größten Eisenerzförderer und zu den genannten Bergbauunternehmen vgl. die entsprechenden Einträge auf *wikipedia.org* bzw. die Internetauftritte der Firmen.

14 *das Aluminiumerz Bauxit*: Zu Vorkommen, Förderung und Nutzung des Gesteins vgl. den entsprechenden Eintrag auf *wikipedia.org*, zum Bauxit- und Eisenerzabbau des Unternehmens *Rio Tinto* die Daten auf *statista.com*.

15 *Siegeszug der Aluminiumpads*: Zu den deutschen Verbrauchsdaten und den Absatzzahlen der Firma *Nestlé* vgl. *welt.de* vom 8.1.2014, die Werbeslogans des Unternehmens finden sich unter *nespresso.com*.

17 *die andere Seite der westlichen Moderne*: Vgl. Mignolo 2011.

18 *Pünktlich zum Weltwirtschaftsforum 2015*: Vgl. Oxfam 2015, auch einzusehen unter *oxfam.de*.

19 *der neue Star am Ökonomenhimmel*: Vgl. Piketty 2014.

20 *die enormen Einkommensunterschiede zwischen den reichsten und den ärmsten Weltregionen:* Vgl. Korzeniewicz & Moran 2009 (insb. Kapitel 5).

21 *Betrachtet man nicht nur, wie Piketty*: Vgl. zu dieser Kritik Moran 2015.

22 *von der Lotterie des Lebens*: Vgl. dazu Shachar 2009.

22 *die in US-amerikanischen Haushalten gehaltenen Hunde:* Vgl. zu dem Gedankenspiel das einführende Kapitel in Korzeniewicz & Moran 2009.

23 *allemal mehr zu verlieren als nur unsere Ketten*: Anders als laut der Schlusspassage des *Kommunistischen Manifests* die »Proletarier aller Länder« im Zuge einer Revolutionierung der herrschenden gesellschaftlichen Verhältnisse Mitte des 19. Jahrhunderts, vgl. Marx & Engels 1959.

25 *der uruguayische Schriftsteller Eduardo Galeano*: Siehe das Motto zu diesem Kapitel, vgl. Galeano 1973.

26 *wie etwa Ulrich Becks Diagnose der »Risikogesellschaft«*: Vgl. Beck 1986.

27 *ein unvorhergesehenes »Rendezvous mit der Realität der Globalisierung«*: Vgl. *spiegel.de* vom 12.11.2015, gleichlautend *bundesfinanzministerium.de* vom 4.2.2016.

28 *globalen »Fahrstuhleffekts«*: Das Bild stammt, auf die verallgemeinerte Wohlstandszunahme in den europäischen Nachkriegsgesellschaften gemünzt, von Ulrich Beck (vgl. Beck 1986, Kapitel III).

28 *die Illusion eines »grünen« Kapitalismus*: So aber z.B. die Vorstellung vom »intelligenten Wachstum« bei Fücks 2013.

28 *einer expansiven Moderne*: Zu diesem Begriff und dem Gegenkonzept einer »reduktiven Moderne« vgl. Sommer & Welzer 2014.

28 *seltsamerweise immer dieselben*: Vgl. zu diesem Muster eindrücklich Boltanski 2008.

29 *was seit Jahrzehnten, wenn nicht seit Jahrhunderten, im globalen Süden gesagt und gedacht*: Exemplarisch aus jüngster Zeit vgl. nur Quijano 2010 oder Sanyal 2007, als systematische Zusammenführung »dekolonialisierender« Perspektiven auch Boatcă 2015.

30 *die Flut hebt alle Boote:* Den Spruch tätigte Kennedy in einer Rede im September 1960, also noch vor Beginn seiner Präsidentschaft; vgl. den Text unter *presidency.ucsb.edu*.

Kapitel 2

31 *Motto*: Vgl. Hottinger 1821, S. 82 – eine Übertragung der ca. 300 v. Chr. entstandenen Charaktertypologie des griechischen Philosophen Theophrastos von Eresos ins Deutsche.

31 *einen globalisierten Kapitalismus schon in der Zeit vor dem Ersten Weltkrieg*: Vgl. dazu Hirst & Thompson 1996.

31 *auf die Überschreitung von Grenzen angelegt*: Vgl. hierzu das im Anschluss insbesondere an Rosa Luxemburg, Hannah Arendt und Burkart Lutz entwickelte »Landnahme«-Theorem bei Dörre 2009.

33 *Dieses kapitalistische Weltsystem*: Zum Konzept einführend Wallerstein 2004.

33 *Schon Adam Smith*: Vgl. Smith 1974.

34 *des frühkapitalistischen Zusammenspiels von städtischer und ländlicher Entwicklung*: Vgl. hierzu auch Korzeniewicz & Moran 2009, S. 79–81.

36 *Theorie der »komparativen Kostenvorteile«*: Vgl. klassisch dazu Ricardo 1994, kritisch zuletzt Zielcke 2016.

37 *tendenziell global ausgreifenden Dynamik des Kapitalismus*: Vgl. hierzu instruktiv und gut lesbar Fulcher 2007.

38 *der zyklischen Abfolge verschiedener globaler Hegemone*: Vgl. Arrighi 1994.

39 *oder zuletzt den »BRICS«-Staaten*: Das Kürzel steht für die »aufstrebenden Schwellenländer« Brasilien, Russland, Indien, China und Südafrika. Zum jüngsten Aufstieg Chinas im Weltsystem vgl. Schmalz 2015.

39 *der Welthandelsorganisation WTO*: Abkürzung für »World Trade Organization«, 1995 als Nachfolgeorganisation des »General Agreement on Tariffs and Trade« (GATT) mit Sitz in Genf gegründet.

40 *als das Kommunistische Manifest*: Vgl. Marx & Engels 1959.

40 *In der systemtheoretischen Spielart*: Vgl. dazu Nassehi 2012.

41 *»bis der letzte Zentner fossilen Brennstoffs verglüht ist«*: Das mittlerweile geflügelte Wort Webers von einer prinzipiell grenzenlosen kapitalistischen Durchrationalisierung der Welt findet sich am Ende seiner »Protestantischen Ethik« aus dem Jahr 1904, vgl. Weber 1988, S. 203.

42 *weltweit z. B. 170 Millionen Kinder*: Laut einer gemeinsamen Schätzung des Kinderhilfswerks der Vereinten Nationen UNICEF, der Internationalen Arbeitsorganisation (ILO) und der Weltbank sind derzeit weltweit ca. 11 Prozent der Kinder und Jugendlichen zwischen 5 und 17 Jahren von Kinderarbeit betroffen, vgl. *unicef.de*.

42 *Tendenz zur »Finanzialisierung«*: Vgl. als Überblick Windolf 2005.

43 *»Übelstand« nennen mag*: Der britische Schriftsteller John Ruskin prägte den Begriff »illth« in seinem 1860 erschienenen sozialkritischen Essay »Unto this Last«; vgl. Calhoun 2014, S. 184.

44 *unter dem Stichwort der »externen Effekte«*: Zur mikroökonomischen Grundlegung vgl. z.B. Fritsch 2011 (Kapitel 4 bis 6).

47 *»Überentwicklung«*: Mills spricht bereits 1959 von der »überentwickelten Welt«, vgl. Mills 2016, S. 25.

48 *dass Externalisierung etwas mit sozialer Praxis zu tun hat*: Zur systemtheoretischen Verwendung des Begriffs vgl. Luhmann 2011, S. 37.

49 *Was sieht man nun aus diesem Blickwinkel?*: Vgl. zu dieser Perspektive grundlegend Elias 2009.

52 *sowie deren Überlappung bzw. wechselseitige Verstärkung*: Damit ist das weite Feld der Intersektionalitätsforschung angesprochen, vgl. einführend Knapp & Wetterer 2003.

53 *Kritiken des »methodologischen Nationalismus«*: Zum Konzept vgl. Wimmer & Glick Schiller 2002, für die Ungleichheitsforschung Beck & Poferl 2010.

53 *der globalen Polarität von »Norden« und »Süden«*: Zu einem relationalen Verständnis von »globalem Norden« und »globalem Süden« vgl. Comaroff & Comaroff 2012.

53 *wie es in keiner einzigen Nationalgesellschaft der Welt zu finden ist*: Vgl. dazu Korzeniewicz 2011.

53 f. *maßgeblich vorangetrieben durch den Soziologen Reinhard Kreckel*: Vgl. grundlegend Kreckel 2004 (insb. Kapitel I).

55 *Lenins Imperialismustheorie*: Vgl. Lenin 1962; dazu auch Kreckel 2004, S. 36 f.

55 *meint stattdessen mit Habermas*: Der *locus classicus* der Habermas'schen These einer »inneren Kolonialisierung« der Lebenswelt ist Band 2 (»Zur Kritik der funktionalistischen Vernunft«) seiner *Theorie des kommunikativen Handelns* (Habermas 1981).

55 *Zentraler Stichwortgeber*: Vgl. zum Folgenden Tilly 2001.

57 *Nicht zufällig kann die feministische Kritik*: Biesecker & von Winterfeld 2014 verknüpfen diese Perspektive explizit mit dem Konzept der Externalisierung.

57 *Arbeit als Lohnarbeit nach dem »männlichen Ernährermodell«*: Vgl. zum Konzept des »male breadwinner model« z.B. Lewis 2001.

57 *Dass Vati werktags dem Betrieb gehören konnte*: Anspielung auf den Slogan »Samstags gehört Vati mir«, mit dem die deutschen Gewerkschaften 1956 den Tag der Arbeit begingen und für den freien Samstag stritten.

57 *in der sozialwissenschaftlichen Versenkung verschwundenen Begriff der »Ausbeutung«*: Vgl. dazu Tilly 1998 (Kapitel 4).

58 *zudem jenen des »Chancenhortens«*: Vgl. Tilly 1998 (Kapitel 5).

58 *als Mechanismus »sozialer Schließung«*: Vgl., in Weiterführung Webers, Parkin 1983.

59 *die soziale Realität »nackter Ausbeutung«*: Vgl. Kreckel 2004, S. 28.

60 *der von dem französischen Soziologen Pierre Bourdieu entwickelten Konzeption des »Habitus«*: Diesen wertvollen Hinweis, einschließlich des Begriffs des »Externalisierungshabitus«, verdanke ich dem Austausch mit Jens Luedtke. Zum Habitus-Konzept vgl. Bourdieu 1982 (Kapitel 3).

63 *»schöpferische Zerstörung«*: Vgl. dazu instruktiv Deutschmann 1996.

65 *Deutschland als »Spendernation«*: Vgl. *focus.de* vom 14.3.2013, zum »World Giving Index« der Charities Aid Foundation (CAF) *cafonline.org*, zur Spendenmarktanalyse *betterplace-lab.org*.

66 *»stillschweigenden Sozialvertrag«*: Vgl. Calhoun 2014, S. 186.

67 *die Denkfigur eines »Schleiers des Nichtwissens«*: Vgl. dazu Rawls 1979 (Abschnitt 24).

68 *auch in der Psychologie*: Vgl. zum Einstieg den entsprechenden Eintrag auf *wikipedia.org*.

71 *weiß die Netzorganisation betterplace lab*: Vgl. *betterplace-lab.org*.

72 *Debatte um sogenannte gescheiterte Staaten oder failed states*: Vgl. zum Konzept Rotberg 2003.

73 *der Psychostruktur des modernen Kapitalismus*: Vgl. hierzu z.B. Vinnai 2013, Welzer 2011.

74 *der scheidende NATO-Generalsekretär Anders Fogh Rasmussen*: Vgl. das Originalzitat auf *nato.int* vom 4.9.2014: »Surrounded by an arc of crises, our Alliance, our transatlantic community, represents an island of security, stability and prosperity.«

75 *Es ist die Zeit des weltgesellschaftlichen Bumerang-Effekts*: Vgl. zu diesem Begriff auch Beck 1986, S. 50.

Kapitel 3

77 *Motto*: Vgl. Müller 2001, S. 552 f.

78 *Der vielzitierte »Ausgang des Menschen aus seiner selbstverschuldeten Unmündigkeit«*: So im Einleitungssatz von Kants Essay zur Frage »Was ist Aufklärung?« (vgl. Kant 2015, S. 7).

78 *weithin als »kategorischer Imperativ« bekannt*: Im Folgenden wird eine der verschiedenen Varianten zitiert, die Kant in seiner *Grundlegung zur Metaphysik der Sitten* von 1785 entwickelt, vgl. dazu *ethik-werkstatt.de*.

78 *unter dem Titel »Dialektik der Aufklärung«*: Vgl. Horkheimer & Adorno 1984.

79 *Und bis heute ist eine solche Deutung*: Vorgebracht wurde und wird sie vor allen Dingen von jenen Positionen, die sich unter dem Begriff des »Postkolonialismus« zusammenfassen lassen; vgl. exemplarisch die zentralen Beiträge von Said 2009, Chakrabarty 2000, Bhambra 2007.

80 *auf denen sozialwissenschaftliche Modernisierungstheorien*: Vgl. hierzu Knöbl 2001.

80 *in den low-income countries:* Dies ist eine Klassifizierungskategorie der Weltbank, die im Jahr 2014 Länder mit einem BIP pro Kopf von 1045 US-Dollar oder weniger zu dieser Gruppe zählte; vgl. *data.worldbank.org*.

81 *oder, mit Verlaub, gezielte Verarschung*: Zugegebenermaßen eigentlich kein Stil für ein Buch wie dieses – so wie wohl auch Joschka Fischers berühmter, 1984 an den Bundestagspräsidenten Richard Stücklen gerichteter Ausspruch »Mit Verlaub, Herr Präsident, Sie sind ein Arschloch!« im hohen Haus als deplatziert gegolten haben dürfte.

82 *Der Anteil der in der Landwirtschaft Erwerbstätigen*: Zu den folgenden Daten vgl. *bpb.de*, *bauernverband.de* (dies auch die Quelle der »Stichworte für die moderne Landwirtschaft«) sowie *statista.com*.

84 *Dem »Living Planet Report 2014«*: Vgl. WWF Deutschland 2014 (Abbildungen 5 und 6).

84 *Die Geschichte des Sojaanbaus*: Zu der nachfolgenden Darstellung der argentinischen Verhältnisse vgl. insbesondere Suchanek 2013, Fink 2015 und Burghardt 2014, ferner *land-grabbing.de*, *klimawandel.eu* und zuletzt Burghardt 2016.

86 *das Breitbandherbizid Glyphosat*: Vgl. den entsprechenden Eintrag unter *wikipedia.org* sowie die Selbstdarstellung unter *glyphosat.de*.

87 *Ituzaingó*: Vgl. zu den »Müttern von Ituzaingó« *weltagrarbericht.de*.

88 *»Gensoja sättigt hier – und verwüstet dort.«*: Vgl. Burghardt 2014, S. 12. Das Nachfolgezitat stammt von Kathrin Zinkant, vgl. *sueddeutsche.de* vom 16.3.2016 (»Glyphosat ist nur ein Symptom – und nicht das Problem«).

89 *die »fünf Löwen«*: Vgl. Kröhnert et al. 2012.

90 *Vielleicht nach Indonesien?*: Zu Ölpalmenanbau und der Produktion des »grünen Erdöls« vgl. *wikipedia.org*, *pro-regenwald.de*, *faszination-regenwald.de*, *forumpalmoel.org* sowie *zeit.de* vom 5.11.2015.

91 *Baumwollproduktion*: Vgl. hierzu *fr-online.de* vom 22.1.2010 sowie *oeko-fair.de*, *nabu.de*, *umweltinstitut.org* und *virtuelles-wasser.de*.

91 *allen voran die europäischen Länder, mit billigen Textilien*: Vgl. zum Folgenden Jensen 2015.

92 *den meistgebrauchten Rohstoff der Erde: Sand*: Vgl. Pereira 2015, zu den Angaben zum BIP pro Kopf Indonesiens und Singapurs *wikipedia.org*.

93 *sandintensiven Fracking-Technologie*: Vgl. zum Folgenden neben Pereira 2015 auch *jungle-world.com* vom 8.1.2015 sowie *boerse-online.de* vom 20.10.2014 (»US Silica-Aktie: Warum Anleger auf den Fracking-Profiteur setzen können«, hier auch das Zitat zur Wachstumsdynamik der Branche).

93 *Was ebenso im Falle der Garnelenproduktion gilt*: Vgl. hierzu *wikipedia.org*, ferner *greenpeace.de* sowie *zeit.de* vom 11.11.2010, *wiwo.de* vom 13.6.2014 und *sueddeutsche.de* vom 15.12.2015 (»Kinderhände in Eiswasser«).

94 *Zwangsarbeit und Lohnsklaverei in der globalisierten Moderne*: Dem »Global Slavery Index« zufolge lebten im Jahr 2016 weltweit 46 Millionen Menschen in Sklaverei, mehr als die Hälfte davon in China, Indien, Pakistan, Bangladesch und Usbekistan; vgl. *globalslaveryindex.org* sowie *sueddeutsche.de* vom 31.5.2016 (»Sklaverei ist modern«).

95 *die ganzen stofflichen Überreste der Konsumgüternutzung im globalen Norden*: Vgl. zur Problematik des Elektronikschrotts z.B. Dannoritzer 2015.

95 *»billige Natur« zu schaffen?*: Vgl. dazu ausführlich Moore 2015.

96 *Die Dynamiken »ungleichen ökologischen Tauschs«*: Vgl. z.B. Jorgenson & Rice 2005.

96 *typischerweise einen großen ökologischen Fußabdruck aufweisen*: Zur genaueren Erläuterung des Konzepts und der virtuellen Maßeinheit des »globalen Hektars« vgl. WWF Deutschland 2014. Zur Schätzung des eigenen Umweltressourcenbedarfs vgl. *fussabdruck.de*.

97 *über der verfügbaren Biokapazität der Erde*: Vgl. zum Begriff *footprintnetwork.org*.

97 *den sogenannten middle-income countries der Welt*: Nach der Einteilung der Weltbank Länder mit einem BIP pro Kopf zwischen 1045 und 12736 US-Dollar (2014), vgl. *data.worldbank.org*.

99 *oder Tabakanbau*: Vgl. etwa zu den Verhältnissen in Malawi Zick 2016.

99 *in den ost- und südostasiatischen Fabriken etwa des Elektronikgiganten Foxconn*: Vgl. die Angaben bei *wikipedia.org*.

99 f. *Beschreibung der frühen industriekapitalistischen Produktionsweise als »Teufelsmühle«*: Vgl. Polanyi 1978 (Zweiter Teil, Abschnitt I).

100 *die Praktiken des flächen- und rohstoffsichernden land grabbing*: Entsprechende Aneignungspraktiken sind freilich nicht auf den globalen Süden beschränkt, vgl. dazu Herre 2015.

101 *in der Frage, wann die neue globale Ära denn gegebenenfalls eingesetzt habe*: Vgl. zu den folgenden Zitaten Bonneuil 2015.

102 *treffender vom »Kapitalozän« zu sprechen*: Vgl. Moore 2015.

102 *die jeweils treibende Kraft des Treibhauseffekts*: Vgl. Bonneuil 2015.

103 *Nie war der ökologische Fußabdruck Deutschlands so groß*: Vgl. WWF Deutschland 2014.

103 *dass »Seveso« mit der Zeit eben nicht mehr »überall« war*: Anders als es ein Ende der 1970er Jahre populärer Buchtitel nicht zuletzt in politstrategischer Absicht formuliert hatte, vgl. Koch & Vahrenholt 1978.

104 *das berühmte Giftgas-»Unglück« von 1984 im indischen Bhopal*: Vgl. zum Folgenden *wikipedia.org* sowie *bhopal.com* und *bhopal.net*, zum dreißigjährigen Jubiläum *amnesty.de*.

105 *»Langsame Gewalt«*: Vgl. Nixon 2011.

105 *»Easterlin-Paradox«*: Vgl. *wikipedia.org* und die nachfolgend angesprochene Diskussion des Befundes bei Knight & Rosa 2011.

106 *Costa Rica, Platz 68 im weltweiten Wohlstandsranking*: Vgl. die Liste der Länder nach Bruttoinlandsprodukt pro Kopf auf *wikipedia.org*.

107 *Die Geschichte des globalen Kapitalismus ist eine Geschichte der Externalisierung*: Vgl. in diesem Sinne zur jüngsten Entwicklung auch Dörre 2015, S. 261 ff.

108 *sprechen diesbezüglich treffend von der »imperialen Lebensweise«*: Vgl. Brand & Wissen 2012.

109 *sozialstrukturelle Unterschiede in der Größe des persönlichen ökologischen Fußabdrucks*: Vgl. Mackenzie et al. 2008.

109 *beim alltäglichen Kaffeetrinken*: Vgl. die von der Deutschen Umwelthilfe publizierten Daten, *duh.de* sowie *spiegel.de* vom 31.8.2015.

110 *die »Institutionellen Anleger für den Klimaschutz« (IIGCC)*: Institutional Investors Group on Climate Change, vgl. *iigcc.org*.

111 *im Onlineshop bestellt*: Die entsprechenden Werbeslogans finden sich auf *najoba.de*.

112 *»It's the economy, stupid«*: Vgl. den gleichlautenden Eintrag auf *wikipedia.org*.

113 *Was ökologisch – und sozial – nachhaltig ist bzw. wäre*: Vgl. Opielka 2016 (Zitate S. 36).

114 *verlassen uns mit schöner Regelmäßigkeit die transformativen Kräfte und utopischen Energien*: Der mittlerweile schon klassische Text zu dieser Diagnose ist Habermas 1985.

114 *Aber immerhin, die Forderungen sind dann unmissverständlich*: Zu den nachfolgenden Zitaten vgl. Kathrin Zinkant, »Glyphosat ist nur ein Symptom – und nicht das Problem«, *sueddeutsche.de* vom 16.3.2016.

115 *Das weiß auch Evi Hartmann*: Vgl. Hartmann 2016a, die nachfolgenden Zitate aus Hartmann 2016b, S. 49.

117 *wie zum Beispiel hippe Jeans aus Plastikmüll*: Zum Folgenden vgl. Hartmann 2015 und umfassend Hartmann 2009, zur »Müllkippe Meer« und Mikroplastik zudem *nabu.de*, *greenpeace.de* und *wwf.de* bzw. *utopia.de*.

118 *»Betroffenheit reicht nicht«*: Vgl. Rau 2016.

119 *dass eben auch »grünes Wachstum« möglich sei*: Vgl. dazu Brand 2015.

119 f. *essbare Flugzeugsitzbezüge, montiert in der First Class*: Vgl. Hartmann 2015.

120 *die Debatten um »peak oil«, »peak water« oder »peak everything«*: Vgl. Mahnkopf 2014 & 2015.

120 *seit dem Report des Club of Rome*: Vgl. Meadows et al. 1972 sowie, als Nachfolgebericht, Randers 2012.

120 *die Diskussion über »planetarische Grenzen«*: Vgl. dazu Rockström & Klum 2012.

121 *Andere Akteure der Zukunftsdebatte sind da schon weiter*: Vgl. Sommer & Welzer 2014, dort auch zum nachfolgend erwähnten Konzept der

»reduktiven Moderne«; zur Debatte um »Design vs. Desaster« vgl. auch *degrowth.de* und *postwachstum.de*.

121 *Berliner Zukunftsfähigkeitsstiftung FuturZwei*: Vgl. *futurzwei.org*.

123 *Transformation by democracy*: Zum folgenden Zitat vgl. Hartmann 2015.

123 *was Milo Rau treffend als »globalen Realismus« bezeichnet*: Die nachfolgenden Zitate stammen aus Rau 2016.

Kapitel 4

125 *Motto*: Vgl. Poe 1959, hier S. 207, bzw. *spiegel.de* vom 3.3.2016.

126 *Karl Marx' Traum:* Dies die berühmte Vision alltäglicher Lebensführung in einer wahrhaft freien Gesellschaft in der *Deutschen Ideologie*, vgl. Marx & Engels 1969, S. 33.

128 *wortreich proklamierte »offene Gesellschaft«*: Vgl. Popper 2003.

128 *einer gesellschaftlichen Doppelbewegung*: Vgl. Shamir 2005.

129 *Erzählung Edgar Allan Poes wiederentdeckt*: Vgl. Ebmeyer 2016.

131 *gelten die Deutschen als »Reiseweltmeister«*: Vgl. z.B. *blog.lastminute.de* vom 27.8.2015 (»Deutschland hat den Titel ›Reiseweltmeister‹ redlich verdient«), Daten auf *statista.com* und *tourismusanalyse.de* sowie *tagesspiegel.de* vom 13.1.2016.

132 *Beispielsweise für Freiwilligenarbeit in Costa Rica*: Vgl., auch für das Zitat, *travelworks.de*.

133 *die touristischen Ankünfte weltweit*: Vgl. dazu ausführlich Mau et al. 2012 (Kapitel 3, hier S. 31f.), zur Urlaubsreiseintensität der Deutschen *tourismusanalyse.de*.

133 *»Arbeiten & Reisen im Ausland«*: Dies der Werbeslogan von *travelworks.de*. Klara Herrmann sei an dieser Stelle ausdrücklich um Nachsicht gebeten.

133 *der die Ressourcennutzungsniveaus typischer Freizeitreisen vorrechnet*: Vgl. WWF 2009.

134 *die Anzahl der deutschen Passagiere auf Hochseekreuzfahrten*: Vgl. *statista.com*.

134 *»Nachhaltig fliegen«*: Vgl. die Präsentation der Nachhaltigkeitsziele des Reiseanbieters unter *tui-reisebuero.de*.

134 *Und halten wir uns auch nicht lange mit den gesellschaftlichen Verwerfungen auf*: Vgl. dazu umfassend z.B. *tourism-watch.de*.

135 *vom »Entwicklungsfaktor Tourismus« die Rede*: So vorzugsweise vom Bundesverband der Deutschen Tourismuswirtschaft, vgl. BTW 2015.

135 *wonach der globale Tourismus weiter wachsen wird*: Vgl. *statista.com* und *tourism-watch.de*.

136 *In seiner öffentlich-offiziellen Ausladung potentieller Fluchtreisender*: Vgl. das Motto zu diesem Kapitel.

137 *diesen »global mobility divide« umfassend untersucht*: Vgl. Mau et al. 2012 (insbesondere Kapitel 4) & 2015.

138 *Die Asymmetrie der Bewegungsfreiheit im globalen Maßstab*: Vgl. zum Folgenden Mau et al. 2015 sowie weiterführend Neumayer 2006, zudem *passportindex.org*.

140 *Mobilitätsregulierung im globalen Kapitalismus auch als »semipermeabel« bezeichnen*: Vgl. dazu Hess 2001, S. 201.

141 *»Pushing the border out«*: Vgl. Mau et al. 2012 (Kapitel 5.2).

142 *als äußerste Verteidigungslinie (first line of defense) gegen unerwünschten Zugang*: Vgl. Neumayer 2006, S. 9, im Anschluss an Torpey 1997.

142 *dass die Sicherheit Deutschlands (auch) am Hindukusch verteidigt wird*: So, unvergessen, im Jahr 2002 der damalige Bundesverteidigungsminister Peter Struck (SPD), vgl. *afghanistan-connection.de*.

143 *im subtileren Modus der smart borders*: Das »smart borders«- oder »intelligente Grenzen«-Konzept ist eine offizielle Grenzsicherungsstrategie der Europäischen Union, vgl. unter diesem Stichwort *ec.europa.eu* und *statewatch.org*.

143 *Erfahrung selbstbestimmter und unkomplizierter physischer Grenzübertritte*: Vgl. in diesem Sinne auch das Fazit von Mau et al. (Kapitel 8.2).

144 *der Gewährung der Visumfreiheit für türkische Staatsbürger*: Vgl. dazu z.B. *sueddeutsche.de* vom 25.4. (hier auch die Rede vom potentiellen Import »innertürkischer Probleme«), 28.4. und 4.5.2016.

145 *»Geburtsrechtslotterie« (birthright lottery)*: Vgl. Shachar 2009.

146 *Malta zum Beispiel verkauft die Staatsbürgerschaft*: Vgl. *zeit.de* vom 13.5.2015 (»Pässe für Millionen«). Vgl. hierzu auch den »Visa Restrictions Index« der Beratungsfirma Henley & Partners mit Sitz in Zürich, laut Eigenwerbung die weltweit führende Kanzlei zur Wohnsitz- und Staatsbürgerschaftsplanung (»the global leader in residence and citizenship planning«).

146 *Der britische Soziologe Thomas H. Marshall*: Vgl. Marshall 1963.

147 *dass die Staatsbürgerschaft ein klassisches Klubgut ist*: Vgl. den entsprechenden Eintrag auf *wikipedia.org*.

148 *Rangeleien von Schiffbrüchigen in einem Rettungsboot*: Vgl. zum Folgenden Wallerstein 2003. Das Originalzitat lautet (S. 657): »They tended to act as though they wished to secure a place on a lifeboat called citizenship, but feared that adding others after them would overload it.«

150 *dem gesellschaftsdiagnostischen Konzept der »Kohlenstoffdemokratie« (carbon democracy)*: Vgl. Mitchell 2011, zum Folgenden auch Wissen 2016.

151 *Was man den »fossilistischen« Kapitalismus nennen mag*: Wie z.B. Bieling & Brand 2015, S. 197 (»fossilist capitalism«).

152 *und »einem Stück eigenen Leben«*: Dies die gleichsam klassisch gewordene Formulierung bei Beck-Gernsheim 1983.

153 *auch noch der Himmel über der Ruhr wieder blau wurde*: »Der Himmel über der Ruhr muss wieder blau werden« war eine Parole Willy Brandts im Bundestagswahlkampf 1961, vgl. das entsprechende Stichwort bei *wikipedia.org*.

154 *Nichts zu verlieren als ihre Wertschöpfungsketten?*: Die globalen Produktionsverflechtungen, von denen wir im Ergebnis so sehr profitieren, ketten uns zugleich an die herrschende Wirtschafts- und Sozialordnung – so der Gedanke in loser Anlehnung an die analoge Formulierung im *Kommunistischen Manifest*, vgl. Marx & Engels 1959.

154 *In seinem zur Jahresmitte 2015 veröffentlichten Sachstandsbericht*: Vgl. hier und im Folgenden UNHCR 2015.

155 *dass Deutschland nicht »alle Flüchtlinge dieser Welt« aufnehmen könne*: Ein über Parteigrenzen hinweg beliebtes Schreckensszenario; vgl. die »Fakten gegen Vorurteile« bei *proasyl.de*.

155 *als Vergleichsmaß für die reale Leistungsfähigkeit einer Volkswirtschaft*: Auf eine international vergleichbare »Wirtschaftskrafteinheit« kommen in Äthiopien also fast 500 Geflüchtete, in den europäischen Ländern hingegen jeweils nur ein Bruchteil dieser Zahl.

156 *Hochzeiten der ostdeutschen Westwanderung*: Vgl. die Zeitreihen zur deutschen Binnenwanderung auf *statista.com* und *bib-demografie.de*.

158 *Derartige Ungleichheitsrelationen sind zunächst nur statistische Artefakte*: Die Zahlen berücksichtigen also nicht die lokal unterschiedliche Kaufkraft eines US-Dollars und sind insofern verzerrt – die Argumentation der Autoren zielt aber im Kern auch auf die potenzielle Signalwirkung extrem unterschiedlicher Nominaleinkommen, vgl. Korzeniewicz & Moran 2009 (insb. Kapitel 4 und 5). Vgl. ergänzend, in historischer Langzeitperspektive, auch das beeindruckende Datenmaterial bei Maddison 2001.

160 *Die transnationalen Sorgeketten (global care chains)*: Vgl. hierzu z.B. Ehrenreich & Hochschild 2002, Lutz 2007, Aulenbacher 2015.

161 *im Zuge der kapitalistischen Dynamik etablierenden Geschlechterarrangement*: Vgl. hierzu Lewis 2001, Klinger et al. 2007.

161 *an nicht dem Haushalt oder der Familie angehörende Hausarbeiterinnen abgegeben*: Vgl. zu irregulärer Beschäftigung in deutschen Privathaushalten die Studie von Gottschall & Schwarzkopf 2010.

162 *Auf den Philippinen etwa*: Vgl. dazu Encinas-Franco 2010.

163 *zum Beispiel in Form von Leihmutterschaftstourismus*: Vgl. zum folgenden Beispiel Schurr 2014 sowie *deine-korrespondentin.de* (»Auf Umwegen zum Wunschbaby«).

164 *das zweierlei Maß, mit dem die Externalisierungsgesellschaft misst*: Vgl. dazu äußerst instruktiv Bauman 2002 (insbesondere Kapitel 2), hier S. 84.

Das Originalzitat lautet: »traveling for profit is encouraged; traveling for survival is condemned«.

164 *»die Menschheit selbst«, so Ronen Shamir*: Vgl. Shamir 2005, S. 211 (»humanity itself has become a dangerous class«), sowie Agamben 2008.

165 *von deutschen »Schlagbaumphilosophen« wie Peter Sloterdijk*: Vgl. Mau 2016. Zu Orbáns Wunschwelt »luftdicht versiegelter« Grenzen *huffingtonpost.de* vom 4.3.2016.

166 *zwecks persönlichen Krisenmanagements mit einem SUV*: Vgl. hierzu auch Wissen 2016, S. 59.

166 *»Körper von Gewicht«*: Vgl. Butler 1997.

167 *das bereits zitierte, flammende Plädoyer Milo Raus*: Zu den folgenden Zitaten vgl. Rau 2016.

168 *Untergehende Imperien kennen wir nur aus den Geschichtsbüchern*: Vgl. hierzu Prisching 1986, S. 27 f.; zur »imperialen Lebensweise« Brand & Wissen 2012.

168 *»simulative Demokratie«*: Vgl. Blühdorn 2013, die nachfolgenden Zitate finden sich auf S. 251 f.

169 *die Untugend eines simulativen Sozialvertrags*: Vgl. Blühdorn 2013, S. 183.

169 f. *direkt neben dem Gate unseres eigenen Urlaubsfliegers*: Vgl. Oulios 2015, Schlüter 2016.

170 *»auch dem Letzten unter uns die Wahrheit über das System enthüllt« hätten*: Vgl. Rau 2016.

170 *Postskriptum*: Vgl. Poe 1959.

Kapitel 5

171 *Motto*: Vgl. Galtung 1969, S. 173, bzw. Mann 2014, S. 119. Das Galtung-Zitat im Original lautet: »Structural violence is silent, it does not show – it is essentially static, it *is* the tranquil waters.«

171 *Thomas Pikettys Mammutwerk*: Vgl., in der deutschen Version, Piketty 2014.

172 *von Seiten seiner weniger sozialdemokratisch eingestellten Fachkollegen*: Aus der eher sozialdemokratischen Fraktion vgl. Fratzscher 2016, den Gegenspielern wird im Folgenden breiter Raum gegeben.

172 *verkündete Angel Gurría, Generalsekretär des Zusammenschlusses*: Vgl. zum OECD-Sozialbericht und dessen offizieller Kommentierung *oecd.org*.

172 *Noch einen Schritt weiter ging die Hilfsorganisation Oxfam*: Vgl. zum Oxfam-Armutsbericht und den nachfolgenden Daten *oxfam.de* und Oxfam 2016.

173 *und die Zahl 62 folglich nicht stimmen könne*: Vgl. *sueddeutsche.de* vom 19.1.2016 (»Besitzen 62 Menschen so viel wie die halbe Welt?«).

173 *dass es so schlimm mit der Weltungleichheit gar nicht mehr sei*: Zu allen nachfolgenden Zitaten vgl. Fuest 2016.

174 *»Apropos Deutschland«*: Die nachfolgenden Zitate aus Hank 2016, der sich vor allem auf Deaton 2013 bezieht.

176 *(internalizing profits and externalizing risks)*: So die Kurzformel bei Nixon 2011, S. 35.

177 *Die individuelle Lebenserwartung ist der soziale Wohlstandsindikator schlechthin*: Zu den nachfolgenden Daten vgl. für Deutschland Kroh et al. 2012, international *laenderdaten.de* und *statista.com*.

177 *man solle doch in der Ungleichheitsdebatte bitte »die Kirche im Dorf lassen«*: So z.B. wörtlich Hank 2016.

178 *Göran Therborn mit den »Schlachtfeldern der Ungleichheit«*: Vgl. Therborn 2013 (insbesondere Kapitel 1 und 6, wo auch das nachfolgend erwähnte Konzept der »vital inequality« entwickelt wird).

178 *Diese sei angeblich gar keine »echte« Armut*: In Deutschland tut sich in diesem Sinne regelmäßig z.B. der Dortmunder Statistikprofessor Walter Krämer (vgl. Krämer 2000) hervor, der sich ansonsten insbesondere für ein deutsches Sprachreinheitsgebot einsetzt.

179 *Plagend schreiten wir voran*: Eine zugegebenermaßen kalauerhafte Wendung des zapatistischen Bewegungsmottos »Fragend schreiten wir voran« (»Preguntando caminamos«).

180 *Wechselspiel von Überdehnung und Auslagerung, outsizing und outsourcing*: Vgl. Nixon 2011, insbesondere die Einleitung (hier S. 33 ff.). Zum »imperialen Provinzialismus« vgl. auch das diesem Buch vorangestellte Nixon-Zitat.

181 *das Recht auf Nicht-Wissen*: Vgl. Wehling 2006.

182 *die »Müllabfuhr im Internet«*: Vgl. hierzu und den nachfolgenden Zitaten Briegleb 2016.

182 *Alles so schön bunt hier*: Selbstverständlich eine Hommage an Nina Hagens Stück *Ich glotz TV* aus dem Jahr 1978.

183 *Doch die Verhältnisse, sie bleiben nicht so*: Auch dies offensichtlich geklaut – von den nicht so seienden Verhältnissen, die in Bert Brechts *Dreigroschenoper* 1928 besungen werden.

183 *letztlich bis heute intakte »›Normalität‹ der Externalisierung«*: Vgl. Wallerstein 2014 (hier S. 33).

184 *Das »Spiel mit dem Wegdenken«*: Vgl. Achinger 1971, S. 38.

185 *auf den Boden der Tatsache interdependenter Ungleichheiten*: Vgl. zu dieser Perspektive Kreckel 2004 (insb. Kapitel I) und Costa 2011.

185 *sprichwörtlich gewordenen German Angst*: Vgl. den gleichlautenden Eintrag bei *wikipedia.org*.

186 f. *das Konzept der »strukturellen Gewalt«*: Vgl. Galtung 1969 (siehe auch das Motto zu diesem Kapitel).

187 *Die »Bumerang-Effekte«*: Vgl. neuerlich Beck 1986, S. 50.

190 *Afrikanische oder lateinamerikanische Länder weisen ungleich höhere Ungleichheitswerte auf*: Vgl. zu den Daten die Liste der Länder nach Einkommensverteilung auf *wikipedia.org*.

191 *zwar »die Differenzierungsfähigkeit steigt, aber das Kommunikationsvermögen sinkt«*: Vgl. Kreckel 2004, S. 50.

192 *zwischen »Überentwicklung« bei geringerer Ungleichheit hier*: Zum Begriff der »Überentwicklung« vgl. nochmals Mills 2016, S. 25.

192 *um mit dem soziologischen Klassiker Max Weber zu sprechen*: Vgl. Weber 1988b, S. 191.

193 *die Frage, warum es letztlich immer wieder dieselben sind*: Dazu erneut der Verweis auf Boltanski 2008.

193 *jenen gesellschaftlichen Simulationskreislauf zu durchbrechen*: Vgl. Blühdorns »unausgesprochenen neuen Gesellschaftsvertrag« (2013, S. 183).

194 *Globale Probleme, so Rob Nixon*: Vgl. Nixon 2011, S. 39: »Planetary problems – and transnational, national, and regional ones – cannot simply be resolved by the aggregated actions of responsible individuals.«

195 *vom moralischen Register des »Empört Euch!« (»Indignez-vous!«)*: Vgl. Hessel 2011 – der freilich auch schon zum politischen Handelns aufrief bzw. sofort das »Engagiert Euch!« (»*Engagez-vous!*«) folgen ließ.

195 *Umbau der reichen Volkswirtschaften in Postwachstumsökonomien*: Vgl. Schmelzer & Passadakis 2011.

195 *Theoretiker des »Postkapitalismus«*: Vgl. Rifkin 2014, Mason 2016.

195 *»Instandbesetzung der politischen Institutionen«*: Vgl. Greffrath 2015, S. 13.

196 *sich den Realitäten zu stellen*: Vgl. dazu und in diesem Sinne Wright 2006, Rilling 2014.

196 *kann die Soziologie einen bescheidenen Beitrag leisten*: Vgl. Opielka 2016, S. 43, der die Soziologie zu Recht auffordert, »in das Zentrum eines Zukunftsdiskurses« vorzustoßen, »in dem sie ihre Stärken bescheiden geltend machen kann«.

196 *Oder auch, folgt man dem großen französischen Soziologen Pierre Bourdieu*: Vgl. Bourdieu 2002, S. 126.

197 *Epilog: Der Süße Fluss vor der Katastrophe*: Vgl. zur »Katastrophe« die summarischen Quellennachweise in Kapitel 1. Zum Kampf des Vorstandsvorsitzenden mit den Tränen vgl. *sueddeutsche.de* vom 23.2.2016 (»Der Schotte muss sparen«), zur Rede der Staatspräsidentin von einer »Tragödie ohnegleichen« *sueddeutsche.de* vom 3.3.2016.

198 *Das hätte sich Maximilian Prinz zu Wied-Neuwied nicht albträumen lassen*: Vgl. zum Folgenden, einschließlich der Zitate, Metz 2015.

Literatur

Achinger, Hans (1971): *Sozialpolitik als Gesellschaftspolitik. Von der Arbeiterfrage zum Wohlfahrtsstaat*, 2., erweiterte Auflage, Frankfurt a.M.

Agamben, Giorgio (2008): »No to Biopolitical Tattooing«, in: *Communication and Critical/Cultural Studies* 5 (2), S. 201–202.

Arrighi, Giovanni (1994): *The Long Twentieth Century. Money, Power, and the Origins of Our Times*, London.

Aulenbacher, Brigitte (2015): »Unentbehrlich, unterbezahlt – und viel zu wenig anerkannt«, S. 38–41 in: Le Monde diplomatique & Kolleg Postwachstumsgesellschaften (Hrsg.), *Atlas der Globalisierung. Weniger wird mehr*, Berlin.

Bauman, Zygmunt (2002): *Society Under Siege*, Cambridge.

Beck, Ulrich (1986): *Risikogesellschaft. Auf dem Weg in eine andere Moderne*, Frankfurt a.M.

Beck, Ulrich & Poferl, Angelika (Hrsg.) (2010): *Große Armut, großer Reichtum. Zur Transnationalisierung sozialer Ungleichheit*, Berlin.

Beck-Gernsheim, Elisabeth (1983): »Vom ›Dasein für andere‹ zum Anspruch auf ein Stück ›eigenes Leben‹: Individualisierungsprozesse im weiblichen Lebenszusammenhang«, in: *Soziale Welt* 34 (3), S. 307–340.

Bhambra, Gurminder K. (2007): *Rethinking Modernity. Postcolonialism and the Sociological Imagination*, Basingstoke.

Bieling, Hans-Jürgen & Brand, Ulrich (2015): »Competitiveness or emancipation? Rethinking regulation and (counter-)hegemony in times of capitalist crisis«, S. 184–204 in: Richard Westra, Dennis Badeen & Robert Albritton (Hrsg.), *The Future of Capitalism After the Financial Crisis. The Varieties of Capitalism debate in the age of austerity*, London/New York.

Biesecker, Adelheid & von Winterfeld, Uta (2014): *Extern? Weshalb und inwiefern moderne Gesellschaften Externalisierung brauchen und erzeugen*, Working Paper 2/2014, KollegforscherInnengruppe Postwachstumsgesellschaften, Jena.

Blühdorn, Ingolfur (2013): *Simulative Demokratie. Neue Politik nach der postdemokratischen Wende*, Berlin.

Boatcă, Manuela (2015): *Global Inequalities Beyond Occidentalism*, Farnham/Burlington.

Boltanski, Luc (2008): »Individualismus ohne Freiheit. Ein pragmatischer

Zugang zur Herrschaft«, in: *WestEnd. Neue Zeitschrift für Sozialforschung* 5 (2), S. 133–149.

Bonneuil, Christophe (2015): »Die Erde im Kapitalozän«, in: *Le Monde diplomatique*, November 2015, S. 20–21.

Bourdieu, Pierre (1982) [frz. Orig. 1979]: *Die feinen Unterschiede. Kritik der gesellschaftlichen Urteilskraft*, Frankfurt a. M.

Bourdieu, Pierre (2002): *Ein soziologischer Selbstversuch*, Frankfurt a. M.

Brand, Ulrich (2015): »Die Illusion vom sauberen Wachstum«, S. 52–53 in: Le Monde diplomatique & Kolleg Postwachstumsgesellschaften (Hrsg.), *Atlas der Globalisierung. Weniger wird mehr*, Berlin.

Brand, Ulrich & Wissen, Markus (2012): »Global Environmental Politics and the Imperial Mode of Living. Articulations of State-Capital Relations in the Multiple Crisis«, in: *Globalizations* 9 (4), S. 547–560.

Brieglеb, Till (2016): »Zensur als Geschäft«, in: *Süddeutsche Zeitung* vom 28.4.2016, S. 11.

Bundesverband der Deutschen Tourismuswirtschaft, BTW (Hrsg.) (2015): *Entwicklungsfaktor Tourismus. Der Beitrag des Tourismus zur regionalen Entwicklung und lokalen Wertschöpfung in Entwicklungs- und Schwellenländern*, Langfassung, Berlin.

Burghardt, Peter (2014): »Der Tod kommt mit dem Wind«, in: *Süddeutsche Zeitung Magazin* Nr. 47 vom 21.11.2014, S. 10–18.

Burghardt, Peter (2016): »In der Erde, im Menschen«, in: *Süddeutsche Zeitung* vom 21./22.5.2016, S. 29.

Butler, Judith (1997) [engl. Orig. 1993]: *Körper von Gewicht. Die diskursiven Grenzen des Geschlechts*, Frankfurt a. M.

Calhoun, Craig (2014): »Was den Kapitalismus heute bedroht«, S. 163–202 in: Immanuel Wallerstein, Randall Collins, Michael Mann, Georgi Derluguian & Craig Calhoun, *Stirbt der Kapitalismus? Fünf Szenarien für das 21. Jahrhundert*, Frankfurt a. M./New York.

Chakrabarty, Dipesh (2000): *Provincializing Europe. Postcolonial Thought and Historical Difference*, Princeton.

Comaroff, Jean & Comaroff, John L. (2012): »Theory from the South: Or, how Euro-America is Evolving Toward Africa«, in: *Anthropological Forum* 22 (2), S. 113–131.

Costa, Sérgio (2011): *Researching Entangled Inequalities in Latin America. The Role of Historical, Social, and Transregional Interdependencies*, desiguALdades.net Working Paper Series No. 9, Berlin.

Dannoritzer, Cosima: »Giftige Geschäfte mit alten Geräten«, S. 86–89 in: Le Monde diplomatique & Kolleg Postwachstumsgesellschaften (Hrsg.), *Atlas der Globalisierung. Weniger wird mehr*, Berlin.

Deaton, Angus (2013): *The Great Escape. Health, Wealth, and the Origins of Inequality*, Princeton.

Deutschmann, Christoph (1996): »Marx, Schumpeter und Mythen ökonomischer Rationalität«, in: *Leviathan* 24 (3), S. 323–338.
Dörre, Klaus (2009): »Die neue Landnahme. Dynamiken und Grenzen des Finanzmarktkapitalismus«, S. 21–86 in: Klaus Dörre, Stephan Lessenich & Hartmut Rosa, *Soziologie – Kapitalismus – Kritik. Eine Debatte*, Frankfurt a. M.
Dörre, Klaus (2015): »Social Capitalism and Crisis: From the Internal to the External *Landnahme*«, S. 247–279 in: Klaus Dörre, Stephan Lessenich & Hartmut Rosa, *Sociology, Capitalism, Critique*, London.
Ebmeyer, Michael (2016): »Der schauerliche Traum von einer europäischen Festung«, *www.zeit.de/freitext* vom 12.1.2016.
Ehrenreich, Barbara & Hochschild, Arlie (2002): *Global Woman. Nannies, Maids, and Sex Workers in the New Economy*, New York.
Elias, Norbert (2009) [Orig. 1970]: *Was ist Soziologie?*, Weinheim/München.
Encinas-Franco, Jean (2010): »The State and the Globalisation of Care: The Philippines and the Export of Nurses«, S. 289–308 in: Kirsten Scheiwe & Johanna Krawietz (Hrsg.), *Transnationale Sorgearbeit. Rechtliche Rahmenbedingungen und gesellschaftliche Praxis*, Wiesbaden.
Fink, Andreas (2015): »Die Killerbohne«, in: *Terra Mater* 4, S. 76–98.
Fratzscher, Marcel (2016): *Verteilungskampf. Warum Deutschland immer ungleicher wird*, München.
Fritsch, Michael (2011): *Marktversagen und Wirtschaftspolitik. Mikroökonomische Grundlagen staatlichen Handelns*, 8. Auflage, München.
Fücks, Ralf (2013): *Intelligent wachsen. Die grüne Revolution*, München.
Fuest, Clemens (2016): »Zehn Thesen zur Ungleichheitsdebatte«, in: *Frankfurter Allgemeine Zeitung* vom 12.2.2016, S. 16.
Fulcher, James (2007): *Kapitalismus*, Stuttgart.
Galeano, Eduardo (1973): *Die offenen Adern Lateinamerikas. Die Geschichte eines Kontinents von der Entdeckung bis zur Gegenwart*, Wuppertal.
Galeano, Eduardo (2015) [Orig. 1971]: *Las venas abiertas de América Latina*, Buenos Aires.
Galtung, Johan (1969): »Violence, Peace, and Peace Research«, in: *Journal of Peace Research* 6 (3), S. 167–191.
Gottschall, Karin & Schwarzkopf, Manuela (2010): *Irreguläre Arbeit in Privathaushalten*, Arbeitspapier 217, Hans-Böckler-Stiftung, Düsseldorf.
Greffrath, Mathias (2015): »Wider die globale Unvernunft«, S. 11–13 in: Le Monde diplomatique & Kolleg Postwachstumsgesellschaften (Hrsg.), *Atlas der Globalisierung. Weniger wird mehr*, Berlin.
Habermas, Jürgen (1981): *Theorie des kommunikativen Handelns*, Band 2, Frankfurt a. M.
Habermas, Jürgen (1985): »Die Neue Unübersichtlichkeit. Die Krise des

Wohlfahrtsstaates und die Erschöpfung utopischer Energien«, in: *Merkur* 39 (1), Heft 431, S. 1–14.

Hank, Rainer (2016): »Ein Lob der Ungleichheit«, in: *Frankfurter Allgemeine Sonntagszeitung* vom 21. 2. 2016, *www.faz.net*.

Hartmann, Evi (2016a): *Wie viele Sklaven halten Sie? Über Globalisierung und Moral*, Frankfurt a.M./New York.

Hartmann, Evi (2016b): »Wir Sklavenhalter. Warum die Globalisierung keine Moral kennt«, in: *Blätter für deutsche und internationale Politik* 61 (3), S. 41–49.

Hartmann, Kathrin (2009): *Ende der Märchenstunde. Wie die Industrie die Lohas und Lifestyle-Ökos vereinnahmt*, München.

Hartmann, Kathrin (2015): »Grüne Märchen«, in: *Süddeutsche Zeitung* vom 29./30. 8. 2015, S. 45.

Herre, Roman: »Landgrabbing in Europa«, S. 94–95 in: Le Monde diplomatique & Kolleg Postwachstumsgesellschaften (Hrsg.), *Atlas der Globalisierung. Weniger wird mehr*, Berlin.

Hess, Sabine (2001): »Transnationale Überlebensstrategien von Frauen – Geschlecht und neuere Konzepte der Transkulturalität«, S. 197–225 in: Steffi Hobuß et al. (Hrsg.), *Die andere Hälfte der Globalisierung. Menschenrechte, Ökonomie und Medialität aus feministischer Sicht*, Frankfurt a.M./New York.

Hessel, Stéphane (2011) [frz. Orig. 2010]: *Empört Euch!*, Berlin.

Hirst, Paul & Thompson, Grahame (1996): *Globalization in Question. The International Economy and the Possibilities of Governance*, Cambridge.

Horkheimer, Max & Adorno, Theodor W. (1984) [Orig. 1947]: *Dialektik der Aufklärung. Philosophische Fragmente*, Frankfurt a.M.

Hottinger, Johann Jakob (1821): *Theophrast's Characterschilderungen*, München.

Jensen, Annette: »Textilien für die Welt«, S. 63–67 in: Le Monde diplomatique & Kolleg Postwachstumsgesellschaften (Hrsg.), *Atlas der Globalisierung. Weniger wird mehr*, Berlin.

Jorgenson, Andrew K. & Rice, James (2005): »Structural Dynamics of International Trade and Material Consumption: A Cross-National Study of the Ecological Footprints of Less-Developed Countries«, in: *Journal of World-Systems Research* 11 (1), S. 57–77.

Kant, Immanuel (2015) [Orig. 1784]: *Beantwortung der Frage: Was ist Aufklärung? Drei Essays*, Berlin.

Klinger, Cornelia; Knapp, Gudrun-Axeli & Sauer, Birgit (Hrsg.) (2007): *Achsen der Ungleichheit. Zum Verhältnis von Klasse, Geschlecht und Ethnizität*, Frankfurt/New York.

Knapp, Gudrun-Axeli & Wetterer, Angelika (Hrsg.) (2003): *Achsen der Differenz*, Münster.

Knight, Kyle W. & Rosa, Eugene A. (2011): »The environmental efficiency of well-being: A cross-national analysis«, in: *Social Science Research* 40 (3), S. 931–949.

Knöbl, Wolfgang (2001): *Spielräume der Modernisierung. Das Ende der Eindeutigkeit*, Weilerswist.

Koch, Egmont R. & Vahrenholt, Fritz (1978): *Seveso ist überall. Die tödlichen Risiken der Chemie*, Köln.

Korzeniewicz, Roberto Patricio (2011): *Inequality. On Some of the Implications of a World-Historical Perspective*, desiguALdades.net Working Paper Series No. 3, Berlin.

Korzeniewicz, Roberto Patricio & Moran, Timothy Patrick (2009): *Unveiling Inequality: A World-Historical Perspective*, New York.

Krämer, Walter (2000): *Armut in der Bundesrepublik. Zur Theorie und Praxis eines überforderten Begriffs*, Frankfurt a.M./New York.

Kreckel, Reinhard (2004): *Politische Soziologie der sozialen Ungleichheit*, 3. Auflage, Frankfurt a.M./New York.

Kröhnert, Steffen; Müller, Simon; Sievers, Florian & Klingholz, Reiner (2012): *Fünf Löwen auf dem Sprung? Wirtschaftliche und demografische Potenziale der aufstrebenden Länder Afrikas*, Berlin-Institut für Bevölkerung und Entwicklung, Berlin.

Kroh, Martin; Nells, Hannes; Kroll, Lars & Lampert, Thomas (2012): »Menschen mit hohen Einkommen leben länger«, in: *DIW Wochenbericht* Nr. 38/2012, S. 3–15.

Lenin, W.I. (1962) [russ. Orig. 1917]: *Der Imperialismus als höchstes Stadium des Kapitalismus. Gemeinverständlicher Abriß*, 6. Auflage, Berlin (DDR).

Lewis, Jane (2001): »The Decline of the Male Breadwinner Model: Implications for Work and Care«, in: *Social Politics* 8 (2), S. 152–169.

Luhmann, Niklas 2011 [Orig. 1981]: *Politische Theorie im Wohlfahrtsstaat*, München.

Lutz, Helma (2007): *Vom Weltmarkt in den Privathaushalt. Die neuen Dienstmädchen im Zeitalter der Globalisierung*, Opladen.

Mackenzie, Hugh; Messinger, Hans & Smith, Rick (2008): *Size Matters. Canada's Ecological Footprint, By Income*, Toronto.

Maddison, Angus (2001): *The World Economy. A Millenial Perspective*, Paris.

Mahnkopf, Birgit (2014): »›Peak Capitalism‹? Wachstumsgrenzen als Grenzen des Kapitalismus«, in: *WSI-Mitteilungen* 67 (7), S. 505–512.

Mahnkopf, Birgit (2015): »›Peak Everything‹, das gefährliche Maximum«, S. 62–63 in: Le Monde diplomatique & Kolleg Postwachstumsgesellschaften (Hrsg.), *Atlas der Globalisierung. Weniger wird mehr*, Berlin.

Mann, Michael (2014): »Das Ende ist vielleicht nah – aber für wen?«, S. 89–122 in: Immanuel Wallerstein, Randall Collins, Michael Mann, Georgi

Derluguian & Craig Calhoun, *Stirbt der Kapitalismus? Fünf Szenarien für das 21. Jahrhundert*, Frankfurt a.M./New York.

Marshall, Thomas H. (1963) [Orig. 1949]: »Citizenship and Social Class«, S. 67–127 in: Thomas H. Marshall, *Sociology at the crossroads and other essays*, London.

Marx, Karl & Engels, Friedrich (1959) [Orig. 1848]: »Manifest der Kommunistischen Partei«, S. 459–493 in: Dies., *Werke*, Band 4, Berlin (DDR).

Marx, Karl & Engels, Friedrich (1969) [Orig. 1845/46]: *Werke*, Band 3, Berlin (DDR).

Mason, Paul (2016) [engl. Orig. 2015]: *Postkapitalismus. Grundrisse einer kommenden Ökonomie*, Berlin.

Mau, Steffen (2016): »Alte Grenzen, neue Grenzen«, in: *Süddeutsche Zeitung* vom 9.5.2016, S. 2.

Mau, Steffen; Brabandt, Heike; Laube, Lena & Roos, Christof (2012): *Liberal States and the Freedom of Movement. Selective Borders, Unequal Mobility*, Basingstoke.

Mau, Steffen; Gülzau, Fabian; Laube, Lena & Zaun, Natascha (2015): »The Global Mobility Divide: How Visa Policies Have Evolved over Time«, in: *Journal of Ethnic and Migration Studies* 41 (8), S. 1192–1213.

Meadows, Dennis; Meadows, Donella; Zahn, Erich & Milling, Peter (1972): *Die Grenzen des Wachstums. Bericht des Club of Rome zur Lage der Menschheit*, Stuttgart.

Metz, Michaela (2015): »Der Süße Fluss vor der Katastrophe«, in: *Süddeutsche Zeitung* vom 23.12.2015, S. 14.

Mignolo, Walter D. (2011): *The Darker Side of Western Modernity. Global Futures, Decolonial Options*, Durham.

Mills, Charles Wright (2016) [engl. Orig. 1959]: *Soziologische Phantasie*, Wiesbaden.

Mitchell, Timothy (2011): *Carbon Democracy. Political Power in the Age of Oil*, London.

Moore, Jason (2015): *Capitalism in the Web of Life. Ecology and the Accumulation of Capital*, London.

Moran, Timothy Patrick (2015): »It's Good to Be Rich: Piketty's *Capital in the Twenty-First Century*«, in: *Sociological Forum* 30 (3), S. 865–869.

Müller, Heiner (2001) [Orig. 1977/79]: »Die Hamletmaschine«, S. 543–554 in: Heiner Müller, *Werke*, Band 4: Die Stücke 2, Frankfurt a.M.

Nassehi, Armin (2012): »Ökonomisierung als Optionssteigerung. Eine differenzierungstheoretische Perspektive«, in: *Soziale Welt* 63 (4), S. 401–418.

Neumayer, Eric (2006): *Unequal access to foreign spaces: how states use visa restrictions to regulate mobility in a globalized world*, LSE Research Online, London.

Nixon, Rob (2011): *Slow Violence and the Environmentalism of the Poor*, Cambridge.

Opielka, Michael (2016): »Soziale Nachhaltigkeit aus soziologischer Sicht«, in: *Soziologie* 45 (1), S. 33–46.

Oulios, Miltiadis (2015): *Blackbox Abschiebung. Geschichte, Theorie und Praxis der deutschen Migrationspolitik*, Berlin.

Oxfam (2015): *Wealth: Having It All and Wanting More*, Oxfam Issue Briefing, January 2015, Oxford.

Oxfam (2016): *Ein Wirtschaftssystem für die Superreichen. Wie ein unfaires Steuersystem und Steueroasen die soziale Ungleichheit verschärfen*, Berlin.

Parkin, Frank (1983): »Strategien sozialer Schließung und Klassenbildung«, S. 121–135 in: Reinhard Kreckel (Hrsg.), *Soziale Ungleichheiten*, Soziale Welt – Sonderband 2, Göttingen.

Pereira, Kiran: »Sand, ein knappes Gut«, S. 72–75 in: Le Monde diplomatique & Kolleg Postwachstumsgesellschaften (Hrsg.), *Atlas der Globalisierung. Weniger wird mehr*, Berlin.

Piketty, Thomas (2014) [frz. Orig. 2013]: *Das Kapital im 21. Jahrhundert*, München.

Poe, Edgar Allan (1959) [engl. Orig. 1842]: *Erzählungen*, München.

Polanyi, Karl (1978) [engl. Orig. 1944]: *The Great Transformation. Politische und ökonomische Ursprünge von Gesellschaften und Wirtschaftssystemen*, Frankfurt a.M.

Popper, Karl (2003) [engl. Orig. 1945]: *Die offene Gesellschaft und ihre Feinde*, Tübingen.

Prisching, Manfred (1986): *Krisen. Eine soziologische Untersuchung*, Wien.

Quijano, Aníbal (2010): »Coloniality and Modernity/Rationality«, S. 22–32 in: Walter D. Mignolo & Arturo Escobar (Hrsg.), *Globalization and the Decolonial Option*, London/New York.

Randers, Jørgen (2012): *2052: Der neue Bericht an den Club of Rome. Eine globale Prognose für die nächsten 40 Jahre*, München.

Rau, Milo (2016): »Betroffenheit reicht nicht«, in: *DIE ZEIT* Nr. 2 vom 7.1.2016, S. 41.

Rawls, John (1979) [engl. Orig. 1971]: *Eine Theorie der Gerechtigkeit*, Frankfurt a.M.

Ricardo, David (1994) [engl. Orig. 1817]: *Über die Grundsätze der politischen Ökonomie und der Besteuerung*, Marburg.

Rifkin, Jeremy (2014): *Die Null-Grenzkosten-Gesellschaft. Das Internet der Dinge, kollaboratives Gemeingut und der Rückzug des Kapitalismus*, Frankfurt a.M./New York.

Rilling, Rainer (2014): »Transformation als Futuring«, S. 12–48 in: Michael Brie (Hrsg.), *Futuring. Perspektiven der Transformation im Kapitalismus über ihn hinaus*, Münster.

Rockström, Johan & Klum, Mattias (2012): *The Human Quest. Prospering Within Planetary Boundaries*, Stockholm.
Rotberg, Robert I. (ed.) (2003): *When States Fail. Causes and Consequences*, Princeton.
Said, Edward W. (2009) [engl. Orig. 1978]: *Orientalismus*, Frankfurt a.M.
Sanyal, Kalyan (2007): *Rethinking Capitalist Development. Primitive Accumulation, Governmentality & Post-colonial Capitalism*, Neu-Delhi.
Schlüter, Nadja (2016): »... und nebenan wird abgeschoben«, in: *jetzt* Nr. 2/16, S. 8–13.
Schmalz, Stefan (2015): *Machtverschiebung im Weltsystem: Der Aufstieg Chinas im Kontext der globalen Finanz- und Wirtschaftskrise seit 2008*, Habilitationsschrift, Friedrich-Schiller-Universität, Jena.
Schmelzer, Matthias & Passadakis, Alexis (2011): *Postwachstum*, AttacBasis-Texte 36, Hamburg.
Schurr, Carolin (2014): »Retortenbabys aus der Retortenstadt«, in: *Die Wochenzeitung* Nr. 35 vom 28.8.2014, *www.woz.ch*.
Shachar, Ayelet (2009): *The Birthright Lottery. Citizenship and Global Inequality*, Cambridge.
Shamir, Ronen (2005): »Without Borders? Notes on Globalization as a Mobility Regime«, in: *Sociological Theory* 23 (2), S. 197–217.
Smith, Adam (1974) [engl. Orig. 1776]: *Der Wohlstand der Nationen. Eine Untersuchung seiner Natur und seiner Ursachen*, München.
Sommer, Bernd & Welzer, Harald (2014): *Transformationsdesign. Wege in eine zukunftsfähige Moderne*, München.
Suchanek, Norbert (2013): *Argentinien im Sojafieber. Dossier*, Forum Umwelt und Entwicklung, *www.forumue.de*.
Therborn, Göran (2013): *The Killing Fields of Inequality*, Cambridge.
Tilly, Charles (1998): *Durable Inequality*, Berkeley.
Tilly, Charles (2001): »Relational origins of inequality«, in: *Anthropological Theory* 1 (3), S. 355–372.
Torpey, John (1997): »Coming and Going: On the State Monopolization of the Legitimate ›Means of Movement‹«, in: *Sociological Theory* 16 (3), S. 239–259.
UNHCR (2015): *UNHCR Mid-Year Trends 2015*, United Nations High Commissioner for Refugees, Genf.
Vinnai, Gerhard (2013): »Geldsubjekt und Psychoanalyse«, in: *psychosozial* 36 (2), Heft 132, S. 107–120.
Wallerstein, Immanuel (2003): »Citizens All? Citizens Some! The Making of the Citizen«, in: *Comparative Studies in Society and History* 45 (4), S. 650–679.
Wallerstein, Immanuel (2004): *World-Systems Analysis. An Introduction*, Durham.

Wallerstein, Immanuel (2014): »Die strukturelle Krise oder Warum der Kapitalismus sich nicht mehr rentieren könnte«, S. 17–47 in: Immanuel Wallerstein, Randall Collins, Michael Mann, Georgi Derluguian & Craig Calhoun, *Stirbt der Kapitalismus? Fünf Szenarien für das 21. Jahrhundert*, Frankfurt a. M./New York.

Weber, Max (1988a): *Gesammelte Aufsätze zur Religionssoziologie*, 9. Auflage, Tübingen.

Weber, Max (1988b) [Orig. 1904]: »Die ›Objektivität‹ sozialwissenschaftlicher und sozialpolitischer Erkenntnis«, S. 146–214 in: Max Weber, *Gesammelte Aufsätze zur Wissenschaftslehre*, 7. Auflage, Tübingen.

Wehling, Peter (2006): *Im Schatten des Wissens? Perspektiven der Soziologie des Nichtwissens*, Konstanz.

Welzer, Harald (2011): *Mentale Infrastrukturen. Wie das Wachstum in die Welt und in die Seelen kam*, Schriften zur Ökologie – Band 14, Heinrich-Böll-Stiftung, Berlin.

Wimmer, Andreas & Glick Schiller, Nina (2002): »Methodological nationalism and beyond: nation-state building, migration and the social sciences«, in: *Global Networks* 2 (4), S. 301–334.

Windolf, Paul (Hrsg.) (2005): *Finanzmarkt-Kapitalismus. Analysen zum Wandel von Produktionsregimen*, Kölner Zeitschrift für Soziologie und Sozialpsychologie – Sonderheft 45, Wiesbaden.

Wissen, Markus (2016): »Jenseits der *carbon democracy.* Zur Demokratisierung der gesellschaftlichen Naturverhältnisse«, S. 48–66 in: Alex Demirović (Hrsg.), *Transformation der Demokratie – demokratische Transformation*, Münster.

Wright, Erik Olin (2006): »Compass Points. Towards a Socialist Alternative«, in: *New Left Review* 41, S. 93–124.

WWF Deutschland (2009): *Der touristische Klima-Fußabdruck. WWF-Bericht über die Umweltauswirkungen von Urlaub und Reisen*, Frankfurt a. M.

WWF Deutschland (2014): *Living Planet Report 2014. Kurzfassung*, Berlin.

Zick, Tobias (2016): »Sklaven des Gifts«, in: *Süddeutsche Zeitung* vom 18./19. Juni 2016, S. 38.

Zielcke, Andreas (2016): »Staaten sind keine Unternehmen«, in: *Süddeutsche Zeitung* vom 9. Mai 2016, S. 11.